世纪波
Century Wave

The EQ Leader

Instilling Passion, Creating Shared Goals, and Building Meaningful Organizations Through Emotional Intelligence

高情商领导者

点燃激情，创造共同目标，建立有意义的组织

［美］史蒂文·J. 斯坦（Steven J. Stein）著

李仁根 译

電子工業出版社

Publishing House of Electronics Industry

北京 · BEIJING

The EQ Leader: Instilling Passion, Creating Shared Goals, and Building Meaningful Organizations Through Emotional Intelligence by Steven J. Stein
ISBN: 978-1119349006

版权贸易合同登记号 图字：01-2017-6979

图书在版编目（CIP）数据

高情商领导者：点燃激情，创造共同目标，建立有意义的组织 /（美）史蒂文 • J.斯坦（Steven J. Stein）著；李仁根译. —北京：电子工业出版社，2019.1

书名原文：The EQ Leader: Instilling Passion, Creating Shared Goals, and Building Meaningful Organizations Through Emotional Intelligence

ISBN 978-7-121-35466-3

Ⅰ. ①高… Ⅱ. ①史… ②李… Ⅲ. ①企业－管理人员－情商－研究 Ⅳ. ①F272.92②B842.6

中国版本图书馆 CIP 数据核字(2018)第 254594 号

策划编辑：吴亚芬
责任编辑：吴亚芬
印　　刷：涿州市京南印刷厂
装　　订：涿州市京南印刷厂
出版发行：电子工业出版社
　　　　　北京市海淀区万寿路 173 信箱　　邮编 100036
开　　本：720×1000　1/16　印张：18.25　字数：313 千字
版　　次：2019 年 1 月第 1 版
印　　次：2019 年 1 月第 1 次印刷
定　　价：69.00 元

凡所购买电子工业出版社图书有缺损问题，请向购买书店调换。若书店售缺，请与本社发行部联系，联系及邮购电话：（010）88254888，88258888。

质量投诉请发邮件至 zlts@phei.com.cn，盗版侵权举报请发邮件至 dbqq@phei.com.cn。
本书咨询联系方式：（010）88254199，sjb@phei.com.cn。

中文版序

我非常高兴能为本书写这个短序。各种组织的领导力在各个国家都发生着变化。中国是世界上主要的经济强国之一。本书对于那些希望在国内和国际范围内带领员工在商业上跨越国界的组织来说，是一个重要的资源。

我在中国认识的领导者给我留下很深的印象，他们渴望学习领导员工的最佳方法。中国经济的变化是惊人的，而且毫无疑问，中国经济将持续增长。感谢李仁根博士翻译本书，他为中国读者能够更好地了解情绪智力付出了很多努力。我也要感谢 Wiley 出版社和电子工业出版社能够让本书在中国面世。

史蒂文 · J.斯坦 博士

中文版序

[illegible]

译者序

一年多以前，我有幸在本书原著还没有出版时就读到斯坦博士这本新作。用“欣喜若狂”来形容那时的心情一点都不为过。市面上有许多标题类似或内容相似的书籍、培训项目、网络文章，但是大多数是推测的、猜测的甚至是编造的，没有科学的实证数据或文献做支撑。斯坦博士用一个学者的严谨态度，用通俗的语言把许多的学术研究按照情商和领导力的框架呈现在人们面前，这不令人兴奋？我在通宵达旦翻阅本书原著后，当即告诉斯坦博士，我愿意帮他将它翻译成中文。

本书有许多特点，从大的架构上，可以分为四大部分（这与书中的架构稍有差别）。

1. 前 4 章是第 1 部分。第 1 部分聚焦于领导力和情商的关系。首先，作者讨论了什么是领导力，以及新近对领导力的一些研究。其次，分析情商对领导力的作用，领导人的情绪如何影响人、影响组织的绩效。

2. 第 2 部分有 5 章，分别介绍情商的五大维度及各维度与领导力的关系。由于 EQ-i2.0 的情商模型的独特性，读这几章时，你会惊喜：决策为什么需要依靠情绪？压力还有好的一面？

3. 第 3 部分有 5 章，重点呈现了作者的情商领导力四支柱模型。在成书之前，我曾与斯坦博士讨论，我怀疑他的四支柱模型是他们简单地用统计方法演绎出来的，他否认了，并告诉我这是好几年的研究成果。在这几章里，斯坦博士介绍了这个模型的来龙去脉：从理论上的探讨，到研究文献的回顾综述，到情商大数据分析，再到他自己和同行的实践经验的验证，我们可以不完全认可这个模型，但不得不佩服专家的态度和努力。

这一部分还有更加实用的亮点是每个支柱都由一组情商能力组成，这给我们提供了一个有效路径，即通过提高相应的情商能力来提高我们的领导力。作者相应地提供了许多方法。同时，有些情商能力横跨两个或多个支柱（自我实现呈现在每个支柱里），这就告诉我们哪些是重点发展对象。

4. 最后的 3 章组成第 4 部分。这部分有太多干货。例如，作者用大数据说明，大致有 30%的领导者会在 360 度评估中过高评价自己。（这是基于全球数据的结论，中国的情况可能有所不同。EQ-I 2.0 还可以告诉你，某个被测的领导者夸大自测分数的可能性有多大。）作者还介绍了情商最高的群体，情商领导力研究的新近成果（包括创业 CEO 的情商、董事会成员的情商，不同国家和文化的情商比较）。

总之，本书回答了许多关于情商和领导力的问题，而且答案是有扎实的研究数据和理论支持的。我在开始翻译之前和翻译的过程中多次阅读原著，每次都有新的收获和感悟，也希望读者有大收获。

我要特别感谢电子工业出版社的编辑，他们肯定用了不少精力把我的学术用语、美式用语改为易懂的中文！同时，感谢姚学聪女士在翻译过程中的帮助。

本书充满了学术研究报告的介绍和许多流行文化内容，让我深感自己才疏学浅，尽管我中英文都读过好几遍，不足还是在所难免，敬请读者见谅和指正。

愿更多的人一起努力，用严谨的态度来推广情商和情商领导力。

李仁根

美国佐治亚州苏瓦尼

2018 年圣诞

目 录

第 1 部分
自我认识与领导力

第 2 部分
自我表达与领导力

第 3 部分
人际与领导力

第 4 部分
决策与领导力

第 5 部分
压力管理与领导力

第 6 部分
情商领导力四支柱模型

第 1 章

领导力初探

如果船长的最高目标是保护他的船，他就只会把它永远停泊在港口。

——托马斯·阿奎那

关于领导力我们到底知道什么？近来有很多关于领导力的讨论。从浩瀚的书海、文章、博客、TED 演讲，甚至更多方面来看，我们有个关于领导力的信息宝库。在亚马逊网站上搜索一下，你会发现以领导力为主题的书就有近 20 万本。另外，关于领导力的研究有上千篇硕博论文、上万篇刊登在杂志上的文章、上万篇网络上的研究文章。这些文章的作者几乎都是学有专长的专业人士，不仅有心理学家，也有管理学家、历史学家、政治家和政治学家、神学家、哲学家、记者及其他社会评论员。他们提供了科学分析、学术性的人物传记，以及关于领导者生活的通俗描述等。在这么大的信息知识堆前，想要了解如何最有效地领导他人，你会感到迷惘。事实上，当今世界上有那么多关于领导力的信息，很难想象有哪个人会以为自己是位领导力专家。

领导力爆炸

你会如何处理这么多关于单一主题的书籍？我不得不承认我没有办法尽览这么多出版物。但是，当我开始进行我的研究时，我发现可以把绝大多数的领导力书籍分为三类。

领导者的观点

第一类书籍是由成功的领导者撰写（或合著）的。这些书籍包括下列领导者的自传：比尔·盖茨、史蒂夫·乔布斯、鲁迪·朱利安尼、杰克·韦尔奇、卡莉·菲奥里纳、迈克尔·戴尔、理查德·布兰森等。这些书籍给人启迪并非常有教育意义，而且这些成功人士从经验中获得的洞察可以引领人们沿着特定的道路走向成功。

然而我发现这些书中所呈现的内容大多是那些领导者独有的特质，仅反映作者本人是如何看待世界的。遗憾的是，书中所讲总是和实际有所出入。

在与一些著名领导者的直接下属会谈之后，我可以向你保证，领导者所认为的与其下属所认为的现实之间通常有不一致的地方。任何参加过领导者的 360 度评估的人都知道，领导者对自己的看法在某种程度上与周围人对他的看法是不同的。一位领导者的 360 度评估包含下属、同事、主管和客户对他的反馈。虽然人们能够学到这些领导者的观点，但这些观点不应该被错误地解释为普遍真理。

观察者的观点

第二类书籍为观察者的观点。观察者通常是顾问、教授、商业作家、企业教练等，他们经常与一位或多位领导者（他们往往不是组织的领导者）打交道。他们通过与领导者一起工作，对领导者进行理论化总结，或者通过对领导者进行研究而得出一些真知灼见。这方面的例子包括以下作者出版的书籍：约翰·麦克斯韦尔、大卫·科特雷尔、迈克尔·尤西姆、彼得·诺索斯、西蒙·西内克等。

对这类书籍需要注意的是，它们可能来自先入为主的理论而鲜有实验证据、有限的领导力场景，以及老生常谈或选择性地使用一些案例。这些书中通常有一些有益的忠告，但书中的建议不总是实用或易用的。

研究者的观点

第三类书籍为研究者的观点。这些书的作者可能先对什么成就了优秀的领导者有一些先入为主的观点，再通过评估一些成功和不成功的领导者的数据得出自己的观点。这些书基本上采用实证研究的方法，用有趣和富有启发的方式来评估成功和不成功的领导者之间的真正区别点。这方面的例子包括以下作者出版的书籍：库泽斯和波斯纳、吉姆·柯林斯。

例如，吉姆·柯林斯在他的著作《从优秀到卓越》中提到，他先前忽略了领导力的重要性，只专注于对历史悠久的大型标志性公司的架构、规则和流程进行研究。通过对比同一行业内相匹配的成功和不成功的公司，他得出了与其期望相矛盾的结论，事实上领导力在其中产生了相当大的作用。他所倡导的五级领导力理论中的“谦逊”和“抱负”在其中起了主导作用。他这样描述：

> 在我们的研究中，最好的首席执行官（Chief Executive Officer，CEO）展现了他们对其公司的巨大野心，以及无论付出任何代价都要做的坚韧意志，不管多么残酷（在公司核心价值观的范围内），都要使其成为伟大的公司。然而同时他们也展现了自己非同一般的谦逊，将他们大多数的成功归因于幸运、纪律和准备，而不是个人天赋。

在本书中，我希望在很大程度上沿用研究者的观点。一开始我有自己的观点，认为情商对领导力有很大影响，而这是我经过了 20 多年的研究才有的清晰认识。20 世纪 90 年代初期，我开始研究情商及其在职场中的重要性，主要研究个人绩效和利用情商来提升绩效。我感兴趣的是情商如何帮助人们更好地取得他们期望的成功——不管是在工作中还是在生活中。这些研究的大部分内容呈现在我与霍华德·布克合著的《情商优势：情商与成功（钻石版）》一书中。接下来我转向了组织情商，研究作为一个集合的群体，组织如何具有高情商。

近些年的研究提升了我对领导力研究的兴趣。起初我有意地回避领导力这个领域，可能是因为我害怕找出自己在领导力方面的缺陷。但是当越来越多的关于情商和领导力的文章、书籍、博客和演讲出现时，我最终觉得我必须加入这场对话，其中的一部分动力是因为人们对于领导力和情商的关系有一些错误的理解。有一些虚假的报告过分高估了（85%或更高）情商对领导力有效性的作用，而只有极少数这种报告有任何的实证。然而，多维健康系统（Multi-Health Systems，MHS）公司从 20 世纪 90 年代初就一直在测试人的情商，建起了一个大约有 200 万人的数据库。数据库中的人大多是在任的领导者、新提升的领导者，或者有高潜质的未来领导者。我们不仅有许多数据，而且这些数据是全球性的。我们测试了世界各地的人的情商。所以，我们必须分享我们的发现：情商是如何影响领导者成功的。

我致力于研究情商在个人绩效中的重要性这一主题已有许多年，但对于情商如何影响领导力，我一开始并没有任何观点或立场。实际上，在我接受过的早期一些电台和电视采访中，曾有评论员说他们相信情商高会妨碍一个领导者成功。他们告诉我，“与人为善”的人在某些公司会被当成“早餐”吃掉。当然，我不得不解释说情商不仅是“与人为善”。我将在第 3 章对情商进行定义。

领导力现状

在当今的组织中需要做什么才能成为成功的领导者？每个人对谁是伟大的领导者或领导者应该是什么样的都有自己心目中不同的形象。专家们的努力使问题更进一步复杂化，他们开发出了数百种领导力理论。今天人们对领导力的了解比历史上的任何时候都要多。然而，人们仍然不断地看到世界各地的组织中糟糕的领导力现状。

在近期的一份报告中，德勤全球人力资本调查对 94 个国家的超过 2 532 位领导者进行了问卷调查，发现最大的劳动力“准备度差距”是领导力。超过 38%的回答者将此问题列为组织的“紧急”（86%的人列为重要或紧急）问题——比下一个差距即人才保留和敬业度要高出 50%多。有趣的是，这两个问题非常紧密地连接在一起。

报告指出，最大的领导力需求包括更快地培养新的领导者、领导力项目全球化，以及为继任者计划准备更多的可继任人选。就像你在下面的案例中看到的一样，内部提拔并不总会帮助你发现真正的卓越领导者。

内部提拔的领导者

德米特里以前从没有感到如此焦虑。这种焦虑比起他第一天到这家男装专卖店工作时还厉害。他曾经连续 4 年在销售排行榜上排为第 1 位，经过努力争取才被提升为销售经理。在他的通信录上有最好的客户名单。在整个销售团队中，他在建立人际关系方面是最棒的。在获得了升职和加薪奖励的同时，他感受到了要将绩效提升到比以前更高水平的压力。

忧虑开始袭来。首先，他不能肯定同事对他的新角色会有什么反应。他知道同事中至少卡洛斯也申请了这个经理职位。卡洛斯会恼火甚至嫉妒吗？其次，德米特里担忧此次升职将对团队成员之间的关系产生影响。他们曾是一个紧密的团队，不仅庆祝每个人的成功，也经常一起参加社交活动。他们现在会如何对待他？他应该如何对待他们？他能与他们保持和以前一样的友谊吗？对待他们仍能像哥们儿一样吗？德米特里过去从来没有想过他如此努力奋斗得来的升职会产生如此多的复杂情绪。遗憾的是，没有人为他和他即将领导的团队提供任何准备。

这种情境可以在许多行业中看到。有很好技术和销售技能的人被安排到管理岗位上。这样做的思路是，如果他们能卖东西、记账很棒、制作最好的零件、设计最好的建筑、开发最好的软件，他们就能带领和帮助别人在第一线做得和他们一样好。

遗憾的是，领导力的运作完全不是这样的。那种帮助你卖东西、制作东西、分析事情、修理东西等的技能与成为一位优秀的领导者没有多大关系。在我与许多人的谈话中，当听说像通用电气、谷歌、微软、联邦快递和美国运通这样的公司花巨资进行领导力培训时，他们连连摇头；当我谈到像继任者计划这样的领导力问题时，他们更加惊讶。事实是，如果一家公司不愿意在选择和培训领导者上投入，那么它很可能遭遇糟糕领导力所带来的不良后果。

当我与 CEO 同行交谈时，他们通常都能详述自己如何提拔有技术和行业技能、知识、特长的员工。这些技能对一线工作绩效是重要的，而领导者，不论是基层主管还是高层管理者都需要一个不同的或额外的技能组合。这些技能准确来说是什么呢？

我们要如何发展它们？这些问题将是本书的主题。我将用真实故事、经过修改的案例、研究报告、个人逸事、MHS 公司的新近数据和一些公开发表的案例来阐述。在过去 20 多年间，有约 200 万名世界各地的职场人士参加了我们的情商测评，我们将利用这些素材来讨论领导力。

过去的领导者

我在做领导力演讲时，一般都会请观众说出一位 100 年以来具有标志性的商业领袖。无论是在北京、布宜诺斯艾利斯、赫尔辛基、圣卢西亚、悉尼、曼谷、迪拜、温哥华，还是在纽约，人们总会提到亨利·福特的名字。福特的脱颖而出不仅因他在汽车生产上的创新，还与一段名言有关。大多数人至少记得名言的一部分："让顾客见鬼去吧，他们可以要任何颜色（的车），只要是黑色的就行。"

福特的话代表了他的态度。绝大多数领导者至少有一个招牌特征，这或许是他的遗产。对亨利·福特来说，他的招牌特征是坚定不移。那个时代的领导者被看作船长。当 CEO 做出了一项决策时，组织内的每个人都要拥护这项决策，不拥护则相当于背叛。为了维护并坚持自己的观点，船长宁愿与他的巨轮一起沉没。

这类领导者是自我驱动型的。他们做决策时考虑更多的不是什么对公司最好，而是什么对自己最有益。此类领导者不仅害怕自己做得很糟糕，也害怕自己看上去很糟糕。在那个时代，改变想法（或者改变船的方向）被当成一个难以忍受的缺点。它就像"死亡之吻"，领导者会失去尊重并再也不能面对他的员工了。在亚洲的一些地方，"保住面子"的观念在今天仍然是个很大的问题。

这种领导力对一些人而言，可能是强有力的，但它通常会带来负面结果。根据李·艾柯卡发表在《时代》杂志上介绍亨利·福特的文章："问题是福特公司在一个车型上关注了太长时间。虽然人们告诉福特要多样化，但亨利·福特有一种狭隘的隧道视野。他直截了当地说'让顾客见鬼去吧，他们可以要任何颜色（的车），只要是黑色的就行'。直到 1927 年，他们才推出 A 型车，而那时通用汽车公司已经在赢取市场了。"

那时，隧道视野给了福特最大的竞争对手通用汽车公司所需的喘息机会，使其夺得了很大的市场份额。当福特的儿子介入时，福特公司最终才生产出了新的车型（如 A 型车），采用了新的颜色，使公司继续存活了下去。

自我驱动型的领导者倾向于受过去驱动，他们用过去的经验来验证当下的决策，如此也成就了坚定不移的特征。他们认为在过去起作用的，在今天和明天也应该有效，这样就产生了他们对一致性的需要。但是，这样做的代价是失去许多新的机会，如新技术、经济变革、新策略或客户关注点的变化所带来的机会。

当代的领导者

可以看下 20 世纪后期的标志性领导者。哪位人物在你的脑海中脱颖而出了？你会想起许多名字，但有一位总能占据在你的排行榜上，他就是比尔·盖茨。正是因为微软公司开发了软件运行系统才使个人计算机有了腾飞发展，正如人们所知道的，它也因此改变了世界。比尔·盖茨和他的微软公司让这一切变得可能。盖茨很长时间被看作新技术及改变人们生活的热衷者。但是并没有多少人记得，在互联网的初生时期，盖茨明确地对此表现出悲观态度并行动迟缓。

20 世纪 90 年代初期，盖茨在一个大型会议中心的宴会厅做了对当时来说很重要的一场演讲，那天我是 2 000 名观众之一。盖茨讲述了微软公司投资几百万美元来探索互联网的潜力。他的结论是万维网的最好商业应用是视频点播，但有线电视和卫星已经实现了视频点播。他预测要再花 20 年才能使互联网变得实用并产生商业价值。引用盖茨的话："带宽是个大问题。遗憾的是，它不像微型处理器那样使你每年都能看到它的指数级增长。如果要实现这个，则需要大约 20 年。因为若要普及这些高速连接，特别是把它们接入全世界的家庭，将需要很长的时间。"

微软公司选择对互联网不予理会。

在演讲之后的很短时间内，刚从伊利诺伊大学毕业的马克·安德森与一位名叫吉姆·克拉克的行业老手合作，在克拉克的厨房创建了一家公司，起名叫网景。他们的使命是简化互联网的接入并提升速率。他们的小型公司一上市，即刻改变了首次公开发行股票的境况，也改变了世界。微软公司一下子在新的前沿技术上落后了。

在公众的眼中，微软公司就是比尔·盖茨，他曾在诸多论坛上占据稳固的位置，而现在看起来却站不住脚了。他是微软公司的船长，而业界老式的船长要么随下沉的船一起下沉，要么找到方法坚持他们的立场，因为对领导者来说最坏的莫过于公开改变自己的观点。前后不一比错了更不好，这通常被看作在弱点和压力下摇摆不定。

盖茨将如何处理这个局面？毕竟他那时已经是世界上最富有的人之一了。他会坚持自己的立场而不理会互联网吗？他会冒险公开改变想法吗？他会基于别人对他的看法来做决策吗？他会担心自己的自尊吗？他会担心在这种情况下别人是如何看待他的吗？

盖茨将一个拥有数百亿美元的组织迅速转向，全力以赴追赶互联网发展。微软浏览器被开发出来了，最终成为世界上被广泛使用的网页浏览器之一。如《时代》杂志所记载的，"万维网在 1994 年出现，使浏览器成为人们的需要，而美国网景公司也是在当年成立的。美国太阳计算机系统公司开发了 Java，也就是互联网程序语言。盖茨踌躇不前，直到 1996 年，微软公司最终'全心全意地拥抱了互联网'（盖茨自己的说法）"。

他为什么这样做？和当今许多成功的领导者一样，盖茨过去关注的是成功，现在关注的也是成功，而不是人们对他的看法。他是受未来和机会驱动的，而不是受过去或自尊驱动的。向过去学习是有价值的，但停留在过去只会浪费精力。要看起来不错、前后一致、保持现状等，这些都是过去的美德，但在今天无疑是"死亡之吻"。成功的领导者把自尊置于使命之后，与时俱进，并且不惧怕改变自己的立场。

未来的领导者

通过测评许多年轻的和年长的领导者，我能够看到一些领导力将向何处发展的趋势。有一个新的标志性特征对未来的领导者是非常重要的。当人们看待当今领导者的成功与失败时，我发现这个特征越来越显得重要。在此暂不讨论这个特征，继续读下去你会发现它。

优秀的领导者和糟糕的领导者

在做领导力演讲时我常常会给观众安排一个练习。观众要分成小组，每个小组都会被分到两项作业中的一项。每个小组要在白板上写上他们的组织最认可的或最不认可的领导力特征。在其中的一张白板上我发现了以下这些描述：

情绪爆发	高度自负
一贯正确	结果驱动
将道德问题最小化	严格刻板
不控制情绪	强硬的态度

我与带领这个小组讨论的男士交谈白板上的这些词语。当我开始问他组织是如何防止这些行为发生时，他很快修正我，并且解释这是他和组内的有些成员曾经服务的公司所鼓励的行为。他接着解释他曾在安然公司工作，这些是在安然公司解体之前的两年内高层团队认可并鼓励的行为。

我们详细研究了这些描述，想看看这些因素在领导组织上的表现。情绪爆发是一种吸引人们注意的方式，同时它也吓住了反对者，告诉他们你是严肃的。大多数人不愿与处于这种状态的人发生冲突。高度自负是另一种策略，向他人暗示你是正确的。毕竟，你对自己那么自信，怎么会有人在这件事上与你争论呢？

一贯正确是一种力量的展示。如果你在整个组织内以一贯正确而出名，那么下一次更多的人会站在你的一边。它会降低你可能面对的反对程度，并且多半会帮助你赢得争论。结果驱动是一个常见的企业价值观，它的问题是使其他的一切都变得无关紧要。例如，不善待他人、在流程上走捷径、向客户做出兑现不了的承诺等问题对结果驱动者来说都是次要的。

将道德问题最小化的能力是我最喜欢探讨的，特别是当我给律师和纪检官员做演讲时。有时它是指超越道德，即你会奖励那些在道德边缘找到方法的人，也就是找到漏洞的人。所以，如果我能证明为什么我需要用公司的钱来租赁私人飞机、住豪华酒店、吃大餐、和家人一同旅行等，那就可以这么做。我猜在安然公司这种方式只管用了一段时间，或者管用到了他们被抓为止。

严格刻板是以另一种方式来告诉人们“走我给你指的路，或者走高速公路”，这在得克萨斯州很受欢迎，而安然公司的总部就在那里。不控制情绪可以有效地告诉人们不要惹你或质疑你。而态度强硬是指某种大胆而坚定，告诉人们不要质疑领导者的权威。这就是人们向我描述的得克萨斯态度，即“不要来惹我”。

在审视这些特征的过程中，可以把它们归结为坚定不移（高度自负、一贯正确、结果驱动、严格刻板、强硬的态度）和超越置疑或批评（不控制情绪、将道德问题最小化、情绪爆发）。

很难相信（至少对我来说），在当今的时代，会有公司仍以这种方式来运营。然而，在我的旅行中，我遇到过这种方式的不同变形。毋庸置疑，有些流程能帮你得到短期结果，但是，正像在这个故事中看到的一样，它们不是有效的长期策略。当我最初开始这项工作时，常常需要花很多精力来说服一些领导者接受管理情绪对业务是有益的观点，例如，不要用乱发脾气来激励员工。在下面的章节中会探索高情商领导力的案例，以及你需要做什么来拥有高情商领导力。

高情商领导者：需要思考的问题

1. 你读过的关于领导力的最好书籍有哪些？
2. 关于这些领导力方面的书，你喜欢它们什么？
3. 你是否知悉某人被提升到领导岗位而没有做好准备的情形？
4. 你能想出现在的上司或过去上司的一个标志性特征吗？
5. 你愿意追随的领导者应该有的理想的标志性特征是什么？
6. 你期望如何与曾经工作过的上司有所不同？
7. 你作为领导者的标志性特征是什么？
8. 思考一下你的适应能力和在重要问题上改变想法的意愿。
9. 你认为未来的领导者的标志性优势是什么？

高情商领导者：你能采取的行动

1. 请同事用一个词来描述你的上司。
2. 询问同事，如果他们是领导者，他们做的会有什么不同。
3. 询问同事，他们最钟爱的领导者身上的哪些特征他们最喜欢。
4. 如果你是领导者，请一些最信任的下属来描述你的领导风格。
5. 询问下属，他们对自己的工作最感到兴奋的是什么。然后思考你作为领导者在培养他们的兴奋点上能做什么。

第 2 章
领导力研究

有效的领导力不是做演讲或被人喜爱，领导力是由结果而不是由特质来定义的。

——彼得·德鲁克

针对领导力的科学研究大约有 100 年历史了。有数百种报告都在研究个性、领导风格、认知智力及智商（Intelligence Quotient，IQ），以及领导潜力和绩效等。许多心理学和商业/管理文献方面的主流评论总结了人们对领导力的大部分认识。罗伯特·凯泽和同事所做的一个文献综述很好地总结了发表在学术文献上的大部分论述。例如，他们提出的不容争辩的证据表明，领导力风格与领导效果相关联，例如，“体贴型领导者会提高下属的工作满意度，结构化型的领导者有更高效的执行团队，变革型领导者能激发更大的承诺”。

另外，想要获得某种效果，某种特别的领导力风格可能更有效。例如，当你很好地控制某种情境时，最好的领导方式是任务导向型。而当你不能很好地控制某种情境时，选择以员工为导向的领导方式会更有效。换句话说，在控制度低的情况下，你需要花更多的时间来处理人员和他们的需求问题，之后才能使他们专注于你要他们完成的任务。

领导力定义

在科学文献和畅销著作中，针对领导力有很多定义。而在本书中，我将领导力定义为：

> 在任何情境下你影响一个或多个人的思想、行为或情感时所采取的行为。

我对领导力的理解是，它不仅是有关的能力、技巧和行为，而且也是情境化的。今天，我是一位有 160 位员工的公司领导者和 CEO。这个职位承载了许多责任、重担和荣誉。但是，一旦回到家里，我的责任就有了巨大差别。例如，我妻子会命令我倒垃圾。她接着会给我其他几个任务来做，包括查看邮件、洗盘子等。不同于皇后或国王，今天的大多数领导者都不是一周 7 天、一天 24 小时全天候做一位领导者。我加入了好几个 CEO 群，他们所领导的组织规模从 5 人到 500 人不等，差异很大。我知道即使有也只是极少数的领导者在今天仍会不分昼夜地统治他们的王国。

对我来说，相关的另一个重要概念是影响力。对于今天的绝大多数领导者来说影响力是最重要的。无论是在职场还是家里，人们不再生活在被命令和控制的社会。你可以发号施令，但这并不意味着你能得到像以前一样的服从。并且，许多人在跨功能团队里工作，实质上没有指定的领导者。在你没有或只有有限权力的地方，为了成功地领导其他人，你必须能够影响他们的行为。

而且，今天的领导者不仅是引导行为。如果你想要成功，你必须能够改变人们的思想和心灵。常言道："你可以把马带到水边，但不可能强迫它喝水。"人们期望受到感召而采取行动。你必须使他们想做所需要做的事。

最后，一个人需要有多少个追随者才能成为领导者？在本书的定义中，即使你只有一个追随者，你也是一位领导者。如果你能说服伴侣做家务，说服孩子做作业，说服你的朋友跟你看你想看的电影，或者说服经理让你来负责这个项目，你就是一位领导者。有许多能用来影响一个人的技巧，如果运用得当，可以用来影响数十人或数百人。我知道有一位政治家是从基层开始她的职业生涯的。她曾逐个地说服了足够的人支持在一个非常繁忙的十字路口设置人行横道的决策。从那时开始，她先在一个地方性选举中获胜，之后在地区性（省级）选举中也胜出了。她继续前进，最终做了内阁部长，承担很重要的政府职能，监管数亿加元的预算。她能够将一对一的人际技巧运用到一对多的场景中。

领导力评估

人们对领导力的认识在学术层面上的一个突破来自心理学家罗伯特·洛德和他阿克隆大学的同事在 1986 年发表的一篇综述性论文。在观察组织心理学中个性对领导力的作用这一在当时颇有争议的领域时，他发现了一个重要的区别点。那时绝大多数的组织心理学家都否定了个性在领导力中的重要性，但他们的结论是根据很少几个关于领导力中 IQ 的重要性研究得出的，这些研究本身的设计有问题，而且只观察领导者的绩效，研究的背景又都是学术环境（大学）。当然，你不必成为组织心理学家也能认识到个性在领导力中所起的重要作用，如果不是在领导者的绩效上，至少是在领导者的选拔上。例如，很难想象在一场政治选举中候选人的个性会不起作用。

虽然这看起来很直观，它却是认识上的一个飞跃。人们筛选领导者的方法与评估他们绩效的方法完全不同。所以凯泽和他的小组利用这种差异重新阐述了人们对领导力的理解，并且将他们所评论的研究报告分成两类：一类聚焦在其他人如何看待领导者，另一类重点关注领导者所带领的团队效果上。通过这种方法将领导者区分成了“看上去很好”和“做得很好”两组。思考一下人们是如何选领导者的，不管是 CEO 还是政治家。通常的做法是看他们在公众面前如何呈现自己。从另一种角度来看这种分类，第一类研究者关注的是领导者个人，而第二类研究者关注的是团队或组织如何运作。

政界中个性对领导力的作用

在政界中个性对领导力的作用是如何表现出来的？史蒂芬·哈珀曾是加拿大的

总理，以做事非常有效率而出名。他被选为两届总理。他有一个很好的政绩纪录，但被看作性格内向的人。他是从幕后工作开始并领导自己的政党的，而没有采用更为传统的热情的政治家的方式。在前两次总理竞选中，他的竞争对手是看起来比他更不具魅力或更不受人喜爱的候选人。

他又尝试竞选第三届任期，对手是个年轻、更有个人魅力的戏剧老师，名叫贾斯丁·特鲁多，是前总理皮埃尔·特鲁多的儿子。在竞选中的一次晚餐会上，我和哈珀总理的一位高级内阁部长坐在了一张桌子上。我们谈到了哈珀受喜爱程度的下降和他缺乏个人魅力（与他的竞争对手相比）可能对竞选结果造成的影响。她试图说服我这不是个性的竞赛，投票者应该根据候选人的政绩来决定选谁，而不会受他个性的影响。还有，她说，特鲁多没有任何政绩可言。你可能知道，哈珀以巨大的差距败给了那位戏剧老师，而且正如哈珀的高级内阁部长所言，是个没有任何成功纪录可以拿出来说的人。哈珀的失败也许看起来像个异常情况，但是就像我将要说明的，基于个性而非成就来选择领导者是十分常见的。

了解理想的政治候选人

希拉里·克林顿和唐纳德·特朗普之间的总统竞选，给我们这些对领导力和领导者如何被选择感兴趣的人提供了一个理想的实验机会和历史机遇。在 MHS 公司，我们决定利用这次机会，并且在 2016 年 9 月初竞选开始前进行了两次调查。为了更好地把握理想的领导者（在这个案例中是总统）的情商看起来是什么样的，我们调查了 1 000 位美国选民。样本选择：1/3 民主党、1/3 共和党、1/3 独立选民。不同党派眼中理想总统的情商得分如图 2.1 所示。

从图 2.1 中可以看出，不论选民所属哪个党派，结果特别相似，这本身非常有意思，因为这是在最近历史上最有争议性的选举之一。可以从表 2.1 中看出一些差异：对自称民主党的人来说，总统应在以下方面做到最好（按优先顺序排）：冲动控制、社会责任、现实判断。共和党人喜欢的总统在抗压、问题解决和现实判断上表现优秀。而从图 2.1 中可以看出独立选民希望看到总统在抗压、问题解决和冲动控制上表现优秀。

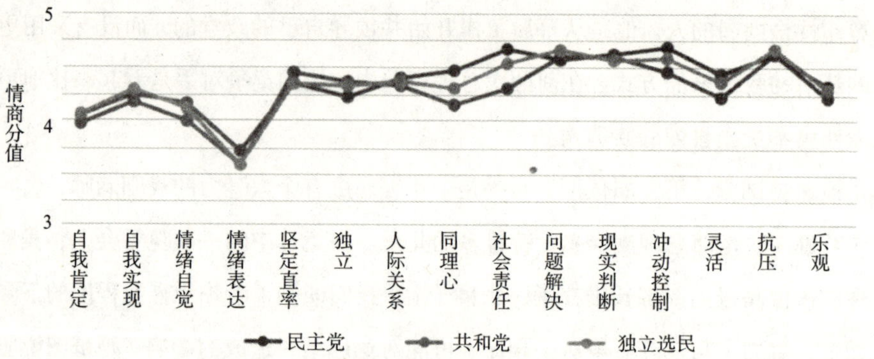

图 2.1　不同党派眼中理想总统的情商得分

资料来源：MHS 公司。

表 2.1　分党派看理想总统的前 3 项品质

前 3 项品质	政治立场	
	民主党	共和党
第 1 项	冲动控制	抗压
第 2 项	社会责任	问题解决
第 3 项	现实判断	现实判断

3 个党派的人似乎在对一位总统来说最不重要的情商能力上达成了一致，即情绪表达、自我肯定和情绪自觉。

共和党人与民主党人看待总统情商的最大差异是什么？最大的差异在社会责任上，民主党人给出的分值要高于共和党人。独立选民在这一点上与民主党相近。所以，要争取独立选民的选票，候选人必须在一定水平上表现出他们对社区和周围世界的关注。如果仅关注自己而不关注其他人，就不可能赢得独立选民的心和支持。也许希拉里·克林顿被看作太强调自我地去赢取独立选民的选票了；或许唐纳德·特朗普的增加工作机会和取缔奥巴马医改（增加了参保者的费用）的信息是有社会责任感的一种证明。

另一项很大的差异在同理心上。民主党人把同理心作为总统更重要的一个特质在打分上高于共和党人。独立选民的打分在两者之间。民主党人希望总统可以读懂他人的思想和情绪，但这对共和党人来说好像没那么重要。拥有同理心是比尔·克林顿被广泛认为比较擅长的一项能力。这里的一个转折点是希拉里·克林顿称特朗普的支持者“应该受到谴责”和“不可救药”。许多独立选民认为不去争取近 50%的选民支持是不可思议的。

3 组选民在冲动控制上的打分也存在差异。民主党人要的是一个更能控制冲动的总统，也就是说，更能管理好其言和行。他们希望总统是一个更有思想的人，不会信口开河、鲁莽行事。独立选民的观点在两者之间，有点接近民主党人。对共和党人来说这不是主要因素，这就解释了为什么许多共和党人没有被特朗普冲动使用推特的嗜好所困扰。

比较特朗普和克林顿谁是更理想的总统

我们接着调查了新的 1 000 位选民，同样按同等比例选择 3 个党派的选民。他们抽样完成两个调查表的一个，每个调查表各由 500 人完成：一个调查中，人们先评估克林顿的情商，而在另一个调查中，人们先评估特朗普的情商（见图 2.2）。

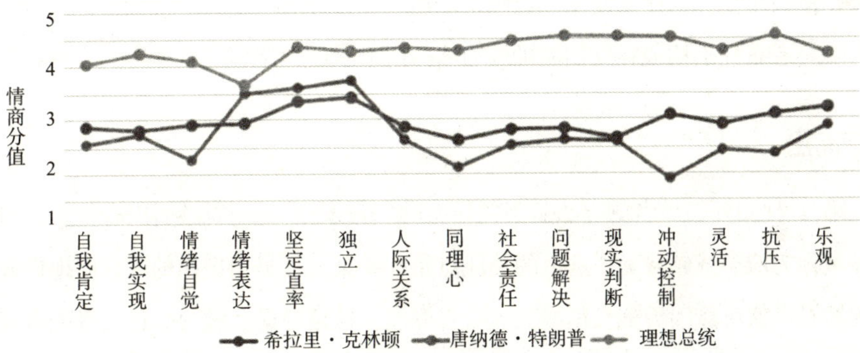

图 2.2　对比希拉里·克林顿和唐纳德·特朗普同理想总统的情商得分

从图 2.2 中可以看到，在情商的具体得分项上没有候选人能达到理想总统的分值。他们都有自己的峰值和谷值，虽然克林顿和特朗普在独立和坚定直率方面得分最高。

两人最大的区别是克林顿在冲动控制、抗压、情绪自觉方面得分较高，而特朗普得分高的是情绪表达和坚定直率，独立得分稍高一点。也许与选民口头表达的相反，情绪表达和坚定直率是政治领袖更吸引人的特征。尽管我没有证据来支持这个观点，但根据自己对上千个电视真人秀的候选人和成功竞争者特征的追踪经验来看，我推断如果将高情绪表达和高坚定直率相结合，再加上低冲动控制可能是使特朗普取得胜利的公式。就像比尔·克林顿展示同理心是天生自然的一样，唐纳德·特朗普很好地利用了他那些精打细磨好的技能。他的情绪表达（有时也包括嘲讽对手）、坚定直率（清楚地表达了他所喜欢和不喜欢的）和低冲动控制（经常脱离给他仔细准备好的发言稿），与希拉里·克林顿总是标准的政治演说形成了鲜明对照。正如一位电台记者向我指出的，这帮助解释了为什么特朗普能吸引 20 000 人坐满礼堂。在对总统的研究中，我们采用了让他人打分的方法来观察领导力，这种方法在领导力研究和组织研究中变得越来越常见。

研究者如何看领导力

基于罗德对领导力的研究，凯泽和同事通过 4 种不同方式进一步对领导力进行了研究。他们研究：①什么使领导者脱颖而出；②领导者的支持率是如何确定的；③有效的领导者有什么构成；④团队的绩效/结果。

脱颖而出

第 1 种测评领导者的方法基于领导者的“自发性”，与脱颖而出有关。有时这种领导被称为应急式领导力。这里的关注点是那些某方面显得突出的人，即他们被人看作领导者。这可能因为他长得高大、嗓音深沉、性格外向、魅力十足，或者有其他显得“突出”的特征。如果你曾在一个没有指定领导者的项目团队中工作，你对此会有所了解。最终，某个人被认作团队的领导者，即使非正式的领导。如果没有领导者，任何团队都会在工作时遇到困难。

在商界，会把脱颖而出看得很重要。遗憾的是，根据某种突出的特征来选择领导者可能是造成今天的企业领导力问题和员工敬业度问题的一个因素。在一本读起来很有娱乐性的书里，作者里昂纳多·塞勒斯像墙上的一只苍蝇，详细记录了在今天的组织内一个人攀爬公司阶梯的步骤。悲哀的事实是，它读起来像在一个百老汇剧《如何不用十分努力地在企业中成功》里用的书。

依据塞勒斯在许多组织内的观察，从一个入门职位起步并得到升职通常需要遵从一些规则。第一，你要避免冲突。喜欢争论和挑战现状的人不会被看作合适的领导者。第二，在组织内不提改善建议会让你显得容易顺从。通过表达你对现状的喜欢和抵制变革，你会被看作支持管理层已经理顺的工作。第三，不要请你的上司倡导"不受欢迎"的想法，即使这些想法能帮助公司省下上万美元，你也最好低头做你的事。第四，这点非常重要，总是和你的领导者保持一致。如果你的领导者看到你与他意见不一致，你不可能得到升职。第五，花时间提高你的演讲技巧并穿着得体。无论是在董事会上还是在员工会议上，着装得体、善于言辞、让观众惊艳都会让你受到注意。然而，因花言巧语而受到注意则是这种领导风格的特点。第六，你必须让大家看到你有强烈的升职愿望，并且比你的同事看起来更优秀。所以要给拥有权力的人一些暗示，即一旦你在组织内有恰当的位置，你会给组织带来很大价值。同时，让他们知道，你的某些同事可能有些懒散或不那么称职，这对你是有帮助的。第七，一直为你的下次升职做准备。把你的绝大部分时间和精力花在对你的下次升职来说重要的活动和行为上，而不是花在分配给你的任务上。

遗憾的是，把焦点过度地集中在个人的职业发展上是不会引领团队或组织成功的。最著名的过度聚焦职业发展的一个故事被原为陆军军官的心理学家诺曼·迪克森记录了下来。他研究了 18 世纪和 19 世纪的英国军队。他的发现令人震惊。从根本上说，英国军官对地位和升职的全神贯注导致了数万名士兵的死亡及许多战略位置的丢失。这些都是"看上去很好"，而不是"做得很好"的例子，甚至在今天的很多组织中也很容易看到类似于他对军队所观察到的情况。

使职业发展成功的技能通常与领导者为获得团队成功所需要的技能没有关系，有时甚至是对立的。例如，管理好你的职业生涯，你应该聚焦在与他人的社交、政治活动（注意谁是重要人物、谁不是，以及如何接近位高权重的人），以及与外部人员建立人际网络上。重要的是你应该在组织内和组织外建立你的声誉，所以当有提升的机会时，或者当与你有关系的公司外的人士听到一个机会时，他们马上会想到你是可能的候选人。

另外，要成为有效的团队领导者并把事情做好，一套不同的技能组合就开始起作用了。这些技能包括清晰地沟通和如何向下属或团队成员传递正确的信息。把事情做好意味着你团队里的每个人都需要准确地知道对他们的期望是什么。你也需要知道如何激励他人为共同的事业而努力工作。作为团队的领导者，你还需要知道如何惩戒那些表现糟糕的成员。当团队中出现冲突时，你还需要知道如何化解这些冲突。解决冲突是领导高效团队的重要工作之一。

为了领导好一个团队，对你来说了解如何组建团队也是非常重要的。当增加新成员或淘汰老员工时，你应该知道团队需要什么技能和如何遴选有这种能力的人。最后，作为团队的领导者，知晓下属的培训需求也是重要的。人们往往在自己的工作岗位上成长，并且需要获取新的知识和技能以做到与时俱进。

支持率

第 2 种测评领导者的方法基于支持率。虽然脱颖而出在企业环境中比较常见，但在政治舞台上支持率是最常见的。人们对政治家的投票通常基于对他的感觉。许多人为政党投票，而有些人为政策投票，但在绝大多数选举中，起作用的决定因素是对候选人的感觉（或好或坏）。甚至在回顾企业环境下的领导力研究时，凯泽报告说“绝大多数的研究聚焦在人们对领导者的感觉上，而不是关注领导者带来的结果或成果”。有时我们在下属完成的对其主管的 360 度评估中也看到这种情况。

领导者的有效性

有些研究聚焦在领导者的有效性上。当观察领导者的有效性时，可以有两种不同的研究。第 1 种研究是看领导者如何有效地影响团队成员或团队成员的工作过程，如他们是否敬业。第 2 种研究聚焦于团队或组织所取得的成果。

在第1组的研究中，聚焦在团队如何工作上，主要是对流程和员工敬业程度的研究。我有时把此研究成果与观察宗教领袖的成果进行比较。这就像在评估牧师、神父和拉比（教士）时，看看每周做礼拜时教堂的长凳上有多少人，或者在教堂组织的活动中有多少人参与。领导者在团队中的影响是研究的焦点。他们来了吗？他们参与礼拜了吗？当评估领导者的这种影响力时，研究者会用一些像团队动态、氛围和文化之类的评估因素。

研究领导者的此类有效性的方法之一是变革型或交易型领导评估法。巴斯和阿沃利奥开发出了变革型领导的概念，以此来测试领导者如何影响团队。他们基本上是看领导者感召和强化下属绩效的能力如何。影响成功时，领导者会使员工搁置自己感兴趣的追求，一起为了集体目标而工作。领导者的成功是通过愿景、引人入胜的组织目标、高标准、智力激发、以身作则和良好关系来实现的。

团队绩效

第2组的研究聚焦在领导者所带领的团队或组织的实际结果或绩效上。对组织来说，结果或绩效可以表现为财务状况（毛收入、盈利能力）、生产率（产出的部件数量、完成的项目数）、客户保留率和满意度、人力资源指标（缺勤率、敬业度）和创新（开发出来的新产品、费用/时间节省流程的应用）。

对结果进行测评在体育运动领域是最常见的。体育运动的领导者——运动队的教练或经理的成果是通过运动队的比赛结果来评定的。一般来说，获胜团队的教练很被大家所追捧。

所以，从学术研究中了解到的领导力内容，大多数来源于4种评估领导力的方法。第一，可以观察谁脱颖而出，或者谁看起来像领导者。这种情况在奖励和提拔企业领导者时最常被观察到。第二，可以观察支持率或人们对领导者的感觉如何。这种情况往往在看谁赢了政治选举时能被观察到。第三，可以观察人们是如何与领导者互动的。这种情况在宗教领袖身上常常能被观察到。第四，可以观察团队取得了什么样的成果。这在体育运动领域是最常用的判定领导者的方法。我在领导力研究中发现，通过领导者对其他人的影响和他们的成就，你能最有效地了解这位领导者。通过让他人参与、给他们一个目标、把事情做好、让世界变得更好，你就能成为一位成功的领导者。

高情商领导者：需要思考的问题

1. 你是如何定义领导力的？对你的人生影响最大的领导者有哪些？
2. 你有多少时间用于扮演领导者的角色？
3. 你如何评价你周围的领导者？
4. 作为领导者，你喜欢人们用什么方法来评价你？
5. 当你领导他人时，有哪些成果是你努力要实现的？

高情商领导者：你能采取的行动

1. 写下一些能使你作为领导者脱颖而出的事情。
2. 思考你身上的哪些品质会让人因你是他们的领导而感觉良好。
3. 思考你如何使人们对你想让他们做的事情激情澎湃。
4. 思考你能让其他人完成的一些实际任务或活动是什么。
5. 制定几个你希望别人把你看作领导者的目标，包括你想完成的事情。

第3章
情商模型的发展

毫无疑问情商比书本智慧（Book Smarts）更稀缺，但我的经验告诉我实际上它对领导者更为重要，你不能忽视它。

——杰克·韦尔奇

有一天我正在给一些教育领域的领导者做演讲。我请他们所有人回想一下当初他们从高中毕业时的情境。我问他们："你还记得你高中毕业时全校第一名是谁吗？"和通常一样，当我问到这个问题时，房间内的大多数人都举起了手。

"你们有多少人知道那个人现在怎么样？"又一次和通常一样，半数人举了手。

接下来的问题是："他们中有多少人在生活中是如你所期望的那样卓有成就？"此时，只有少数人零散地举起了手。偶尔也有人说"那个学生后来成了哈佛或麻省理工的教授"。

相反，我常常会听到一些学校里的差生取得非凡成就的故事。例如，那个笨手笨脚的弗莱德后来创业成了百万富翁；或者那个不合群的吉尔后来加入一个摇滚乐队唱歌，又富有又出名。谁会知道这些结果？

但有一次一位老先生过来对我说："我不仅记得谁是我高中毕业时的状元，我还经常和他见面。"

"是吗？"我问道。

“是的,”他说,“乔治和我从小学三年级时就是同班同学。他是个天才。他的数学和科学成绩优秀。没有他不能解的数学题。在高中期间我们一直都是好朋友。他就是学校的毕业班状元,绝顶聪明。我?我没那么好。我每年的成绩都是刚刚及格。但我是大家都要找的人。我知道哪儿有聚会,以及去哪里能玩嗨。我得说,在学校我是更受欢迎的人。”

“那乔治后来怎么样了?”我问道。

“啊,我们后来都当了老师。我们仍是好朋友。后来我被提职当了校长。一段时间之后我成了学区的督察。”

“乔治呢?”我又问道。

“啊,乔治仍在我们当初开始的学校当教师。我仍然一个月和他见一次面。上次我们见面时他说‘正盼着退休’。这些年,在我们工作的大多数时候,乔治都一直在我的领导下工作。所以,我猜你会说‘在事业方面我们对他的期望比他这么多年在同一所学校当教师要高得多。而我也从没有想到过我这个 C+ 学生会成为他的领导者。这是个疯狂的世界,对吗?”

有很多年人们都依赖于,并且很多雇主仍然相信,通过测验认知智力或 IQ,能很好地预测领导力。平均来说领导者可能比下属的 IQ 要高一点,但通过测验 IQ 并不能很好地预测领导力。事实上现在已经有研究发现,在领导的有效性方面,IQ 高的领导者的评分可能低于 IQ 低的领导者。但在讨论这个之前,先介绍下人们是如何依赖 IQ 来预测领导力成功的。

智力的进化

心理学家测验 IQ 或认知智力已经有 100 多年的历史了。有趣的是,经过这么多年和几百次的研究试验,人们对认知智力仍然没有一个共识的定义,但 IQ 和它相关的能力测验及成就测验主导我们的社会,如这些测验应用于大学入学考试、职业学校招生等,并且遍及学校和其他工作场所。

这一切都是从 1905 年开始的,法国心理学家阿尔弗雷德·比奈和同事精神病学家西奥多·西蒙开发出来第一个正式的智力测验。

比奈受巴黎学校委员会之托寻找一种方法能够按照能力将学生进行分类。这样做的目的有些不太仁慈：淘汰“低能儿”（就是那些不能从公共资助系统中受益的儿童）。比奈深信智力是一个环环相扣的过程，涉及判断、解决问题和推理。现在他可以把自己的理论用到实践中了。他和西蒙完成并发表了一项 IQ 测验—— 一开始主要是针对儿童的，这样能使他获得不同年龄组的标准，这些成果成为后来测算“心智年龄”的基础。把 IQ 测验的结果与平均的成长水平和智力发展水平相比较后就得到了心智年龄。

1910 年，比奈-西蒙测验进入美国。教育家和心理学家亨利·戈达德在新泽西州创建了低能儿训练学校。之后斯坦福大学的刘易斯·特尔曼对测验进行了修订和标准化，使其更广泛地适用于美国人，开始既测验儿童也测验成人。这就是著名的斯坦福-比奈量表。

此时，认知智力的测验有了新的重要意义。它不仅能识别那些从正规的教育系统中受益较少的低能儿，也能挑选出那些分数高的且能把他们的能力发挥得很好的人。IQ 很快有了生命力，不仅在学校，而且在工作场所的人际关系中都被看作一个重要因素。

随后，对于在学校和工作场所中的 IQ 概念发生了许多争论，针对遗传和环境（天生和培育）影响也有许多争论。同时，有更多的争论是围绕文化和种族的差异而出现的。尽管如此，IQ 或认知智力对选择学生入学、毕业、入职等都是一股强大的力量。

什么是 IQ 测验

IQ 测验自比奈和西蒙的时代以来已经有了些进化。那今天的认知能力测验实际上测的是什么？测验评估你的专注和计划能力，组织材料的能力，用文字来理解、吸收和解释信息的能力。本质上，IQ 测验是测量你的个人信息库存的质量，如记忆力、词汇量、数学能力和视觉—动作协调性。显然，其中的一些技能在工作场所是很有用的。

人们在认知智力的测验方面和它对预测结果的作用上进行了上百年的研究。在通过 IQ 预测工作成功的效能上人们知道多少呢？理查德·瓦格纳发表了一篇在这方面很重要的论文。他回顾了许多综合评论及对它们的评论、数百项研究，得出了一些有趣结论。他通过对综合分析的分析（或称元分析）发现，总体上说，IQ 测验支持者对研究结果的解读是，IQ 能够用来预测工作表现的 25%。换句话说，个人工作成功的 25%可以归于他的 IQ 水平。然而更实际地来看这些研究，并且把其中的一些虚浮估计去除，瓦格纳得出的结论数字是 4%~9%。即使 IQ 能解释工作成功的 25%，还有 75%不能被解释。其他解释这 75%的因素可能包括工作经验、教育水平和技术能力等。

另一个研究是罗伯特·斯滕伯格在耶鲁大学时做的，他的结论是工作成功的 4%是由 IQ 决定的。那就是说，工作成功的 96%是由其他因素而不是认知智力决定的。斯滕伯格强调实用智力（或称常识）在工作成功中的作用。以我的经验，情绪智力（情商）可以解释工作表现中的一大部分变量。

什么是情商

虽然情商还是一个比较新的概念，情商技能却是与人类群居生活一样的古老。构成情商的技能组合也伴随着人类的发展不断进化。早期的应对、适应和相处技能对以采集、狩猎为主的早期社会人类的生存至关重要。人类的大脑反映了这个无可争辩的事实。复杂的脑映射技术证明，很多的思维过程在把外界的信息转化为个体的行动或反应的生理层面上都要经过大脑的情绪中心。

一方面，情绪与时间一样古老。19 世纪 70 年代查尔斯·达尔文出版了第一部关于情绪表达在生存和适应中的作用的现代著作《人和动物的情绪表达》。正如前面提到的，对于认知智力测验在种族和文化上是否公平一直存在巨大争议。事实上，某些司法管辖区禁止使用这种测验。然而当谈到对情绪的理解时，达尔文超越了文化层面，探讨了物种之间情绪表达的可转移性。在我的演讲中我经常问听众是否养宠物。对于大多数养宠物的人，我问他们能否辨别宠物的开心、悲伤、激动或害怕？不带任何犹豫，他们全都点头并面带笑容。如果能够跨物种地辨别情绪，那么在跨文化和种族之间就应该有相当清晰的规则在起作用，而我们的研究证实了这种规则的真实存在。有时研究者需要付出许多努力和代价去发现其实许多人已经从自己的经验中知晓的东西。

这为什么重要？达尔文记载了情绪作为一个信号系统的重要性。狼脸上愤怒的表情对猎人而言是一种信号，如果猎人忽略这个危险，他便陷入危险。当看到狼脸上的愤怒时，猎人就会产生逃跑或战斗的反应。按照达尔文的说法，辨别这些情绪的能力使人们得以生存下来。大脑的下部、更原始的区域调节这种反应。今天调节人们情绪的还是这些同样的区域。这些大脑区域叫作边缘系统和海马体。

情绪影响了人类大脑上部、更高级区域新大脑皮层的做工方式。当你做复杂决策（如和人们交往、解决问题等）时，大脑的下部区域仍然活跃，影响你有效地执行各种任务。情绪影响你的决策和你对事件（即使微不足道的事件）和人的反应。

拥有良好的情商涉及你的大脑上部和下部脑功能区的最佳运作。大脑的下部区域让狩猎时代的人类对危险和机会保持警觉，从而使人类得以生存；它在今天确保人们恰当地应对日常生活中的压力和机会时同样起到重要的作用。通过调节对难以处理的人和处境的反应——要能正确地识别它们，你需要学会将你的逃跑或战斗的反应调节成社交上较为被人接受的反应。聪明睿智是知道做什么，以及如何做到最好。

支持这点的科学研究来自脑神经科学家安东尼奥·达马西奥。他的研究对象是脑部受损的病人和那些丧失了情绪及感觉的人。他发现，那些脑部管理情绪的部位受损的人难以做出甚至最简单的决策。他的结论是："情感和情绪不是干扰理性的决策，相反，没有了它们，好的决策几乎不可能发生。情绪帮助人们做出最有效的决策。"

另一个更近期的研究针对的是更高级的问题解决和情绪在其中的作用。洛德瑞克·吉尔奇、里卡多·卡西达和克林顿·基尔兹研究商务人士在尝试解决战略性问题时其大脑的工作状况，并且将结果发表在《哈佛商业评论》上。研究人员让被试者解决一些比较高级的商业问题，这些问题通常是用理性—逻辑的方法才能解决的。当被试者解决这些问题时，研究人员用功能性磁共振成像（Functional Magnetic Resonance Imaging，fMRI）过程对被试者的大脑活动进行记录和测量，独立的专家小组给被试者的解决方案打分。当研究人员将专家对被试者的解决方法的评分结果与通过 fMRI 得到的脑电波相比对时，他们发现解决方案得分最高的被试者在解决问题的过程中，大脑中与情绪和直觉相关联的区域表现得更加活跃。可能是因为在解决问题的过程中，他们的神经系统甚至会抑制理性思维来释放大脑的上述区域。

心理学家提出了许多情商定义，但它们都倾向于围绕着一个主题，即为什么有些人在某些方面如此精明（“书本智慧”），而在另一些方面相当木讷［缺乏“街头智慧”（Street Smarts）］。一个人可能有“书本智慧”，但没有“街头智慧”，因为他缺乏对情绪的觉察和控制，而这些就包含了情商的要素。

例如，你可能想到一位政治家，他才华横溢、有感召力，准备好了要改变世界。后来不知从哪里冒出了性丑闻或收受贿赂的传闻。这位政治家没有管理好（或者没有在足够长的时间内管好）自己的性欲冲动或贪婪来实现其政治生涯的成功。

实际上，正是这点启发了两位心理学家发表了讨论情商概念的第 1 篇文章。彼得·沙洛维，当时的耶鲁大学心理学家（现任耶鲁大学校长）和情绪研究学者，与同事约翰（杰克）·梅耶是朋友。梅耶是新罕布什尔大学的心理学家，也是一位个性研究学者。这两位也是与情绪、智力和个性有关的研究项目的合作者。

那时，彼得和杰克都对一位年轻的总统候选人加里·哈特满怀希望。加里年轻、帅气、聪明，看起来是个十拿九稳的赢家。可是接下来令人难以置信的事情发生了。在初选过程中，一位记者直面加里·哈特说，基于一些传闻，他有婚外恋。他的反应在后来很出名：先是否认一切指控，然后挑战在场的所有记者说：“跟踪我吧，我不介意。我是严肃认真的。如果有人想给我安上一条尾巴，那就来吧。他们将觉得很无聊。”

但在 24 小时之内，《迈阿密先驱报》曝光了他与唐娜·瑞斯一起登上一艘游艇的事情并附有照片。这在现在也是一起著名的婚外恋事件。

彼得和杰克听到这个消息时是一个下午，他们正在粉刷杰克的房子。他们试图弄明白这么聪明的一个人在这种情况下为何会做一些缺乏智慧的事，说一些缺乏智慧的话。当时，《纽约时报》把哈特描写成“一位才华横溢并严肃认真的人，有可能他是那一代人中最有远见的政治思想家，华盛顿再也无力打造出这种传统的政治家”。是否有可能他在一个领域（政治策略）非常聪明，而在另一个领域（管理自己的情绪）不那么聪明？

他们之后提出了一个观点，人类应该有某些其他类型的智力，他们把它叫作情绪智力，与每个人都知道的认知智力（或 IQ）完全区分开来。他们推测就像人们广泛地用智力测验评估 IQ 一样，他们应该能够找到一些方法来测验这种智力。

彼得和杰克进一步发展了这个概念，之后写了一篇科学论文，题目就是“情绪智力”，发表在一家相对不那么出名的科学杂志上。

有一天，彼得就这个新概念做演讲，而《纽约时报》的科学记者、心理学家丹尼尔·戈尔曼也是听众之一。戈尔曼发现演讲的题目非常吸引人，就问彼得是否可以把这个题目用作他正在写的一本与情绪有关的书的书名。彼得，一位完美的绅士，觉得这没有任何害处，就同意了。戈尔曼的书《情商：为什么情商比智商更重要》后来成了一本畅销书，累计售出 500 多万册，创下了心理学领域的纪录。

后来，彼得和杰克与心理学家大卫·库索组建了一个团队，开发出梅耶-沙洛维-库索情绪智力测验（Mayer-Salovey-Caruso Emotional Intelligence Test，MSCEIT®），测量一个人的情绪智力的能力或表现。MHS 公司的团队与彼得和杰克的团队紧密合作开发并验证了这个测验。事实上最初版本上的许多照片是我拍摄的。MSCEIT®已经成为世界上被研究最多和广泛使用的情绪智力的测验工具。

梅耶和沙洛维对情绪智力的定义：

> 感知情绪，获取和产生情感的能力，从而有助于思考、理解情绪和情绪信息，并且调节情绪，以促进情绪和智力增长。

MSCEIT®模型包括下列维度。

感知情绪：涉及你成功辨别他人情绪的能力。它也包括你向他人准确表达情绪让自己成为有效沟通者的能力。

促进思考：或者叫运用情绪，涉及运用情绪来产生和感知情绪以表达自己的感受并将情绪运用到认知过程中。人们的感受对自己的思维产生很大影响。同时，情绪也能帮助人们集中注意力，引导人们解决问题。

理解情绪：帮助人们利用情绪来预测未来。了解情绪能够帮助人们驾驭整个生活。它帮助人们理解为什么感到悲伤、愤怒或头晕目眩。例如，感到愤怒是因为早上糟糕的交通状况，而把愤怒发泄在同事的身上对你的工作是没有任何帮助的。了解了愤怒来源于何处，会使你更容易地处理它。

管理情绪：这点可以让你的情绪成为你的优势。通过管理你的感受，你可以与人更好地相处、更容易地解决问题、做出更理想的判断，以及更有效地管理你的行为。

MSCEIT®模型如图 3.1 所示。

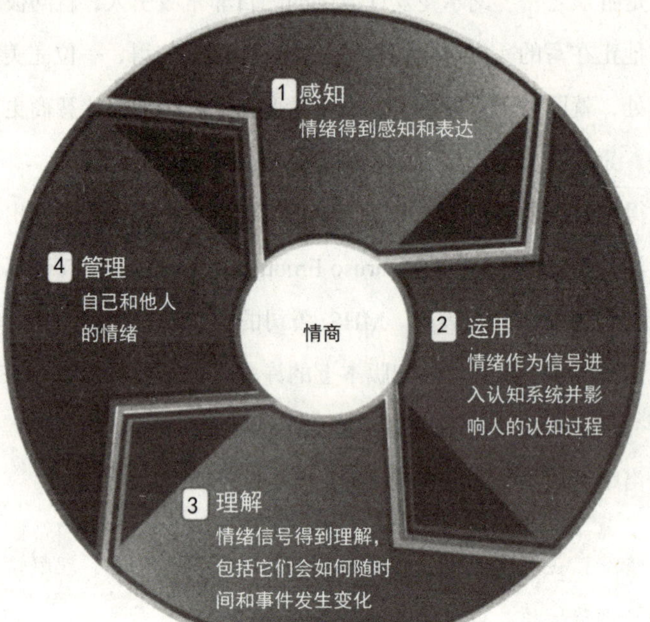

图 3.1 MSCEIT®模型

资料来源：MHS 公司。

MSCEIT®与领导力

在领导力领域，很多研究都在探讨领导力与情商的关联性。在澳大利亚，伍伦贡大学的大卫·罗赛特进行的一项研究有助于了解这种关联性。他研究的是，在传统的个性和推理或认知智力（IQ）外，通过情商预测领导绩效的程度。

他对澳大利亚一家大型公共服务组织的 117 位高管进行了测验，测验内容包括个性、IQ，也用到了 MSCEIT®。同时，他也得到了主管在年度反馈时给高管的领导力有效性评分。这些评分主要聚焦于两部分：①取得了什么结果；②如何取得这些结果。第 1 部分的评分聚焦在可交付及可测量的结果上，第 2 部分的评分聚焦在领导者取得这些结果的行为方式上。

大卫发现个性因素与高管的绩效得分没有什么关联性。然而，他确实发现 MSCEIT®显示出与高管的绩效之间的一些有趣关联性。MSCEIT®的整体得分与“取得了什么结果”和“如何取得这些结果”之间显著相关。

很多人可能认为这看起来没有什么了不起，但 MSCEIT®是测量“取得了什么结果”的最佳工具，比个性和 IQ 预测的准确度高出 5%。在“如何取得这些结果”上，个性测验也并不重要。准确感知情绪的能力就占到“如何取得这些结果”得分的 18%；而 MSCEIT®整体得分占到“如何取得这些结果”得分的 22%。有一点与大众的普遍看法相反，IQ 分值实际上没有影响工作“如何”完成的得分。这些发现确认了情商能力对领导者的成功起一定的作用。

领导力的一个重要方面涉及激励他人，这个过程中的一个重要内容是创建一个有效的愿景陈述。史蒂芬·科特、彼得·洛佩斯和彼得·沙洛维对 137 位男性和女性在创建愿景陈述中个性和情商的相对影响进行了研究。高水平的情商，正如 MSCEIT®所测验的，与高质量的愿景陈述存在相关性，远远超越了一个人的个性影响。

领导者的情商对那些组织内基层员工有什么重要性？在澳大利亚新南威尔士大学完成的一项研究中，贾尔斯观察了两个小组的管理者（每个小组有来自公共和私人组织的 13 位经理）和 108 位向他们汇报的人。贾尔斯发现员工对组织的忠诚度与经理的情商之间有显著关系。换句话说，经理的情商越高，员工对组织的承诺程度也会更高。经理管理和理解情商的能力对员工的承诺度具有最大影响。

有很多研究都在探讨领导力成功中情商、智商和其他因素的相对重要性。在这方面我会介绍另一项研究。它是由中北大学工商和技术管理学院的 W.李・特纳完成的。

特纳一开始便指出，美国政府部门倾向于使用“过时的方法来识别潜在领导者”。他的报告指出，政府部门在过去的 60 年里一直使用 IQ 测验。

他研究了情商、智商和领导绩效之间的关系。52 位加利福尼亚汉福德的一线和三线政府管理人员做了 MSCEIT®测验和翁德里克 IQ 测验（一项认知能力测验）。领导绩效主要看两项结果：一是他们的进度绩效指数——项目中投入的价值量；二是他们的成本绩效指数——与项目实际花费相比的工作完成量。

他的研究发现，情商与进度绩效之间存在显著的正相关，智商和进度绩效之间存在显著的负相关。换句话说，你的情商越高，智商越低，你的进度绩效就会越好。情商与成本绩效之间存在正相关而与智商没有相关性。所以，在这个研究中，情商比智商能更好地预测领导绩效。需要注意的是，这项研究观察了实际工作人群（而不是学生）的实际结果，因此，可以充满信心地说，这项研究结论同样适用于其他工作人群。

自测情商

1985 年，一位心理学家鲁文・巴昂完成了他的博士论文。这篇论文是关于开发一种测试方法来测量人的情商（Emotional Quotient，EQ）的，就像智力测验测量 IQ 一样。他曾在军队服役过并用传统的心理测验方法测评士兵。他注意到，传统的测验如 IQ、个性测验，似乎不能预测谁能很好地执行任务而谁不能。有些 IQ 很高的人，在战场上并不能表现出色，而其他一些 IQ 一般的人却表现卓越。为了写他的博士论文，他研究并创造了一个工具来测量情绪优势，以便更好地预测绩效和恢复能力。他把情商定义为“一些能够影响人们成功应对环境需求和压力的非认知性能力、技能和技巧。”这项工具叫作情商量表（Emotional Quotient Inventory，EQ-i）。

MHS 公司的团队一直对 EQ-i 进行研究并基于后续的研究对它进行了修订。现在的版本叫作 EQ-i 2.0，在世界上很多的工作场景中得到应用。世界上大约有 200 万人经过了 EQ-i 和 EQ-i 2.0 的测验。

图 3.2 中展现的 EQ-i 2.0 模型被划分成 5 个维度和 15 个子维度。自我认识维度与你了解并管理自己的能力有关。它包括情绪自觉——认识到你的感受是什么及为什么有这样的感受，认识到你的情绪对自己和他人的思想、行为的影响的能力；自我肯定——理解自己的优势和劣势，以及即使有劣势仍然感觉良好的能力；自我实现——坚持提升自己，追求有意义的目标，使生活变得更好的能力。

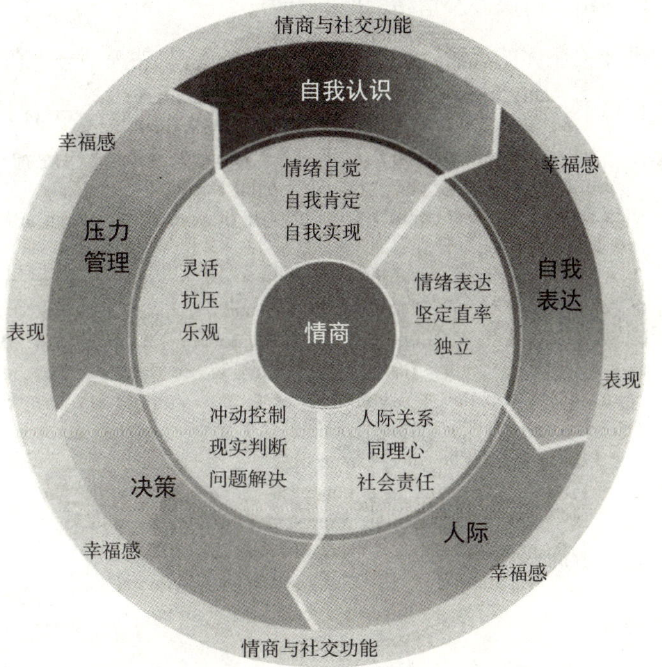

图 3.2　EQ-i 2.0 模型

资料来源：MHS 公司（基于鲁文·巴昂 1997 年开发的 EQ-i 模型）。

自我表达维度涉及你如何应对外在的世界。它包括情绪表达——用语言和非语言的方式表达自己的情绪的能力；坚定直率——清楚地表达自己的想法和观点，坚持自己的立场，并且用建设性的方式捍卫自己的观点的能力；独立——自我导向，自我控制，不依靠他人的能力。

人际维度指的是你“待人接物的技能”——与他人交往、相处的能力。它包括人际关系——建立并维护互惠互利、有给有取、互相信任、互相关心的能力；同理心——认知、理解、接受他人的感受和想法的能力，是通过另一个人的眼睛看待世界的能力；社会责任——成为你所属团体和整个社会的一个合作者或有贡献的成员的能力。

决策维度涉及通过最佳的方式运用情绪帮助你解决问题和做出最佳选择的能力。它包括冲动控制——忍住或延迟采取贸然行动的能力；现实判断——看到事物真实、客观的一面而不是你希望看到的或害怕看到的一面的能力；问题解决——以最佳的方式，利用合适的情绪来解决涉及情绪问题的能力。

压力管理维度关注你的灵活、抗压及乐观能力。它包括灵活——在多变的、有挑战的或陌生的环境下，调节你的情绪、思维及行为的能力；抗压——保持平静和专注，建设性地承受危机事件和矛盾情绪而不屈服的能力；乐观——保持客观、积极的态度，尤其是在面临逆境和挫折时能够做到这样的能力。

还有一个独立指数是幸福感。幸福感是指对生活感到满足、让自己和他人开心、使生活充满热情的能力。

其他情商测量模型

MSCEIT®和 EQ-i 是最初的两个情商模型。从那时起，又有很多新的模型出现，绝大多数是这两个模型的变体。如果你想要一个情商的简化定义，几乎所有的模型都包含以下 3 个部分：

1. 识别自己和他人情绪信息的能力；
2. 管理自己和他人情绪信息的能力；
3. 将情绪能量集中在所需要的行为上把事情做好的能力。

自测情商有效吗

有些人一直以来对自我评定的情商对领导力的效果比 IQ 和个性有更大的影响存有疑问。首先，澄清一些关于自评测验的错误认识。近年来的高质量的自评工具是严格按照由美国心理学会制定的标准开发出来的。它们要求收集有广泛代表性的人口常模样本，经过大量测试、可靠性检验、有效性检验等，还要遵照许多用来规范工作场所使用心理测验的法律和道德方面的准则。而对于你在互联网上搜索到的某些 EQ 测评，它们的准确性值得怀疑。

有些人从本质上怀疑自我测量情商的方法。例如，他们认为如果某人缺乏自我认知，怎么能回答关于自我认识的题目？与此同时，如果你问人们是否具有情商，难道不会有 95%的人回答“是”吗？毕竟有关 IQ 的研究发现，在给自己的智力打分时，有 87%的人［此处是指斯坦福的工商管理硕士（Master of Business Administration，MBA）班学生］对自己的智力都打了高于平均值的分数。所谓平均分，是指 50%的人高出这个数，50%的人低于这个数，那怎么会有 87%的人的分数高于平均值？之后将在第 15 章讨论情商的自我测评的可靠性。

心理学科在发展心理测量学上有效的自我测验已有很长历史。正如前面所提到的，比奈用第一个标准化的 IQ 量表测量 IQ。但是精神病理学方面的第一个测验——明尼苏达多项人格测验（Minnesota Multiphasic Per-sonality Inventory，MMPI），是由斯塔克·哈瑟韦和查尔斯·麦金力在 1939 年开发出来的。直到今天它仍然是个性和精神病理学方面应用和研究最广泛的标准化测验。根据设计，这个测验是用来诊断如忧郁、焦虑和精神分裂等疾病的。你可能问，一个精神分裂症患者怎么能够完成自测量表？他们难道不会说：“不，我不是精神分裂？”MMPI 已经成功地用了 70 多年，对它好像不存在什么争论。

答案非常简单。做测验时，你不会问一个人是否有情商，就像你同样不会问一个人是否有精神分裂症一样。关键是要开发出一些间接、不明显或巧妙设计的题目反映有精神分裂症的人（或高情商的人）与普通人群有不同的回答。这项任务容易吗？不，但它是将高品质的测验如 MMPI 和 EQ-i 2.0 区别于其他测验的关键。

自测 EQ、IQ、个性和工作表现

虽然关于 EQ 的内涵或定义在学术界仍有许多争论，但人们趋于认可各种 EQ 模型的预测能力。例如，在近期一项对现在可以接触到的所有关于工作表现与 IQ、个性、EQ 相关研究的综合分析中，丹娜·约瑟夫和同事指出，“近期的实验研究报告称在工作绩效和自测的情商［通常也叫 EI（Emotional Intelligence）特质，学术上叫作混合 EI）］之间存在非常大的相关性，说明自测/混合 EI 是预测工作绩效方面最为人知的因素之一。研究结果进一步表明，混合 EI 能够扎实地预测工作绩效，作用超出认知能力和大五人格特质”。

在他们的涵盖了几百种研究报告的评论中提到，情绪智力（EQ）能够解释工作绩效变量的大约 22%，而认知智力（IQ）能够说明其中的 19%。虽然表面上看起来差异不大，但在实际工作中的差别是巨大的。

先把学术放在一边，全世界的雇主对情商是如何看待的？最近关于职场情商的重要性方面有一些有趣调查。根据世界经济论坛的“未来的工作报告”，情商是一项重要的工作技能——在有些情况下甚至超越技术能力，这种认识在最近几年有所增强。报告说：“整体上说，社会技能如说服、情商和教他人，比起狭隘的技术能力如编程或设备操作和控制，在各个行业都会有更大的需求。”

在 2011 年进行的一项“职业构建者调查”（Career Builder Survey）中，2 600 位招聘经理和人力资源人士中有 71%的人报告说他们更加看重员工的情商，觉得它比智商更重要；75%的人说他们更愿意提拔情商高的员工，而不是仅仅智商高的员工；有 59%的人声称他们不会招用高智商、低情商的人。

在全世界各个地方，越来越多的雇主认同职场情商的重要性。

高情商领导者：需要思考的问题

1. 思考一下你曾为之工作过的上司（现在单位的或过去单位的），你觉得他们得到其职位主要是因为他们的技术能力、一般智力，还是其人际能力？
2. 你认为应该如何组合以下 4 种技能/能力能够成就一位优秀的行业领袖：技术能力、IQ、个性和 EQ？
3. 在本章中所描述的不同情绪能力和技能中，你认为哪种对领导者是最重要的？
4. 描述的这些能力和技能，你认为哪种是你最强的情绪技能？
5. 如果你问一位家庭成员，他会说你最强的是哪种情绪技能？
6. 如果你问一位同事，他会说哪种情绪技能是你最强的？
7. 如果你从本章所解释的情绪技能中选取 3 种来发展，你会选择哪 3 种？
8. 你将如何开始发展这些技能？

第4章
情绪感染

如果你的行为激励他人有更大的梦想、学习更多、做得更多，并且成就更多，你就是领导者。

——约翰·昆西·亚当斯

贝利是我的一个朋友。他像我一样经营一家成功的公司，雇用了大约 160 名员工。当我们在一起时，他是个开朗风趣的家伙。他的公司为制造性企业开发软件，产品大多在北美地区销售。另一个像我的地方是他同样也做了 30 多年，但他好像总在抱怨自己公司的员工流失率高。他说程序开发员越来越难找了，并且培训费用也越来越高。高流失率造成软件升级和漏洞修复工作的延缓。另外，因为员工不到位，他们在云软件的发布上受到阻碍并面临一系列的延迟。

贝利也告诉我他的营收在过去 5 年里停滞不前。在这之前公司享受过一段幸福时光，每年收入都以两位数的速度增长。收入停滞的部分原因是企业软件市场的萎缩和对云版本的预期升高。贝利邀请我来看一下他的公司到底存在什么问题。

当第一次走进他的办公楼时，我首先注意到的是对公司的整体感觉。我注意到每个人都把头埋向计算机屏幕。整个办公室比图书馆还安静。不仅如此，当走过他们的工作台时，他们的头好像埋得更低了，快要埋进显示屏了。他们甚至都不会抬头和我们打招呼。

当人们走进 MHS 公司办公室时，他们一定会听到大楼各个角落的欢笑声，看到人们三五成群地围聚在一个工作台边上。他们甚至能看到有人在像星巴克一样的餐厅区域玩台式足球。在 MHS 公司，当有访问者穿过办公楼时，遇到的员工会微笑地欢迎他们，通常都会说“你好”。

当我向贝利指出这个情况时，他看着我，好像我是从火星来的。“你什么意思？”他说，“这是工作场所，人们来这里是干活的，我需要生产效率。他们不是来聚会的。”

“你不认为他们的心情会影响他们的工作吗？”我问。

“好，现在你在我身上用那套心理学的东西了。他们可以下班后到酒吧去开心。这里是他们工作的地方。工作是我花钱雇他们来的目的。”

我感到这将不是一个能快速找到答案的简单问题。我清晰地知道我必须更加清楚地说明情绪在工作中的作用。工作场所的文化是我多年来所培养的。我们的公司是从地下室开始的。我们一直相信 MHS 公司对待员工的方式是像一家人似的。大多数人都能在这种环境中取得成功，但我也不得不承认，有时创建这样的文化会有些挑战，因为不是每个人都能以心换心的。确实会有人滥用特权，在工作时浪费时间或偷懒，或者没有发挥他们的全部能力。但如果你用对了人并创建了一种赋能的文化，这些风险与你能得到的生产效率相比是微不足道的。也就是说，要雇用真正关心他们所做工作的人。同样，你也要学会在人们的生产效率方面制定制度以便检查和平衡。

我们不仅能看到结果（收入、利润、员工人数）的巨大、持续增长，也赢得了来我们公司考察的独立机构颁发的许多奖项。例如，我们获得过加拿大“利润增长最快100 佳”（连续 3 年）、加拿大“管理最佳公司”“永安年度企业家奖”（安大略省，健康类）、加拿大“10 佳最受仰慕的企业文化奖”［由水石人力资本（Waterstone）举办的评选］。我相信文化在我们的成功中起了非常大的作用。作为创建杰出文化的一部分，我们在选人时不仅看他们的具体工作技能和才能，也看他们的文化匹配度。为做到这些，我们对每位申请到 MHS 公司工作的人进行严格的情商测验，不管是客户服务人员、编程人员、业务发展人员、仓储运输人员、图形设计人员、研发人员，还是网页设计人员。我们用的是 EQ-i 2.0。

工作中的情绪感染

工作场所是有氛围的。当在某个组织的工作区走一走时，我几乎总能通过氛围对组织的状态有所察觉。组织中的氛围来自组织的最高层。领导者决定了一个组织的基调：它可能是正式的、友好的、简朴的、古怪的、创新的、有趣的、严肃的、焦虑的、放松的，或者包含多种不同的情绪基调。

研究表明，情绪在工作中可以传染。当在一个小组中工作时，你能感染其他人的情绪。这些可以是积极的情绪，也可以是消极的情绪。回想上一次你的工作小组庆祝一笔大交易成功，或者事后检讨你失去一个大订单时的情境。有个正式的科学术语叫作情绪感染，它通常在与他人面对面接触时发生。人们往往与周围的人有着同样的情绪。

首先，看一看关于情绪感染效应的一些实验室研究。西加尔·巴萨德发表了一系列研究情绪感染效果的报告。在其中的一项研究中，她把商科学生分成几个小组。实验中，学生们做决定员工绩优调薪的角色扮演。每个人需要轮流扮演部门经理的角色，而小组内的其他学生是“薪资委员会”的成员，他们的工作是在有限的调薪资金和很多需要调薪的人之间做到平衡。每个参与者需要轮流为自己员工的加薪与其他成员讨价还价。进行这些工作的同时还要实现公司的整体利益最大化。

每个小组内都被秘密安插了一位演员（同伙）。演员经过培训，将 4 种情绪分别植入不同的小组：①开朗热情；②平静温和；③敌对易怒；④沮丧倦怠。巴萨德发现演员所表现出来的情绪对小组的氛围产生了严重影响。演员“播撒”积极情绪的小组积极氛围不断增强，但情绪感染的作用没有停止在情绪的传播本身。她报告说：“这些小组展示了更多的合作，人际冲突更少，并且与感染到负面情绪的小组相比，他们觉得自己把任务完成得更好。而且受到积极情绪感染的小组确实将有限的资金分配得更公正。”

同样的情况，我的朋友贝利不知道员工的心情会影响他们的工作。巴萨德的研究对象没有将自己的任何决定归于情绪。事实上当参加实验的人被问及为什么他们用那种方式分配资金时，他们把它归结于他们的谈判能力，或者“待提薪候选人”的品质。没有一个人说他们的行为或决策与演员或自己的情绪有什么关系。

情绪温度

正如我所相信的，在 MHS 公司的组织文化中确确实实存在情绪因子，现在在商业文献里对此有了实验支持。在西加尔·巴萨德和奥利维亚·奥尼尔发表在《哈佛商业评论》的文章中有些这方面的总结。他们指出每个组织都具有两类文化。第一类是认知文化，“具有共享的知识价值观、规范、工件和假设”来帮助组织生存。第二类是情绪文化，“具有情感价值观、规范、工件和假设”来确定人们在工作中感受到哪种情绪及哪种情绪受到了抑制。除了这两类文化的明显差异，它们代代相传的方式也不同。认知文化是通过口头和语言传播的，而情绪文化是通过非语言线索传播的，如肢体语言、面部表情等。测量一下组织的情绪温度可以告诉你人们在工作场所具有（也有可能传播）的情绪。

巴萨德和奥尼尔还继续引用了情绪文化影响员工的其他研究成果，表明情绪的影响包括员工满意度、工作倦怠、团队工作，甚至包括财务结果、缺勤率等硬性指标。他们对这些发现的总结如下。

> 积极情绪始终如一地与好的表现、品质、客户服务相关联，这在不同的岗位角色和不同的行业及组织的各个层级上都是这样的。反过来说，（除某些短期的效果外）负面情绪如群体愤怒、悲伤、恐惧及类似的情绪通常会导致负面结果，包括绩效差和流失率高。

有趣的是，情绪文化是通过日常的相互交流形成的。这并不是说要靠公司的大型年度庆祝活动（尽管这有帮助）才能形成，在绝大多数情况下，它是由组织内每天发生的小型交流活动决定的。可以把每天的工作看作一系列积极情绪和消极情绪在不停地交换产生并被分类记账。目标是每天结束时账上能有一个正数。在一周的工作时间内没有任何压力几乎是不可能的，但是积极情绪使你在处理日常烦恼时仍有好的感受，虽然没有完全缓解你的压力。

两位领导者的故事

领导者的情绪如何对现实世界里大型组织的绩效有更大的影响？对此做一项系统研究是不现实的，但是，可以调查两位著名的企业领导者［史蒂夫·乔布斯和卡莉·菲奥里纳（惠普公司原 CEO）］的情绪是如何影响组织绩效的。

史蒂夫·乔布斯在其整个职业生涯中展现的行为变化是很大的，可以清晰地看出他是个相当复杂的人物，我在此不想深入讨论他的心理档案。我想专注在史蒂夫·乔布斯二世上，就是那个在离开苹果后创办了 NeXT 计算机公司，又把公司出售，然后离开了皮克斯公司重新加入苹果公司之后的乔布斯。当乔布斯重回苹果公司之后，他对苹果公司的文化产生了巨大影响。那时苹果公司正在困境中挣扎，财务状况也非常糟糕。

关于他在苹果公司是如何工作的，根据《财富》杂志（把他评为“年代最佳 CEO”）关于他的主题文章，他将自己的时间花在他最擅长的地方：创新产品、招聘人才、市场营销，当然，还有成为公司的公众形象。乔布斯说：“我可以把时间花在前瞻性的东西上，我的高管层把我的另一半工作拿走了。这样安排，他们很喜欢，我也很喜欢。”这与他第一次掌管苹果公司时相比是一个巨大变化。之前他以微管理、个人攻击性演讲而出名，在他有了皮克斯公司的工作经历之后，他学会了不去插手创造性工作人员的日常工作。

但更重要的是，苹果公司的员工对乔布斯是如何想和感受的呢？苹果公司的情绪温度是多少？人们听到过很多关于乔布斯个性上令人讨厌和难以相处的一面，但我们可以从 Glassdoor 网站上看到苹果公司的员工对他的真实感知和诚实评价。在 Glassdoor 网站上，员工匿名给他们的领导者打分。令人惊讶的是，员工对乔布斯的支持率达到 97%，这是一个相当高的分数，超过了脸书的 CEO（马克·扎克伯格）和谷歌的 CEO（艾瑞克·施密特）。

乔布斯曾是威胁和为难下属的人，这事本身就是个传奇。沃尔特·艾萨克森的《乔布斯传》更是强化了这点。很多人对他威胁下属及向下属撒谎的行为都有负面的反映。艾萨克森随后在《哈佛商业评论》上著文来澄清对乔布斯行为的看法。

在这篇文章里他说："但是，那些和他一起工作过的人承认，他的特质有可能令人非常愤怒，却激发他们完成卓越的业绩……黛比·科尔曼曾是麦金塔团队的初始成员之一，有一年还因敢于直面乔布斯而得奖。她回忆说：'这是一个自我实现的变形，即你做了不可能的事情，因为你不知道它是不可能的。'"

艾萨克森继续解释说："乔布斯因没有耐心、暴躁、对周围的人非常严厉而出名。他对待人的方式虽然不值得称赞，却源于他对完美的追求和只愿与最优秀的人一起工作的渴望。"艾萨克森认为乔布斯过去做事确实鲁莽过火，"所有这些暴风雨般的消极行为都是必要的吗？可能不是，他可以用其他方式激励团队。'不用威胁同事，史蒂夫同样能取得这么大的贡献。'苹果的联合创始人沃茨尼亚克说，'我喜欢处事更有耐心和没有这么多冲突。我认为公司可以成为一个好的家庭。'但接着他说出了一个不容否认的事实：'如果当初的麦金塔项目按我的方式进行，事情可能一团糟。'"

但是，绝大多数人都怀念这种行为的一个重要方面："重要的是，乔布斯的粗暴无礼伴随着一种能感召灵感的能力。他给苹果公司的员工注入了创造史无前例产品的持久热情和完成看似不可能完成的工作的信念。人们需要根据结果来评判。乔布斯有个关系紧密的家庭，在苹果公司大家的关系也一样：他最优秀的员工比其他公司包括那些由宽容和温和的老板管理的公司的员工留在公司的时间要长许多。那些学习乔布斯并决定模仿他的粗暴风格而不了解他激发员工忠诚能力的 CEO 犯了一个危险的错误。"

这里重要的一点是，高情商不等于总以友善的方式待人，而是在恰当的时候用恰当的情绪去获得恰当结果的能力。它需要的是一种读懂他人、知道如何推动他们、知道何时后退、何时坚持的能力。如果带着良好的意图，即使在当下可能令人不爽，但结果是有益的。苹果公司的一位优秀员工黛比·科尔曼曾被问及作为乔布斯行为的承受者的感受。"他会在会议上大发雷霆，"科尔曼回忆说，"但是我认为自己绝对是世界上最幸运的人，因为我曾与他一起工作。"

还有一件事：乔布斯特别喜欢面对面的会议，这是情绪感染传播最重要的形式。艾萨克森报告说："乔布斯强烈相信面对面会议的力量。'在网络化时代，大家都认为邮件和聊天工具可以产生创意，'他告诉我，'那样太疯狂了。创意来自自发性的会议和随意的讨论。你遇到某个人，问他在干什么，很快你就在脑海里想出各种各样的想法了。'"

苹果公司的绩效怎么样？这正是《财富》杂志把乔布斯选为"年代最佳CEO"的原因。据《福布斯》杂志2013年的报道："苹果公司连续3次被评为世界上最有价值的品牌，市值1 043亿美元，比2012年度提高20%。按照统计，其品牌价值几乎是这个星球上其他品牌价值的两倍。"

现在来看看卡莉·菲奥里纳。1998年因被评为"美国商界最强势的女人"，她的照片被登在《财富》杂志封面上。她被招入惠普公司进行变革。惠普公司当时是全球标志性的技术公司，但公司股价和企业文化均停滞不前。她的三把火之一是将惠普公司与竞争对手康柏计算机公司合并。菲奥里纳被描述成"工作专注型"领导风格。例如，她期望下属在3个月之内完成1年的工作计划。她的管理风格被描述成权威—服从型领导，她以督促员工努力工作却不顾他们的需求而出名，她也以授权不足和过度控制下属而广为人知。

《财富》杂志1998年首次发表了"百佳最佳雇主"。公司的排名基于最佳职场研究院开发的与信任有关的5种价值观。这5种价值观包括组织的可信度、尊重、公平公正、自豪感和同事情谊。惠普公司第1年和第2年的排名都是第10名。但到了第4年时惠普公司彻底跌出了排行榜。接下来的9年里惠普都没有上榜。当菲奥里纳稳定下来并开始被大家关注之后，《华盛顿邮报》把惠普公司描写成价值观"被破坏和毁灭"的公司，员工的信任不是被不可挽回地破坏殆尽也是受到了严重损害。

在一项对菲奥里纳掌管下的惠普公司管理工作进行的详细分析中，金伯莉·埃斯巴赫和同事发现，惠普公司跌出排行榜主要不是因为员工的信任度降低了，而是因为员工产生了不信任。他们将出现这种情况的原因归结到当时惠普公司的领导者身上。"所以，这次研究的主要意义是指出了对员工表达满意对于建立组织信任是非常的重要。进一步说，开始时惠普公司有良好的绩效，当卡莉·菲奥里纳给出了不满意信号时，这些信号对员工来说特别令人烦恼和‘不可信’。”

他们接着记录了不信任的产生过程：“代表不尊重、不满意和不公平对待员工的行为和语言不仅会降低信任度，而且实际上产生了不信任。”

彼得·巴罗斯和迈克尔·马隆进一步记录了菲奥里纳管理下的员工的不满情绪。他们对 8 000 名员工进行了一项调查，报告揭示了员工对沟通不畅和决策糟糕执行的普遍苦恼。这是早期调查结果的彻底翻转，早先的调查发现惠普公司属于美国企业界员工满意度分数最高的公司之一。有些员工在公司大会上向 CEO 吹口哨、喝倒彩。这与著名的史蒂夫·乔布斯给员工的报告会是完全相反的。

在 *InfoWorld* 报道的技术行业 25 个历史性失败案例中，卡莉·菲奥里纳排第 6 位，他们把她称为反乔布斯派，在 1999—2005 年担任惠普公司 CEO 的任期内，她的所作所为证明了没有任何人能像她那样可以把几十年的极客商誉进行翻转，如此地疏远客户。”

最后，耶鲁管理学院副院长杰弗里·索南菲尔德在菲奥里纳竞选共和党领袖时给出了一个广为人知的观点：“我研究了她的商业纪录，质疑了她的领导能力，最后同意对她的评价，那就是她是历史上最差的技术公司 CEO 之 。我相信并坚持自己的这个评价。”

他总结了她的纪录：“菲奥里纳在惠普公司的 5 年里，使公司的市值丢失了一半多。在这个互联网泡沫破灭的时代，许多技术公司确实遇到了一些麻烦。有些公司的市值下降高达 27%，但惠普公司在菲奥里纳的管理下下降了 55%。而在那些年里，像苹果和戴尔这样的公司的股价得到了增长。谷歌上市了，脸书也出现了。作为美国大企业标准的普尔 500 指数只下降了 7 个百分点。美国工业界和技术领域内有许多利好的事情发生。”

2005 年董事会把她解雇了，惠普公司的股价旋即上升了 7 个百分点。菲奥里纳带着 4 000 万美元的黄金降落伞落到了地上。

人们可以说不是这些领导者创建的文化，而是其他因素决定了公司的绩效，如他们的决策能力、个性、智力或其他因素。但是，如果你看一下大多数传记作者、权威人士和分析家是怎么说的，你就会发现绝大多数的讨论都聚焦在他们如何影响员工上，不管是好还是差。

研究者对情绪感染的看法

对领导者的情商和它与员工满意度关系的研究有数十种，这类研究是了解领导者在工作中的影响的又一种方法。员工和工作满意度一直是组织心理学家研究最多的领域之一。研究发现，工作满意度直接影响工作绩效、组织的企业公民行为（员工超越工作职责的要求）、反绩效的工作行为（伤害组织、员工或客户的行为）、身体的和心理的健康结果，以及离职的认知和行为（考虑或实际离开公司）。

领导者对员工的心情和情绪有重要的影响。高情商的领导者能够在员工中创造热情，很多心理学家都同意这是领导者的一个主要功能。经理和领导者可以通过不同方式影响团队成员的情绪。

一种方式是掌握如何回应不同情绪性的事件。通过对各种情况的良好应对来树立榜样以影响员工。有些领导者通过创建共享的情绪体验把小组成员凝聚在一起。

在更具体地介绍领导者是如何通过情绪影响他们的员工之前，先看一些研究，这些研究展现了领导者的情商直接与员工的心情，特别是工作满意度相关联。研究者苗超、罗纳德·H. 汉弗莱、钱珊珊近期对可查到的有关领导者的情商与员工的工作满意度之间关系的研究做了总结回顾。整体上他们锁定了 20 个工作场合样本，包含了 4 665 人。他们最重要的发现是，领导者的情商在影响员工的工作幸福感上产生的积极效果超过个性和认知智力的作用。

他们发现，个性和认知智力合在一起决定了下属工作满意度的 50.1%，自测情商（如通过 EQ-i2.0 测评）一项决定了下属工作满意度的 49.9%。令人惊讶的是，个性和 IQ 测验包含了 6 个不同因素，也就是说，要对人进行多次测验才能得到这些因素。EQ 测验（自测报告）结果则基于一个单次测验，如 EQ-i 2.0。所以 EQ-i 2.0 对那些希望预测员工满意度的人来说是一个很省钱省时的解决办法。

另外，这些研究者还研究了领导者的情商及其下属的情商对于员工工作幸福感的重要性。你可能认为高情商的人在工作中会更幸福。事实上这个研究发现，员工的情商决定了他们工作幸福感的52%，其领导者的情商决定了他们工作幸福感的48%。换句话说，在对工作幸福感的影响上领导者的情商几乎与员工自己的情商一样重要。

领导者情商的高低是如何影响他人的

情商高意味着你可以意识到自己和他人的情绪，你可以管理自己和他人的情绪，你可以用情绪来做决策、应对压力等。但它究竟是如何使你成为优秀的领导者的？你的情商是如何影响他人的？

詹妮弗·乔治勾画出了影响的步骤，也许可以帮助人们了解情商是如何工作的。她列出了成功的情商领导者所需的5个关键因素。

第一，领导者设立共同目的和目标。他们能感觉到员工所处的成长阶段并帮助他们朝着共同的目标而努力。他们知道什么对员工有吸引力并能把共同目标构建在双赢的方案中。

第二，领导者向员工灌输工作的重要性。他们通过对必须完成的任务赋予意义来做到这点。没有一项任务是微不足道的。员工所做的任何事情都是帮助组织实现更大的愿景。

第三，领导者产生并保持热情、信心、乐观、合作和信任。他们通过自己的情绪来激发他人的激情。如果你看到我是多么富有激情，那么你也会对我们的使命感到激动。高情商的人能使热情之火持续燃烧，并且日复一日地保持激情。他们通过相信他人的能力，或者像史蒂夫·乔布斯一样通过促使他们做到最好来建立信心。这些领导者同样也是乐观主义者，甚至当遇到棘手的问题且事情看起来越来越糟糕时，仍相信明天依然是个全新的开始，一定会找到解决问题的新方法。合作和信任是通过展现对员工的关心而建立的。有时这意味着你要深入一线和员工一道工作。这也意味着你信守诺言，践行承诺。

第四，领导者鼓励灵活做决策。不是告诉员工如何完成你要他们做的工作，而是让他们知道你期待的结果是什么，并且让他们用自己最好的方式去完成。鼓励他人保持灵活性也需要你同样保持灵活性。通过聚焦清晰的结果和设定达成结果的要求，允许员工在解决方法上更有创造性。

第五，建立和维护一个对组织有意义的身份认同。为组织设定一个使命、愿景和价值观是普遍被接受的做法。我发现其中存在一个挑战：领导者如何清晰地传达使命和愿景使其能够在整个组织内得到拥护和执行。伟大的使命和愿景也会被组织外的人——客户、供应商、合作伙伴等清晰地看到和了解。通过应用上面的关键因素，情商高的领导者能够给员工传递正确的信息来实现他的影响。

在接下来的几章里将更深入地探究拥有 5 个关键因素所需要的技能。

高情商领导者：需要思考的问题

1. 你如何描述你现在的工作场合的氛围？
2. 你认为这种氛围是如何影响员工工作的？
3. 你能做什么来改变这种氛围？
4. 想一想在你的工作场合中最富有激情的人，他们的工作表现与其他人有什么不同？
5. 在你的工作场合领导者传播的是什么情绪？如果你是领导者，你认为你会传播什么情绪？
6. 你们工作场所的人对组织的使命和愿景知道多少？
7. 你会做什么来向组织中的人灌输组织的使命和愿景？
8. 你能用少于 25 个字来陈述组织的愿景吗？那么用 10 个字或更少的字呢？

第 1 部分

基本的情绪技能是构成情商的模块。

——史蒂文 · J. 斯坦

自我认识与领导力

情绪自觉

——认知并了解自己的感受及其影响的能力。

自我肯定

——接受和尊重自己的优势和劣势的能力。

自我实现

——提高自己并追求有意义的目标的能力。

第 5 章

自我认识：了解自己

管理不是在工厂里开始的，而是从管理自己开始的。找到自己的优势……

并确保自己树立了正确的榜样。

——彼得·德鲁克

只有当你能够看清自己的内心时，你的视野才会变得清晰。向外看的人，

在梦里；向内看的人，清醒。

——卡尔·荣格

乔安妮正为在公司全员大会上要做的一场重要演讲做准备。她是一家中型工程企业的 CEO，在有了 5 年的卓越业绩之后，她必须向员工报告今年的收入为什么第一次出现了下滑。所有人的奖金都会受到影响。她之前从来没有过不得不向员工报告这样大的坏消息的经历。她常常对公众演讲感到不舒服，即使在发布好消息时也是这样，但现在则是她最糟糕的噩梦。

她上周用了一周的时间来准备，寻找不同的方法让这个坏消息听起来不那么坏。她要如何公布这一消息才能让它看起来像暂时的问题呢？她如何才能弱化这个打击？她的员工对泡汤的奖金会有何反应？她知道公司里很多人在等着这笔钱。年终奖被认为肯定有，这几乎成了公司的一个惯例。

当演讲的重要时刻到来时，她穿上自己最好的西装，化好妆，练习了她最有影响力的姿势，准备好她所需的一切来面对员工并公布这一消息。在员工走进大会议室时，

她和大家打了招呼，她发现微笑和闲聊对她而言都有一点难。

当员工落座之后，她突然开始感到一阵反胃。这种感觉一开始很轻微，但越来越严重，这使她感到不舒服，并且分散了她的注意力。是因为她昨天晚上吃的海鲜吗？是因为她今早没吃早饭吗？是她的神经在演讲前就开始过分紧张了吗？她越试图不注意，这种感觉就越发强烈。她完全被自己的感觉弄蒙了，但她必须继续下去。

遗憾的是，她的演讲让人觉得心神不定，缺乏重点和自信。她将注意力集中在自己身上，以致忽略了听众的反应。她看上去似乎对报告有些漠不关心，过于全神贯注在数字及出了什么错上，并且没有强调这对每个人来说都是令人失望的，或者下一步应该怎么做。如果表现一些同理心就会使他们感到她和他们一样沮丧。或者她可以为员工指明一条前进的道路、一个更美好的明天。同样，她对随后的提问没有足够的重视，回答也是磕磕绊绊的。她的思路被她内在的紧张不安抛离了轨道。

有些人能很好地读懂自己的情绪。他们能够区分是身体症状还是思维所引起的对压力的反应。他们能聚焦在症状上，如胃部痉挛、剧烈的头疼、出汗的手掌、加速的心跳，并且他们能理解引发情绪的想法，以及这些情绪又引发了哪些身体反应。通过识别情绪和管理自己的思维，他们能够更好地控制自己的反应。他们能通过分散注意力来练习控制技能，如进行正念、呼吸练习或冥想练习，或者通过质疑引发麻烦想法后面的假设，甚至重新确定一下当下的情境来控制自己的反应。另外，如果真是身体上的问题，对症的药物就能减轻疼痛。

人们往往不仅低估了情绪对自己完成每天工作的重要性，而且也低估了情绪对实现生活中的目标的重要性。一般把了解自己当下的感受称作情绪自觉。我发现在生活中成功的人不仅善于准确认知他们对人、事情和情境的感受，而且通常也非常了解自己。也就是说，他们了解自己的优势和劣势，以及如何正确地对待它们。了解自己的优势和劣势，并且有适当的自信，这称作自我肯定。真正成功的领导者对他们在人生轨道上做得怎样有清醒的认识。他们真心觉得在做自己喜欢的工作，过自己选择的生活，追求能够强化他们所选择的工作和生活的学习体验。同时，他们也在为其他人的成功做出贡献。一般把这称作自我实现。

情绪自觉：了解你的感受

先从微观水平开始，聚焦在人们所经历的基础感受上，再一直到宏观水平，或者到了解自己的更大图像上。那些能更好地认知自己情绪状态的人往往有更丰富的情绪词汇。他们不仅知道将一种情绪与另一种情绪进行区分的词语，如愤怒和沮丧，或者焦虑、恐惧和预感，他们常常还在多个层面上体验情绪。情绪可以通过感觉来体验，如视觉的（想象一片沙滩的景象）、听觉的（想象电影《大白鲨》中的音乐）、知觉的（想象摸滑溜的鳗鱼的感觉）、嗅觉的（想象你喜欢的香水的味道）。这些体验中的每个感受都能与具体的情绪相连接，有些人精于快速地将他们的经验与适当的情绪进行关联。

能更好地自我识别情绪的人知道各种各样的情绪是什么样的（身体语言、面部表情）及身体的感受是什么样的（胃里不舒服、流汗、手颤抖）。他们还能把声音（大声的、安静的、刺耳的、舒缓的）、味觉（咸的或甜的）和嗅觉（松木味的、腐臭的）归于情绪体验。情绪对所有人来说有许多独特的记忆标签。例如，人们可能清楚记得第一次品尝妈妈做的法式吐司时的欢乐情境，或者第一次尝试喝姜味啤酒时的恶心情境。但这些细节及其保留下来的兴奋感觉会受人们自我意识的影响。

有趣的是，有证据表明记忆标签可以被定位到大脑的某个具体区域。1934 年加拿大的神经外科医生怀尔德·彭菲尔德首创了在脑外科手术中采用局部麻醉技术。他专门给癫痫患者在有意识状态下做手术。他因患者的一句话而被人们记住了。他的一位病人，戈尔登太太，在做脑部手术时说："彭菲尔德医生，我闻到了吐司烤焦的味道。"

他的技术，被称为蒙特利尔程序，涉及破坏大脑中引起癫痫病发作的神经细胞。在手术中当他探索和刺激大脑的不同点位时，他会问病人有什么样的感受，以此来定位大脑的病源位置。在戈尔登太太的案例中，她在癫痫病发作前闻到了吐司烤焦的味道。当他的探针刺激到脑部一个特别的颞叶部分时唤起了她的吐司烤焦记忆。并不是所有的病人都会经历与大脑中被识别出来的点位相连接的具体情绪，但似乎有足够的证据证明人们保持或“标明”了自己的许多情绪经历。

有几位研究人员采用了完全不同的方法来看情绪和记忆的连接，他们探究音乐与怀旧的关联性。很明显，音乐为人们提供了一种唤醒过去记忆的最强连接。弗雷德里克·巴特雷和在加利福尼亚大学戴维斯分校的同事完成了一项研究。在这项研究中，被试者在完成情绪和个性问卷之后听他们年轻时代的音乐。研究人员发现其中一些人比其他人更加怀旧，听与过去相关的音乐会增加人们的欢乐或悲伤，而听与过去不相关的音乐会使人们烦躁。

人们都有一些情绪储存在大脑中，这些情绪是与一些事件、人物和情形连接在一起的。这些情绪涵盖了从欢乐、幸福到惧怕、厌恶和愤怒。一些人能唤醒这些情绪并重新体验它们，而其他人一辈子都在抑制过去的许多情绪。

通过认识和分析感受与思想，会让你更能控制情绪并根据需要对它们进行调整。例如，感到沮丧是因为觉得无法改变现状，如工作中的财务状况，你可以尝试将沮丧转变成一种较有激励性的情绪，如有一点点期待或挑战。那样会引导你寻找创造性方案，如鼓励员工去寻找方法节约成本或降低花费，发现新的客户、产品和服务内容。你可以找一些级别较高的下属来帮助你寻找解决方法，或者设立一个有员工参与的特别委员会来帮助你找到解决方法。记住，你的情绪是行动的召唤，而不是后退的理由。

改变对压力的认识

意识到压力是管理压力的第一步。通常人们先意识到身体的变化如心率加速、胃部难受、皮肤开始发红、肌肉紧张、开始流汗、声音突然变高等。你可以尝试控制感受，甚至与它们战斗，但那些往往不起作用。其实，一旦担忧自己控制不了这些症状，这些症状就变得更糟糕。

对待这种情况的一种方法是改变认知，即改变你对正在发生的情况的想法或解读。你如何解读这些症状会影响你应对恐惧反应的方式。乔安妮不应该专注于自己的心跳加速、手心出汗，并且立刻想到自己害怕公众演讲，再担心所有可能出错的事情。相反，她应该重新梳理自己的想法。她应该在感受到这些症状之后，把它们解读为一项新的挑战带来的激动心情，接着把演讲想象成她能成功地展示领导力的一次机遇。

把自己的恐惧看成一种挑战而不是威胁会产生巨大的不同。例如，乔安妮可以把应对恐惧反应看成一个新的学习尝试；可以把它看作在演讲中实验新方法的一次机会，如新幻灯片、新格式、与员工有更多的互动、呈现新类型的信息、要求更多的反馈和建议等。

通过重新组织这些感受，你可以将恐惧反应转变成一种兴奋反应。那种紧张或心跳加速可以被重新诠释为一次新的、激动人心的探险的提示信号，就像运动员在大赛之前的那种激动心情。同样的生理反应，但不同的思维模式，可以导致完全不同的结果。

有研究文献记录了使用这种方法的益处。安德里亚斯·凯勒和同事发表了一份报告，他们研究了有大约 186 000 000 名美国成年人参加的 1998 年国民健康访问的调查结果，这个结果与国家死亡指数（National Death Index）相连接。在这个调查数据中，55%的参与者提到在过去的 1 年内经历了从中强度到高强度的压力，近 34%（33.7%）的参与者表明这种压力对他们的健康有某种程度的消极影响。

研究者发现有两个互不相关的因素与更差的身体和精神健康结果有关系，它们是更大的压力认知和压力会对健康造成负面影响的观念。研究表明有更大的压力和认为压力对健康有负面影响的人，其早逝风险增加了 43%。换句话说，那些认为压力不会对他们的生命有负面影响的人会活得更久。这个研究支持重新评价生活中的压力源，支持采用像认知重组和问题解决这样的干预方法来管理压力。

研究者总结说："压力评估在确定健康结果中起了重要作用。我们的结果表明对意识到的压力程度和压力影响健康的观念会综合地增加早逝的风险。"

所以不论你是否使用 EQ-i 2.0 来测量你的情绪自觉，这总是一个可以进一步改善的领域。如果你发现认识和了解你的情绪对你来说是一个挑战，你可以考虑进行一些像正念或冥想这样的练习。这些练习会教你慢下来并专注于你的情绪体验。

情绪自觉和自我肯定

针对情绪自觉这一普通概念，我近期提出了一些挑战。心理学家罗伯特·霍根把它归结成“弗洛伊德对苏格拉底”，意思是大多数人把情绪自觉看成自省法，与弗洛伊德在他的精神分析学上的工作思路相似。通过自省人们得到了对自己的认识，这与真实的自己通常是有所不同的（或者至少与他人对自己的看法不同）。然而人们的自我认识由于对自己不现实的看法而有缺陷。霍根把这个叫作身份认同，可能是自我实现或自我破坏。

同时，如何被别人所看待则成了人们的名声。这也许与苏格拉底的自我意识版本相近。正如苏格拉底所说，不是简单地自省，“了解自己”是超越自我反省的。在希腊文中，自我认识是指意识到个人表现的极限，以及了解自己的优势和劣势。这样的自我认识来自经验而不是自省。基于经验的自我认识超越了自我反省，并且考虑了来自他人的证据及你在探索世界过程中的成功与失败。

这就解释了为什么有些人的 360 度评估的自评与他人对他的评估不匹配。在 360 度评估中，你自己的自我评分要与其他人（如下属、同事、主管等）对你的评分进行比较。可能是因为你的一些想法和观念不能被其他人观察到，这样他们就不能准确地对你进行评估。为了弥补这个缺陷，大多数的 360 度评估都试图根据可以观察到的行为来设计问卷。在任何情况下人们在职场受到奖励（或处罚）都是因为他们的表现在工作中被其他人看见了，通常是被他们的主管看见了。他们的自我认识可能是重要的，但是命运如何常常基于其他人的评价。

理想的自我意识或自我认识应该包含你看待自己的方式、客观的数据（你生活中的表现），以及熟悉你的人对你的看法。在 EQ-i 2.0 模型中，把这种自我理解形式定义为自我肯定。

自我肯定与领导力

很清楚，有些人对自己的行为及对他人感受的认知要比另一些人好。如果是领导者，那他们的自我肯定程度如何影响他们的领导力？蒙大拿州立大学的维吉尼亚·K.布拉顿和同事对这个问题进行了一个有趣研究。他们调查了一家大型跨国技术公司在北美的生产工厂里的146位经理和主管，以及他们的1 314位下属。他们请这些经理就他们相信自己作为领导者所具有的变革精神来为自己的领导风格和有效性打分。

变革型领导力在今天的领导力研究文献中被认作最有效的管理风格之一。具体来说，变革型领导力由4个因素组成：个体化关怀、智力激发、感召性动机和理想化影响。许多研究都证明这4个因素对当今领导者的成功具有重要意义。

个体化关怀涉及展现对每个员工的需求和情感的真正关心。智力激发衡量的是领导者在工作中给下属挑战使其工作更有创造性和创新性的能力。感召性动机是在工作中激励和鼓舞人们执行的能力。理想化影响观察的是领导者为下属树立典范的能力即“以身作则”的能力。

在布拉顿的研究中，领导者不仅要对自己的领导能力打分，而且也被下属打分。在研究中采用能力自测如情商自测工具（如EQ-i 2.0）时，有个很大的疑问是领导者是否倾向于为自己的能力打分过高。EQ-i 2.0自述版本含有特别的问题以检测大多数的做假和夸大，而有一些研究探讨了是否有太多的领导者过高地评估自己。布拉顿和同事发现他们可以就变革型领导力的自我评分与下属的评分进行比较后，将领导者归入以下4种类型中的一类。

第一，有两类领导者对自己的评分是准确的。他们被自己和下属一致评为好领导者或差领导者。研究发现有31位领导者同意下属对“他们是好领导者”的评价；有23位领导者同意下属对“他们是差领导者”的评价。

第二，有些领导者看待自己的方式与下属所体验的不同。在与下属的评分对比中，有48位领导者对自己的领导能力评估过低。与他们对自己的看法相比，下属认为他们是更好的领导者。有44位领导者被归入自测评分过高的一类。与下属对他们的评分相比他们高估了自己的领导能力。他们约占领导者总数的 33%，而不是有些不认可自测的人所声称的 99%。在本书第 15 章会看到在情商自测中也有这种情况。

从每组领导者中能了解什么？研究发现出现此种情况与低评自己领导能力的领导者紧密相关。这些领导者的下属给他们的变革型领导力评分是最高的，他们的情商得分与下属的评分也有最紧密的关系。这些领导者自我评分较低是因为他们作为领导者更加谦逊或谦卑。这一类型的领导者的领导力有效性比较高，但是当太谦卑时，也会有问题。

那些同意下属评判的领导者（好的和差的领导者）的情商得分与下属的评分有紧密关系，但对于那些谦卑的领导者其关系就没那么紧密了。过高自评的领导者的情商得分与下属的评分相反。他们对自己的情商评分越高，下属对其领导能力的评分越低。他们给自己评分过高的倾向是数种行为中的一部分，这些行为往往把他们带到了更负面的聚光灯下。他们可能是那些“看起来不错”而不是“做得很好”、只讨好上司的领导者。有时他们的行为被叫作“向上管理”。这样的领导者占到 33%，人们要尽最大可能地多加小心，因为他们在组织中是有害的。

在领导能力（好或不好）评分方面与下属一致的领导者，往往他们的情商中的人际维度的得分是最高的。“好”领导者在自我认识（在旧的 EQ-i 版本里是个人内在）和决策（在旧的 EQ-i 版本里是适应力）维度得分较高。换句话说，成为一位好领导者意味着至少要有些自我意识和适应性。

那些同意下属认为他们是差领导者的领导者在自我认识维度得分较高，但在情商的大多数子维度上得分较低。事实上这也许是有益的，而且与许多人的想法相反。这些领导者意识到了他们糟糕的管理能力或社交技能，可就是不知道该怎么做。可以在新经理和不能肯定自己管理能力的经理，以及没有接受过管理培训的经理人身上看到过这种情况。其中一些人的升职是因错误原因造成的，只因为他们有很强的技术能力，如编程、销售等，但是他们没有什么做管理者的准备或不知道如何管理他人。

自我肯定与不良领导

另一些学者也对自我肯定和领导力进行研究，但用不同的方法和对象。这项研究是由国际教练联盟的乔纳森·布莱森和美国陆军一起进行的。为了更具体地了解领导者的人际能力和自我认识，这项研究将士兵分成不同的焦点小组进行面谈，了解他们与各种领导者相处的经历。

来自3个军事基地的一些军官和士官被要求对他们的战友和领导者做评估。领导者被分成4个不同的组。有两个组是领导和下级有很好的一致性（他们同意下级对他们领导能力的评分），另两个组的一致性比较差（在他们的自评和下级对他们的领导力有效性评分上不一致）。

4个小组被分别描述如下。

1. 低估者："我不认为我有杰出的人际能力"，但对下级来说他们在行为上展现出良好的人际能力。

2. 高估者："我认为我有杰出的人际能力"，但基于下级的体验，他们的行为没有展现出好的人际能力来。

3. 自我意识无效："我不认为我有杰出的人际能力"，他们展现给下级的行为表明缺乏好的人际能力。

4. 自我意识有效："我认为我有杰出的人际能力"，下级体验到他们好的人际能力。

他们的研究结果表明，4种领导者小组都有自己的优点和缺点。在这个情境下，最有效的领导者是那些有准确的自我认识，同时下级认为他们是有效的领导者。以下从自评与下级的评估缺乏一致的两个小组开始讨论。

低估者的积极特质：他们往往是有团队精神的人；他们为下级提供发光的机会；他们对下级有很好的授权；他们把功劳归于下级。他们的消极特质：他们往往做出较差的决策；他们避免处理冲突，使情况变得更加糟糕；他们在有需要时不会请求帮助。

高估者几乎没有什么积极的特质可言。事实上他们最好的一点是展示了不应该对待下级的样子。然而他们能够激励下级，并且常常渴望掌控新的境况。他们的消极特质是在决策中缺乏灵活性，把别人的功劳归于自己，当出现错误时推诿或怪罪别人。

有两组领导者与下属有一致的评价。那些自我意识有效的领导者在人际关系上善于发展下级。他们是有效的沟通者，他们培养信任和凝聚力。消极的一面是他们显得过于自信和过于乐观。他们对其他人抱有不现实的期望。对其他人有这样的期望有点像报道中的乔布斯和他的下属。乔布斯在推动下属做他们认为自己不可能做到的事情方面是出了名的。

自我意识无效的领导者也被认为具有一定的积极特质。例如，他们的糟糕行为让别人显得很不错。同样，他们也为下级提供了一个不该学的榜样。他们也能在下级中创造一种负面的凝聚力——换句话说就是一种“我们对他们”的心智模式。消极的一面是，由于他们过分自信，他们往往承担太多的工作。他们似乎不能控制好自己的情绪，并且往往躲避令人不舒服的场景。

领导者的自我认识与下属的表现

领导者有更高的自我肯定似乎有许多的优势，但真正的问题是它是否与组织的绩效有关系。普拉亚・维德亚斯和同事对此进行了一项研究。他们研究了印度一家大型跨国加工企业的 86 位经理和他们的 350 位在流水线上工作的工人。所有的经理对自己的情绪自觉打分，之后将他们的情绪自觉评分与直接下属的生产率进行比较。这样对每个员工实际的工作表现预先有了评分。研究发现，领导者的情绪自觉直接与下属的绩效有关，能够解释员工绩效的 24.3%的差异。换句话说，高情绪自觉的领导者的下属的产能也高。有自我意识的领导者确实使结果有所不同。研究人员甚至建议，将情绪自觉作为选拔领导者的标准之一。

发现你的自我肯定

有各种各样的方式可以用来更好地了解你的自我肯定水平。一个简单的方式是通过情商评估，用情商自测或 360 度评估的方式。当和参加过 EQ-i 2.0 测评的领导者一起讨论他们的情商时，我常用一个练习，就是在他们拿到自己的评分报告之前要求他们对量表的 15 个能力先预估他们的得分。以我的经验，绝大多数领导者相信他们非常了解自己的优势和劣势。然而了解自己的相对优势和挑战是一回事，但是当把自己与其他领导者相比较时，则是用一个全新的维度来看问题的。领导者可以看到他们是如何与其他人相比的，因为他们的 EQ-i 2.0 得分是基于大样本常模所得出的。一旦他们看到了自己的报告，他们就会迅速发现他们是不同维度情商技能的高估者、低估者或精估者。对很多领导者来说，与其他自测的领导者相比较如何看待自己是第一个洞察。

当你把 360 度评估结果加进来时，这种自我认识的发现甚至更有戏剧性，因为你把自己的评估与下属、同事、主管和其他人对你的 15 个能力的评估相比较。当用到 EQ360 度领导力报告时，我也请领导者估计下属、同事和其他人是如何对他们的 15 个能力进行打分的。我请他们特别关注自估的 3 项最强优势和 3 项最大挑战。这对大多数领导者来说是一个强有力的发现。我发现很少有领导者能准确地给自己打分，甚至更少的人知道与他们日常打交道的人对他们有何感受。

在第 15 章我会呈现数千个 EQ360 度领导力报告中的数据，以及针对不同性别、不同地理区域和不同行业分析中的发现。对于那些能准确地给自己打分并正确地掌握其他人对自己评估的领导者，我们了解到什么？以下将进一步讨论这些发现。

对自我肯定得分高的人我们了解什么

自我肯定得分高的领导者是自信的领导者。他们对自己和在生活中所处的位置感觉良好。他们能识别情绪上的感觉是什么，并且能预测在特定情况下他们会如何感受。进一步来说，他们能探测到自己情绪上的细微变化。了解这些细小的情绪差别对做大小决定都是非常有帮助的。不管你是否知道，你所有的决定都是受到你的情绪影响的。

在自我认识上得分较低的领导者没有与自己的情感有什么联系。他们往往缺乏内在的力量和信心。他们常常感到不安全，并且有时在别人看来情绪不稳定或没有控制好自己的情绪。他们的情绪不是用来指导如何决策和管理压力的，相反，它们会模糊他们的视线，或者更有可能让他们感到混淆、困惑。他们常常难以理解情绪世界，而这阻碍了他们成为有效的领导者。

情绪上的自我肯定：对此该做什么

有情绪自觉的领导者有很多的优势。第一，他们知道如何准确地标记和描述自己的情绪。他们甚至能够了解情绪间的些微差异。作为领导者的一个重要方面，他们能意识到自己的情绪对自己的表现和对其他人的影响。在这个方面比较强的领导者知道如何用情绪来收集信息。

玛丽，我辅导过的高级总监，总能鼓励她的下属带着问题的答案来找她，而不是仅仅带着问题来。她相信大多数的下属有能力解决问题。但是每当格雷姆带着他觉得正在解决的问题来找她时，玛丽能够感觉到她的胃部肌肉在发紧，她的呼吸变慢了，她脑海里满是分散注意力的想法。有一天，格雷姆不在，吉尔问玛丽为什么当格雷姆试图来帮助她时，她总是对格雷姆显得没有耐心。

这让玛丽非常震惊。她把自己看成一个善于倾听的人，对待每个人都是平等和公平的。她知道虽然自己经常不同意格雷姆的解决方法，但她对他比对其他人都更有耐心。她向吉尔表明甚至在她不同意格雷姆的解决方案时，她也会让他试试。

“这都是真的，”吉尔回答说，“但最终结果是你强烈地批评他，让他知道你早就知道他的方法是错误的。”

玛丽从来都没有那样想过，但是现在她可以做出有意识的努力，通过更加注意自己的情绪来对待自己的不耐烦行为。当和格雷姆相处时，玛丽学会了更加注意自己的情绪。一旦她感觉到自己变得紧张了，她就会提醒自己放手、放松和听他讲完。用这种方式她开始更多地关注他所说的话及其原因。

接下来我帮助她学会做得更像一位教练。她等待着直到他说明了自己的观点，之后她会问他一些问题来确保他考虑过了他的建议所带来的所有结果，而不是等着看他的做法会带来什么坏结果。随着时间的推移，他带给她的是更好、更加深思熟虑的解决方案。知道他会被问到一些好的和具体的问题而不会被揪住不放，他做好工作的动力提升了。

用情绪作为一种信号，就像交通路口的红绿灯一样，她可以和格雷姆更加有效地工作。不久之后，其他员工也看到了她的行为变化。不再看到玛丽的锤子可预测地落到格雷姆的头上，以及他试图保住面子的尴尬，整个氛围已经改变了。人们的心情变得更加舒畅，更愿意分享他们解决问题的方法。

有时不需要进行大的组织变革也可提升员工的敬业度和绩效。领导者的行为及行为上的变化就能够使整个组织有重要的进步。

了解自己——自我实现

自我认识的第三层聚焦在一个更加综合的视角，那就是我是谁及我的人生方向是什么。能够自我实现的人知道他们正处在生活中正确的位置，或者至少正在朝着正确的方向前进。他们对自己是谁和生活中正在做的对自己至关重要的事情感到舒坦。同样，他们对其他人有积极的影响。极少数人能足够幸运地做到 100%的自我实现，就是说他们在自己充满激情的领域里积极地学习、成长，以及做出贡献。你可以采取几个小步骤来发展这些方面。例如，你可以注意你的生活热情所在的领域并花更多的时间来发展它，不管是音乐、摄影、瑜伽、武术、网球、厨艺、绘画、园艺、滑雪，还是其他的领域。

卡洛斯刚刚庆祝了他成为一家大型分销公司销售部经理的一周年。在过去的 7 年里，他一直都是成功的一线销售人员，拥有稳固的客户和销售区域。他一直都向往成为一名经理，这是他衡量自己成功的标尺。可是他觉得什么地方不对劲。他在管理岗位上无法安宁，没有了一种满足感。

卡洛斯非常聪明地要求有位教练。这位教练为了更好地了解卡洛斯，在他们第一次会面之后对他进行了 EQ-i 2.0 的测评。卡洛斯得分最低的其中一项是他的自我实现。听到卡洛斯对销售的领导职位垂涎了多长时间时，教练就感到非常惊讶。这引起了关于卡洛斯如何看待人生中的自己的一个长长的讨论。很明显，卡洛斯想要经理职位是因为它带来的威望、地位和自尊的满足。但是工作本身没有给他带来满足感。事实上一年之后这个职位就令他开始生厌了。

他讨厌不得不处理所有销售员的问题和抱怨，特别是当他们达不成他们商定的目标时。毕竟他不久之前还是个销售代表，能够把自己的区域和定额管理得很好。不久以前，他们还是他的伙伴，现在这个团队怎么了？现在他必须与他们就绩效问题做严肃的讨论。之后他必须向他的上司说明为什么销售结果不如预期。

管理以前的同事（其中有些也申请这个经理职位并有些怨恨情绪）、做预算、出席管理会议、写报告，以及其他一系列的行政事务，这些都不是他想花时间去做的。他怀念与客户一起聊天、出差、拜访潜在客户，以及成交一个大单时的兴奋。没有人帮助卡洛斯做好准备，他自己也没有想过当经理会是什么样子。

销售代表和销售部经理有完全不同的功能。卡洛斯记得当销售代表时比现在当销售部经理更开心；遗憾的是卡洛斯经历了漫长和昂贵的旅程才学习到这些。这是一个相当常见的教训，并且要花费组织大量的时间和金钱。在这个案例中，卡洛斯需要重新设定自己的职业道路。

评估自我实现

评估你的自我实现可以帮助你确定你所走的路是否准确。如果你参加过 EQ-i 2.0 测评，你就已经会对你的人生是否满意有了清晰的认识。如果这是一个你需要发展的领域，你可以采取几个步骤来使自己走上正轨。那些取得了高度自我实现的人了解他们的基本价值观、信念和偏好。就好像他们清楚自己的人生使命并通过每天的工作来实现它。

你可能对你的生活满意度水平有一种直觉。你觉得你的工作、人际关系、家庭、社会生活、健康水平、对他人的贡献、休闲时间、爱好、学习和发展、社区活动的参与，以及你的宗教和精神生活等是怎样的现状，所有这些都会影响你的自我实现。思考表 5.1 中的每项，对自己的满意度打分，从 1 到 5，在每栏里选择打分。

表 5.1 满意度打分

	不开心				非常开心
	1	2	3	4	5
工作/学校生活					
亲密关系					
好朋友					
一般关系					
家庭					
社会生活					
健康					
对他人的贡献					
休闲时间					
旅行/假期					
兴趣爱好					
学习与发展					
社区活动参与度					
宗教/精神生活					

既然你已经思考了生活的这些方面，你应该做什么？首先你应该庆祝自己的成功。关注那些你感觉最开心的方面。思考是什么让你在那些领域非常开心。想一想你在开心的每个领域都有多长时间了，并且你一直是如何保持如此高的满意水平的。

然后看一看你生活中最不开心的方面。对你来说在这些方面你的挑战是什么？在每个方面你有为自己设定目标吗？是什么阻碍了你达成这些目标？你在自己的生活中能做什么改变来实现这些目标？

我曾经遇到的一些最能自我实现的人，他们的生活是非常圆满的。工作对他们来说是非常重要的，他们常常是领导者的角色，但他们的工作并没有替代他们的生活。他们有一个内在的全球定位系统（Global Positioning System，GPS）在引导着他们从生活中的一个活动走向另一个活动。他们是专注和目标导向型的人，但并不痴迷于此。他们也对选择要做的事情充满激情。如果你在对你最重要的方面提高了你的幸福指数，你就会在生活中有更好的自我实现，最有可能成为一位更好的领导者。

高情商领导者：需要思考的问题

1. 你对自己的情绪了解多少？它们是如何引导你的行为的？
2. 你用什么方法来更好地了解自己的情绪——冥想还是正念？
3. 你对自己的工作能力有多自信？
4. 你的表现对同事来说过于自信吗？
5. 你发现你的自信（或缺乏自信）阻碍了你脱颖而出吗？
6. 同事认为你谦虚吗？
7. 你在生活中感觉到缺少什么吗？
8. 如果有，那是什么？是什么使你错过了？
9. 你理想的工作是什么？
10. 那个理想的工作吸引你的是什么（如自由、金钱、做很酷的事情、旅行、认识人）？
11. 在你目前的职位上如何能更多地得到那些吸引你的东西？

第 2 部分

自我表达与领导力

情绪表达

——用语言和非语言的方式来表达自己的感受的能力。

坚定直率

——用非破坏性的方式表达感受、信念和观点的能力。

独立

——自我导向、不在情绪上依赖他人的能力。

第 6 章
自我表达：通过语言和行动进行沟通

领导力的挑战在于要有力但不粗野；要善良但不软弱；要勇敢但不欺凌；要深思但不懒惰；要谦逊但不怯懦；要自豪但不傲慢；要幽默但不傻乐。

——吉姆 · 罗恩

杰出的领导者几乎总是杰出的简化者，他们可以在争论、辩论和怀疑中提出一个每人都理解的解决方案。

——科林 · 鲍威尔将军

沟通从来不是大卫的强项之一。作为公司的 CEO，他准确地知道他想给出什么信息和他想让他的团队朝哪里走，但他经常难以使他们接受他的想法。他想开发一个新的产品线，但他的高管团队觉得成本太高，投资回报上风险太大，并且妨碍现有项目的进展。

"这与我们的战略规划真的不匹配。"首席财务官（Chief Financial Officer，CFO）阿里说。

"我知道，"大卫有些生气地回答说，"但是我认为我们需要这个。"

吉尔，公司的市场经理接着说："但是我们的预算中没有包含新产品的上市费用和参加额外展会的费用。"

"我们可以找到资金。"他回应道，多了一点沮丧。

产品经理菲尔说："我们将不得不停止生产现有产品线上的一些产品来做这些事

情。你肯定你要延迟已经规划的产品发布吗？那会影响我们的收益预测。”

“这个我知道。是的，我认为值得。我们只管朝前走吧。”大卫反驳说，现在快要发怒了。

此刻，真的不能说大卫的决定是正确的还是错误的。但是有一点很清楚，那就是他在说服团队掉转方向上没有做好工作。他的演示风格、他对情绪的缺乏控制，这些都造成了他和团队的困扰。此刻他们不再挑战他，因为害怕他的怒火会爆发。他们决定随他去做，尽管他们相信开发新产品线很可能失败并妨碍现有的活动进行。

好消息是即使他的团队最终放弃了他们的建议，他们认为还可以挑战他的想法。在我拜访过的一些公司，这种情形的进程是非常不同的。虽然高层团队会立刻默许，相信这个计划会失败，但是他们还是会不太情愿地朝前走。有时，他们会消极执行，积极破坏这个计划，因为他们感到自己被排除在决策过程之外，或者不喜欢呈现给他们的方式。

大卫如何用不同的方式沟通他的计划呢？有一点，他可以在开始时让他的团队参与，一起探讨他的想法的缘由。例如，他可以这样开始：

“你们知道我们一直在讨论那些颠覆性的新技术对像我们这样的企业会造成什么伤害。”大卫开始这样说。

“啊，是的。”吉尔说，“如哈里森去年推出的在线定制生产系统。”

“是啊，”菲尔接着说，“在不到一年时间彻底将三角洲赶出了市场。”

“确实是这样。我最近一直在思考我们的一些产品，我觉得我们也有类似的风险。”大卫说，“因为同样类型的颠覆性产品也会把我们踢出市场。”

阿里加入了进来说：“我一直在考虑我们产品管道中的几个项目，不知道它们能否在数字化的世界中存活下来。”

随着讨论的深入，每个人的认识都统一起来了，大卫开始打基础，让他的团队在一个全新的方向上考虑一个新产品，这是在他们的舒适区之外的。一旦每个人都进入了正确的思想框架内，为一个共同认可的威胁寻找解决方法时，大卫就会很容易说服团队尝试一些新东西。事情不一定会完全按照大卫预想的一样进行下去，但是有了这些积极的讨论和团队成员的贡献，新产品的风险变小了，而且仍然能够用来测试市场。同时也是最重要的，他现在得到了高管团队的认同。

虽然优秀的领导者能够顺畅地沟通，但并不意味着他们需要成为杰出的演说家，他们只是较为有效地与他人建立有意义的连接。从情商的角度看，有效沟通或自我表达有 3 个要素。一是情绪表达，是指在正确的时间以适当的强度运用正确的情绪的能力。情绪表达得好，人们会认为你更加真实可信。二是坚定直率，是指协作性地表达你的想法、感受和信念。坚定直率是一个需要平衡的技巧，太强了会使你得到想要的，但会牺牲人际关系；太弱了会使你保持了人际关系，但得不到你想要的。三是独立，是指你践行承诺的能力。这包括展现心口如一。你的行动体现出你真实的信念。你独立行动的能力是展现你是谁的有力说明。

情绪表达

情商作为一个研究领域的历史性起点或起源可以追溯到查尔斯·达尔文的研究。达尔文以进化论方面的著作而闻名，在他的进化论发表 13 年之后，他写了一部有关情绪的开创性著作。这本《人和动物的情绪表达》的书里包含了几百张人和动物表达情绪的照片。这本书的中心主题是情绪的表达，如开心、伤心、愤怒、厌恶，这不仅是普遍性的、超越了民族文化的，而且也超越了人类与动物的界限。其中的大部分照片对养宠物的人来说并不令人惊讶。例如，宠物的主人很可能清楚地知道他们的宠物何时开心或不高兴。

但达尔文的书在那个时代是很有争议性的，并且在随后的很多年内都有争议。人类学家玛格丽特·米德就是其中一位公开反对达尔文理论的人。总体上来说人类学家的争辩是：人们生来是白板一块，是文化决定了人们的情绪和社会行为。达尔文的观点是人和动物之中有与生俱来的共同情绪。直到最近才积累了足够的证据使达尔文的观点被更广泛地接受。

但是在人类学家抵制达尔文的工作之前，他已经收到来自宗教团体的大量反对意见。宗教团体也反对他的进化论。事实上他在传播自己在情绪上的观点时已经很小心翼翼地声明“动物身上有人类的特质”，而不是说“人类具有动物的特质”。所以，情绪科学被推倒了两次，第一次被宗教信仰，第二次被学术教条主义。

达尔文论文的另一个重要内容与情绪进化的目的有关。他把它们描述成一种信号系统，是警醒其他动物（同一物种）的沟通方式。例如，表达害怕情绪的目的是警告其他动物有危险临近。人们发现一只羊能够识别其他羊的各种情绪并理解这些情绪以知道天敌正在靠近羊群。其他情绪，如伤心表达的是在传达对安慰的需要等。

尽管人们不再成群地生活在丛林里了，但同样的信号系统在今天的领导力环境中同等重要。下属不断搜寻领导者的行为举止来作为表达各种情绪的信号。信号可以表示赞同、不赞同、继续前进、改变方向、欣赏、蔑视、惊讶、兴奋、“我早告诉过你会这样”和其他很多情绪信息。很多领导者没有把这些信号用语言表述清楚，这样就迫使下属常常要依靠领导者有意无意的非语言信息来澄清他的意思。甚至有时信息是通过语言传递的如“本季度的结果非常棒”，而面部表情如皱眉头、声调、姿态和其他非语言线索可以提供一种全然不同的情况。你更有可能相信哪个?

领导者情绪表达的重要性在领导力培训项目中往往得不到重视，可是它能产生重要的影响。当想到乔治·巴顿将军在集合他的军队时、马丁·路德·金在鼓舞参加民权运动的群众时，甚至在比尔·克林顿表达他对自己妻子不忠的羞愧时，不难勾画出领导者情绪表达的效果。有几项研究已经系统地测试了这种效果。

已经有很多的证据表明领导者可以通过表达积极的情绪如热情（一种活跃的积极情绪）和满意（一种被动的积极情绪）来激励下属。但领导者的消极情绪对下属的影响是什么？在一项研究中，加利福尼亚职业心理学院的克里斯蒂·路易斯设定了一个场景，其中一位 CEO 用一种特殊的消极声调传递出一个信息。路易斯观察了下属的伤心难过（一种被动的消极情绪）和愤慨（一种活跃的消极情绪）的效果。特别是她观察了这些情绪会给下属的情绪带来什么样的影响，而且也许更重要的是，这对下属给领导者的有效性评分会有什么影响。

在这项研究中，368 个被试者观看了 6 个录像之一，每个录像中有一位公司的男性或女性 CEO 发表一段演讲。通过对各种效果的控制（如设计不同的性别和情绪），每段录像展示的都是领导者正在就当年公司糟糕的财务结果做演讲。CEO 接着要求每个员工都更努力地工作来提高公司的业绩。每位 CEO 的用词基本上都是一样的。但是录像呈现的情形不同：CEO 或是男性，或是女性；CEO 所采用的语调或是中立的，或是伤心难过的、生气的。

领导者的情绪基调或情绪表达，直接影响下属对 CEO 的感觉和对 CEO 的有效性评分。当研究对象经历一个伤心难过基调的信息时，他们有较低的唤起水平（他们感到缺乏热情，更加疲乏）。另外，当被暴露在愤怒的领导者面前时，他们感到被更多地惊醒（更紧张、更少放松）。

用伤心难过的方式传递的信息让人感受到的情绪水平较低，其中的一个原因是伤心难过地传递信息暗示着没有什么可以改变这种状况。它意味着公司业绩的下滑是肯定的，不能被改变的。另外，当领导者表现出愤怒时，怒火更像行动的召唤，仍然有机会将结果翻转过来。财务方面的下滑有可能是由外部压力造成的，人们需要团结起来与这些外部威胁进行斗争。

然而，当涉及领导力的有效性时，情况就有些不同了。使用中性音的领导者被认为比悲伤或愤怒的 CEO 更有能力。有一个有趣的性别效应。男性领导者在表达悲伤时与表达中性情绪相比有效性得分较低，而女性领导者在表达悲伤或愤怒时有效性得分都比较低。换句话说，对女性 CEO 来说，如果她们表现一种中性语气，她们的有效性得分会最高。这里的主要差别是，对比女性领导者，人们更容易接受男性领导者表达愤怒的情绪。

对领导者来说，一个相关的重要方面是如何在危机时刻使用消极情绪。基本上来说，领导者通常在危机时刻或闪光或失败。看看在 1982 年秋季的泰诺药被投毒的危机事件中的詹姆士·伯克（强生公司当时的 CEO）和在 2010 年 4 月墨西哥湾的石油泄漏事件中的托尼·海沃德（英国石油公司当时的 CEO），就可明白了。

在伯克的例子中，芝加哥市附近有 7 人因氰化物中毒死亡，7 人的共同连接是泰诺胶囊。结果查明是有人对泰诺药瓶做了手脚并注入了毒品。这件事与强生没有任何直接关系。虽然没有一个处理类似危机事件的应急方案，但伯克当时就多次公开露面。他立刻在电视上谴责这种投毒行为，他富有情感地分享相关情况，眼中充满泪水。

他采取行动，召回市场上所有的泰诺药瓶，然后引入了一种安全措施加在所有新的泰诺药瓶上。伯克的迅速行动不仅保护了强生的声誉，也避免了泰诺品牌的消亡。在这个案例中，所表达的情绪对当时的情况来说是恰当有效的。

对比起来，海沃德在深海地平线钻油平台的石油泄漏事件中的反应是相当缓慢的。报道说他的第一反应是“我们到底做了什么摊上了这么个事？”事故几周后的 5 月，他明知道这是个很大的漏油事件，但他在公开场合说所漏的油是非常小的量。后来当被记者追问时，他做出了半心半意的道歉，“我们对这件事给他们的生活所造成的巨大的破坏深表歉意……没有任何人比我更希望这件事尽快结束，”并加上了现在已成为经典的句子，“我要我的生活恢复正常。”这表明他对老百姓和对环境造成的破坏缺乏关心。结果海沃德被英国石油公司解雇，事件的结果是公司付出了几十亿美元的代价，公司的声誉也受到了巨大损害。

CEO 在面对危机时所传递的信息中的伤心和愤怒情绪的作用也被休斯敦大学的胡安·马德拉和莱斯大学的布伦特·史密斯进行了研究。在他们的研究中，给来自不同机构和职业（会计、教师、护士等）的 322 位雇员呈现了一条出自一位公司 CEO 的信息，这条信息与被召回的失败产品有关，据报道这款产品可能致癌。

这位领导者表达了一个具体的消极情绪基调，或者伤心，或者愤怒，或者两者都有，他或是接受对此事的责任，或是不接受责任。基本上他们发现情绪表达在领导者被人们评价时起重要作用。在应对危机时表示愤怒和伤心难过，或者仅仅表示伤心难过的领导者被认为比仅仅表达愤怒的领导者更有效。领导者的情绪反应也影响下属的情绪。这在领导者表达愤怒时更加真实，此时对下属的情感产生了消极影响。这样的结果也负面地影响领导者有效性的得分。

在这个案例中，伤心难过表达了同理心和关怀，这在当时的情况下是适当的情绪。愤怒只有在领导者也表达了伤心难过的情绪时才被接受，因为伤心的情绪表明领导者对情况的关心。人们对承担事故责任的领导者比不承担责任的领导者看法要正面一些。在此项研究中只用到了一名男性领导者。

什么情绪能够激励员工

领导者最常问我的一个问题是如何激励员工。用什么样的情绪才能使人们受到感召？在工作中激励员工方面包括很多重要因素如薪水、福利、工作环境、有趣的工作、工作量、对如何完成工作的管控、灵活工作时间、学习环境、建设性反馈、有意义的工作、支持性领导等，以下从最基础的因素开始介绍。你在工作中设定情绪基调是创建最佳工作环境的一个重要步骤。

关于最有可能激发最佳绩效的情绪已有许多研究。研究者探讨了与工作效率有关的各种情绪状态。通过投射正确的情绪到工作场所并避免错误的情绪，就可以增加在工作场所提高绩效的机会。

就情绪来说，那些受到希望和自豪感激励的人比那些受愤怒、羞辱、厌倦、焦虑和绝望驱使的人工作完成得更好。这里的重要信息是情绪影响实现目标的能力，并且能帮助员工实现目标。情绪对成功有重要的中介效应。例如，在领导者表达的情绪和下属在工作中愿意付出多大的努力之间有直接的关系。同样，你意识到需要什么情绪及如何调动它们的能力越强，你就越有可能在工作中取得成功。

不要使用的情绪

愤怒：“这个报告我已经等两周了！你到底是怎么回事！。”

羞辱：“你是你们团队唯一一个没有得到任何结果的人。”

厌倦：“在你把这个任务完成之前我不会再给你分派更多的任务。在把它完成之前别想离开你的办公桌。”

焦虑：“如果你的工作没有改善，你就会失去你的工作。”

绝望：“我已经给了你需要的所有东西来帮助你在工作中取得成功，你还是一事无成。你就是个失败者。”

有效的情绪

希望："我知道我们能够完成这项任务，你一直都做得非常好。你马上就要成功了。"

自豪："你之前已经出色地完成了工作。我知道你能完成让大家为之骄傲的高质量工作。"

激动："完成这个报告对我们大家来说都是一个杰出的成就，它会带领我们再上一个新台阶。"

如何更好地表达自己

影响你给他人何种感受的最主要因素是真实。除非你是个奥斯卡金像奖的获奖演员，我不建议你伪装你的情绪表达。与下属沟通时的前后不一致更让他们身心不安。如果你传递的是坏消息，不要尝试粉饰它；如果是庆祝成功，那就要开心。信息混乱只会让人困惑。

你的情绪，特别是作为领导者的情绪，是会传染的。所以，如果你想要让自己的工作场所成为一个开心、高效的地方，作为领导者的你在走过办公室、工厂或商店时，需要保持开心的情绪或至少保持微笑。有次我参观一个工厂有个仓库发货员告诉我他的领导者的故事。他说在一天的不同时间段，公司总裁和副总裁都会经过仓库，但他更喜欢那位副总裁。我问他为什么。他解释说："实际上总裁和副总裁经过他的工作区时都只是和他礼貌性地聊几句。但是当副总裁经过仓库时总是面带微笑。"就这个小小的微笑动作对在员工中传播积极心态起了很大作用。

学会微笑是最不费钱、最不费时的有效干预方法之一。一旦你开始使用它，你就会对它那么容易引起注意感到惊讶。你会注意到的第一件事是其他人也会向你报以微笑。一旦他们习惯了你经常这样做，他们就会用微笑来跟你打招呼。

坚定直率地表达自己

坚定直率是自我表达的一个重要方面。坚定直率是指用非破坏性的方式表达感受、信念和观点的能力。想一想天平的两端。一端是被动，就是说把事情装在心里，不会传递你在问题上的立场或你对事情的感觉。被动的领导者只能让下属猜测他们有什么样的想法和感受。有些人倾向于猜测最坏的情形。所以作为领导者，沉默不是金。它会引发猜想、虚假的希望、消极的归因和其他误解。

天平的另一端是攻击性的领导者——横行霸道者，他像公牛撞进瓷器店一样破坏了整个工作场所。这类领导者常常夸大自己的想法和感受，微观地管理他人，固执己见，或者给人不需要的建议。即使你是老板，也不会激发忠诚。

哥伦比亚大学的丹尼尔·艾姆斯和弗朗西斯·弗林对人们对待领导者的坚定直率的态度进行了研究。有趣的是，关系没那么简单。在他们的研究中，他们检查了 213 名员工对他们领导者的评分，结果表明坚定直率是一把双刃剑。

参加测试的人在描述他们的领导者时提到坚定直率（好或不好）的次数要高于智力、尽职尽责和魅力。在下属眼中坚定直率太低或太高的领导者都被看作工作效率低的领导者。适度的坚定直率是一个促进成功的因素，它为其他积极行为敞开大门。例如，坚定直率适度的领导者在以下方面表现更好：管理冲突、与团队一起工作、激励他人、整体的领导有效性，以及预期未来的领导工作。

坚定直率还有另一个重要部分。在坚定直率上得分高的领导者被描述成能更好地把事情做成。然而，他们被认为在工作中的社会关系较弱。坚定直率得分低的领导者有较好的社会关系，但在把事情做成方面缺乏有效性。

从研究中获得的另一个主要信息是：坚定直率是有情境性的，就是说有时你要比其他时候表现得更加坚定直率。例如，当你需要他们完成任务时，你最好用较多的坚定直率。你可以通过给予更多指令、解释你为什么觉得这个任务很重要、明确你的期望。但是在其他时候团队建设可能更重要，你需要后退几步，不把所有想说的话都说出来，因为在这些情况下，你所说的话有可能造成冲突，或者降低其他人的积极性。

坚定直率能力可以帮助人们了解个性和情绪能力之间的差异。人们常常会混淆个性特点和情商。研究发现个性特点，如外向型、神经质和自觉性在一个人的一生中趋于稳定状态。就是说如果你在孩提时代是开朗、外向的，今天你可能仍旧拥有那些特质，并且一辈子都会有那种特质，最多会有稍稍的变化。

然而情商包含了一些在人的一生中都在变化的因素，如坚定直率。虽然坚定直率与外向性格正相关，但不是所有外向的人都是坚定直率的，也不是所有内向的人都缺乏坚定直率。坚定直率对有些人来说可以用得自然轻松，它是一个人人可以学会的技能，也是一个重要的管理或领导力技能。这也是为什么基于情商测评的教练辅导比基于个性测评的要有效得多。

坚定直率如何影响有不同文化背景的领导者

在与世界各地组织的员工一起工作中，可以发现情商的很多因素都有文化差异。在不同文化的组织中工作时，一个较大的问题是如何调整这些因素，特别是在知道它们在不同的文化中的表现有差异时。在与不同文化的领导者一起工作时出现两种观点——差异化和聚合化。

相信差异化的人认为一个国家的民族文化对组织设定的价值观和信念有主要的驱动力量。所以，如果你在墨西哥或马来西亚工作，首先你需要理解当地的文化，再试图领导那里的员工，而且，这也适用于大多数跨国公司，尽管它们已经将许多不同国家的人员招到公司工作。

已经有一些实际研究探讨了管理风格中的文化差异，并且提到管理风格中的差异性有 14%~35%是由文化价值观决定的。虽然人们知道这些差异的存在，但重要的是要知道它们如何影响在这些方面的领导力培训？

另一个观点涉及聚合化。按照这种观点，全球化正在影响每个地方的组织。结果是，不论在什么地方，组织运作的相似性在增加，而差异化在减少。换句话说，企业文化取代了当地文化。有些术语就可以用来描述这种趋势，像“麦当劳化”或“迪士尼化”。按照这种观点，在一个国家教授的领导力技巧应该与在其他国家教授的领导力技巧没有差异。

在说明对世界各地的公司中的两种观点的研究报告之前，先看一些坚定直率方面的文化数据。人们普遍相信坚定直率能力对各地的领导者都有用。在 MHS 公司的数据库里，抽取了 52 974 个完成了 EQ-i 2.0 领导力报告的人的数据。这份专门用于领导者（现任的、正在参加领导力培训的、潜在领导者）的情商领导力报告，把这些人的结果与取自许多不同组织的领导者样本（或基准）进行比较。在这个样本数据中，分析了那些有 200 位以上领导者数据的国家的领导者的坚定直率情况。

在图 6.1 中可以看到，不同国家的领导者的坚定直率得分有很大的差异。

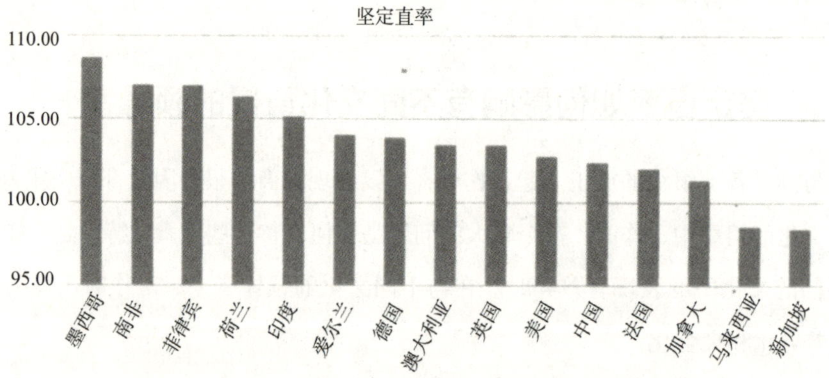

图 6.1　EQ-i 2.0 测评的 15 个国家的领导者的坚定直率得分

资料来源：MHS 公司。

数据来自领导者的自测报告。最具坚定直率的领导者是在墨西哥、南非、和菲律宾，坚定直率最弱的是新加坡、马来西亚和加拿大。问题仍然是，领导者的坚定直率水平如何影响管理能力？

创新领导力中心的威廉姆·金特瑞与北卡罗来纳大学的亚历山大·帕特森及同事进行了一项研究，探讨 3 个最重要的管理技能组合在 30 个国家中的情况。在对有效管理进行详细回顾的基础上，他们找出了 3 个关键领域即 3 个胜任力。不论在世界任何地方或何种文化，这 3 个胜任力对任何公司都是重要的。

1. 决策能力：采取行动，做出决策，不断跟进的能力。

2. 人际能力：建立和维持关系的能力。

3. 个人内驱力：具有实现卓越的驱动力，以及有充沛的精力和雄心找到新方法来解决工作问题。

有趣的是，这些胜任力都直接与情商定义中的一些因素有关，我把这些因素称作基本技能。决策能力与坚定直率有关；人际能力就像情商的人际维度；个人内驱力与自我实现因素相似。金特瑞用了由沃顿商学院的罗伯特·豪斯发起的“全球领导力和组织有效性”项目中的文化定义。他们把“文化”定义为“把一类人与其他人区别开来的集体心理程序”。

基于对食品加工、金融服务和电信服务行业的 951 个组织的 17 300 位中层经理的研究，这个研究小组从文化的角度研究了领导力。他们开发了 9 个文化维度以使其能够捕捉不同社会在行为准则、价值观、信念和实践上的相似性或差异性。其中一个维度就是坚定直率，但他们的定义与本书的定义稍有不同。他们的定义范围涉及天平一端的非坚定直率或被动到另一端的攻击性；而 EQ-i 2.0 的定义范围是从一端的非坚定直率（被动或攻击性）到另一端的坚定直率（直接、不被动或无攻击性）。然而，不管在他们的研究中还是在本书的研究中，在不同文化中，坚定直率有非常大的差异。

金特瑞的研究有个有趣的点是在坚定直率研究上他也使用了文化可变维度。国家间是有文化差异的。同时，金特瑞用了复杂的统计分析技术来确定在这 3 个维度（决策、人际和个人）上是否也有国家（或文化）差异。他们发现，事实上组织对领导者的这 3 个维度的要求是世界性的，换句话说，这些要求被世界各地的组织的领导者所共享。

这对领导力发展项目意味着什么？好消息是这 3 个胜任力都能被培养，不需要为每种文化建立针对不同能力的不同的培训体系。但是，具体的技能如坚定直率，随文化差异而有所不同，你在进行这些培训项目时，必须考虑这种差异性。例如，坚定直率直接与决策因素有关。同样是培养领导者的坚定直率能力，在墨西哥应该与在新加坡有所不同。当给员工指示或表达自己的想法和信念以使自己的领导有效性最大化时，墨西哥的领导者需要直接但不是咄咄逼人的方式，而新加坡的领导者则需要学会更多地直接和坚持，而不要太被动。

变得更加独立

决策或行动能力的一大部分涉及独立的情商能力。采取行动，促使事情发生，以及追踪事情的进展情况，这些都超出了坚定直率（语言和非语言表达）而且包含独立的行为。领导者需要能够独立行动。睿智的领导者会寻求建议，进行必要的研究，然后按照自己的决定行动。

格雷格曾在一家大型生产型企业的一个分部做了5年的二把手，而艾丽莎在那段时间一直是那个分部的一把手。她是有效的领导者，成功地领导团队经受了多次挑战。她之后被提升为公司副总裁，领导一个不同的部门。在她的推荐下，格雷格被任命为分部的新领导。

当格雷格激动地欣然就职分部的领导职位时，公司并没有为他的新角色做好准备和提供培训。作为以往的二把手，他感到自己能准确地知道他的新工作包含什么工作内容。当他搬入自己新办公室时，事情的开端不错，他收到不少同事的恭贺邮件。他开始安定下来进入常规工作，但是问题不期而至。

他觉得应该仍然给艾丽莎打个电话寻求建议，但是她越来越难被找到，因为她有自己的工作挑战。当他开始处理各种大大小小的危机时，他仍然想象艾丽莎会如何处理它们。过去当艾丽莎把工作指派给他时，他只要执行就可以了。现在，他好像卡住了，不知道如何处理整个问题。当不能肯定如何处理一种情况时，他会给自己写一张纸条贴在自己的白板上，希望过一段时间这些问题会消失殆尽。

事实上，格雷格发现自己在新职位上陷入了不断增加的新挑战之中，还有不同的障碍、不熟悉的情况等。这段时间他对别人的依赖充分地暴露出来了。他没有自己的想法，因为担心自己犯错误，对自己的能力没有信心。他开始越来越感到焦虑和无能为力。越来越多的工作落到了格雷格的桌子上和他的便利贴板上。他好像被冻住了而不能动弹一样。他的团队成员对他越来越感到沮丧和失望，更不要说他的上司和客户了。

最终格雷格被解职了。这实际上对他来说是一种解放，因为不成功给他造成的压力实在是太大了。遗憾的是，得到升职而没有成功通常是一条不归路。这一系列事件本可以用两种方法的任何一种来避免的。第一，在为格雷格提职之前应该有一个焦点明确的面试，可以问他一些正确的问题：你真的想要这份工作吗？对你来说当一把手意味着什么？你具备哪些能力能使你做好这份工作？你做过什么能够证明你有能力来领导这个部门？你准备好从你一直到现在都在从事的工作中退出，接手管理他人的工作了吗？

你可能想知道这个人在工作之外的活动中是不是一位领导者，如在运动队活动、志愿活动、政治竞选中等。当然你也需要知道那些与他一起共事的人如何看待他的领导能力。

第二，应该给予他培训和辅导，包括发展管理他人必需的具体能力。针对格雷格的情况，在向他介绍管理能力培训之前，首先需要对他依赖别人的习惯进行单独的辅导。一旦他能够独立了，就可以进行培训了。培训包括情商的基本技能组合、决策能力、人际能力、个人内驱力和领导力。

如何成为有独立性的领导者？首先你需要做到高度的自我肯定。有自信和为你的行动结果负责是非常重要的。高度独立的领导者是不容易受别人控制和摆布的。因为他们不论是在情绪上还是在资源支持上都不依赖他人，他们可以自由地做自己。他们不会为了得到掌声而取悦观众。他们是自行思考的人，不渴望他人的认可。然而，独立并不等同于孤立，独立的领导者寻求他人的意见、建议和想法。不这样做反映出来的是傲慢和缺乏安全感。

高情商领导者：需要思考的问题

1. 你认为你的表达能力怎么样？
2. 你是否觉得其他人可以读懂你的情绪、从你的表达中知道你对问题的立场？
3. 你喜欢玩隐藏自己情绪的游戏吗？
4. 你觉得自己是坚定直率的人吗？
5. 你觉得你会坚持你的信念吗？
6. 你会直面某个在晚宴上讲色情和种族歧视笑话的人吗？如果会，你会怎样做？

7. 你在工作中表达自己的意见吗?
8. 如果你有下属，你相信他们能说出你在工作中的感受吗?
9. 你们单位有没有习惯地被动（从不表达自己）或咄咄逼人（也许是太坚持自己的意见）的人?
10. 你如何对待具有攻击性的人?
11. 你是在需要时就采取行动，还是喜欢把事情推后?
12. 当你做棘手的决定时你会信赖谁?

第 3 部分

人际与领导力

人际关系

——发展和保持令双方满意的关系的能力。

同理心

——认识、理解和认可他人情感的能力。

社会责任

——为社会、为自己的团体和为他人的利益做贡献的能力。

第 7 章

人际：建立信任的纽带

领导力即同理心，它是指要有能力与人建立关系和连接，

为他们的生活赋予灵感和力量。

——奥普拉·温弗瑞

我参加了一个创业型企业 CEO 的会议，会议主题是关于工作场所方面的挑战。一位叫泰德的 CEO 是一家连锁餐馆的老板。他对其下属一个店的经理感到担心。他认为这位经理是个好人，有很好的商业敏锐度，并且高标准、诚实可靠，但是泰德不能理解的是，为什么他那里的员工流失率那么高。那里的流失率是他的其他餐馆的 3 倍。

我们建议他回去和这位经理谈谈，了解这位经理对流失率的看法，看他是否觉得这是个问题。如果他觉得是，则需要知道出现问题的原因是什么，以及他将如何处理问题。另外，我们建议他私下找一些员工见面谈谈，从他们那里了解一下情况。

泰德没有花多少时间就对事情的真相有了清晰的了解。那位经理认为一切正常。他接着讲了一大堆这些新一代年轻人没有职业素养，不听话等。而员工则详细列举了该经理粗野对待他们的例子：当顾客无理取闹时，经理不支持他们；给他们的指示含混不清；总之和他在一起工作不开心。已经非常清晰这是沟通方面的问题。这位经理因为缺乏人际关系能力对一线员工造成了很多痛苦。

泰德最初非常强烈地感觉到这位经理有杰出的领导品质。多年来他一直是团队忠

诚的一分子。他工作能力强、外向、有主见并有很多想法。事实上，泰德很保护这位经理。泰德并不觉得他有问题，直到在检查员工招聘情况时碰巧发现这里的员工流失率远高于其他餐馆。在我们的督促之后他才进一步了解并找到问题的根源。结果是这位经理被开除了，现在这家餐馆在一位更匹配的新经理带领之下达到或超越了管理指标。

要成为一名成功的领导者你需要能够建立关系。具有良好的人际关系，不是为了利用人。与不同类型的人建立关系是领导他人的关键能力。并不是我认识的 CEO 都能在人际关系方面表现卓越。有些 CEO 是工程师、法务或会计出身，与人打交道不属于他们的舒适区。好在在许多情况下，他们都有一位人际能力很强的二把手或总经理辅助。

在领导力中人际关系的重要性同样得到众多研究结果的支持。纽约州立大学奥本尼分校商学院的加里·尤克尔和莱斯利·卡努克研究了 18 家连锁美容沙龙的领导力和绩效的问题。成功运营一家美容沙龙需要做到什么？在他们的研究中，成功是由管理的有效性来确定的，包括 3 个标准：① 经理的绩效评分（有两位独立的评分者）；② 沙龙的绩效（利润率）；③ 销售增长（在研究期间的年度增长）。还有，下属对经理的一系列领导特质进行打分。这些特质包括关怀、方向感、计划、成果强调、积极强化、团队建设、工作指导和其他一些方面。

研究发现，成果强调（经理在生产率和效能方面的专注度）和方向感（经理对员工职责、责任和目标的专注度）是对美容沙龙利润率的最好预测；积极强化（经理采用表扬、认可和奖励方式）能最好地预测销售增长。

然而对经理绩效的最重要预测来自团队建设的行为。这要求有大量的人际技能，因为它包含鼓励下属合作，互相友好相待，分享信息，解决冲突及鼓励他人建设性地解决冲突。代表整体管理效能的管理绩效得分对工作氛围有主要的影响作用，得分高的经理一般都处在更健康的工作氛围中。

发展你的人际能力

同本书中情商模型中的很多情商能力一样，在人际能力上你可以有不同水平的发展结果。建立和维护关系是非常基础的人际能力，这些能力是可以学习和进一步发展的。对领导者来说人际能力包括建立人际网络的能力。建立人际网络对所有领导者来说都是重要的，但对内向的人来说往往更有挑战性。然而只要有正确的态度和人际关系拓展能力，这一定会变得容易。

你可以通过一些小的步骤来发展你的人际能力。例如，建立联系并扩展你的人际关系（潜在客户、供应商和人才），就能获得巨大的优势。进一步来说，我发现加入行业协会和做非营利性组织的理事是两个非常有效的方式。

如果你是一位领导者或 CEO，有许多组织你可以加入，如青年总裁组织（Young Presidents Organization，YPO）、技术协会、伟事达国际（Vistage）、国际商业网络（Business Networking International，BNI）、创新者联盟（Innovators Alliance，IA）、青年企业家协会（Young Entrepreneurs Council，YEC）、创业家组织（Entrepreneur's Organization，EO）和其他一些提供互动机会并得到同伴支持的组织。再一次提示，你可以从参与这些组织的活动中得到很多好处。

有些人对建立人际网络似乎有一点迷茫。他们认为这只是与对他们即刻有益的人建立联系。这对建立你的人际关系不是一个正确的态度。你不会知道你遇到的某个人什么时候对你很重要。当你进入任何一场人际网络活动时，你的态度都应该是："这是个有意思的人，我能从他这里学到什么？"你永远不会知道你遇到一个人什么时候会给你一个重要的建议或联系信息，或者能帮助你的职业发展。

例如，我是好几个非营利性机构的理事，遇到过许多非常有意思的人。在一个理事会上我认识了一个在公关领域工作的人。之前我对这个领域没有一点兴趣，但随着时间的推移和在与这个人的多次对话中，我学到了很多这方面的知识。有一天我给她讲起我们正在规划的一个新产品上市活动，并且对营销费用和能否进入目标市场的不确定性表示了担忧。她接下来给我简要地上了公共关系第一课，而这把我迷住了。我决定在我们的产品发布中加入一个公共关系部分，这在当时我们的行业中是闻所未闻的，结果取得了巨大成功。有很多人接触到了我们的新产品，远远超越了以前我们做过的任何活动的效果。这次产品发布是我们最成功的一次，产品也成了我们最成功的产品之一。

影响力的重要性

在人际方面能力卓越的领导者能够感召、影响人，并且是更好的谈判者。今天的职场充满了空前的不确定性和复杂性。在现实职场中，如制定共同目标、领导复杂且分散的团队、跨专业和跨国工作、协调网络架构式项目、整合各种各样的人和兴趣等，都需要用一种积极和一致的影响力来影响他人。不管你是在领导、追随或协作，你都需要影响他人取得成功。有效影响他人的能力是一种关键的领导技能，对于新一代的领导者来说更加重要。

事实上没有影响他人的能力就没有领导者的成功。不管是成交一项重要的交易，还是让下属用一点不同的方式看待问题，或者让你的孩子在晚上上床睡觉，你都需要影响力。在许多组织的团队中（可能没有正式的领导者），你常常要影响那些你没有职权管理的人。虽然很少有人怀疑影响力的重要性，但问题仍然是：需要做什么才能成为一位更好的影响者？

亚里斯多夫 · 马塞尔怀特和塔米 · 普劳夫研究了很多影响他人的当代理论和实践，并且把它们整合成一个模型和一个量表，称为影响风格指标®（Influence Style Indicator® Model）模型，它能够帮助你了解当前影响他人的方法。这个模型如图 7.1 所示。

作为一位好的影响者意味着你能有效地使你的意见和想法被人听到、认识到并考虑。它意味着你能影响他人的想法、意见和行动。在影响他人时有几种策略你可以采用，包括利用你的职位和权力、教育、鼓励或协作。正如马赛尔怀特所指出的："当你的影响有效时，你增加了信任、支持和对你的优先事项的主人翁态度。当你的影响无效时，你增加了不信任、威胁和怨恨。"

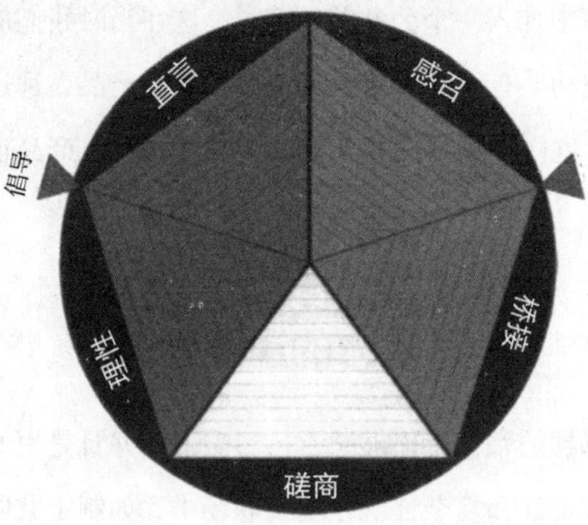

图 7.1　影响风格指标®模型

资料来源：MHS 公司。

有效的领导者能影响周围的人接受积极的结果。从影响风格指标®模型的角度来看，影响力被定义为用来对另一个人的选择产生积极影响的人际能力。

人们会采用一些不同的影响风格。对于其中的一些风格人们能马上理解和欣赏，但其他的风格可能显得有些混淆、不清晰和令人沮丧。马赛尔怀特和普劳夫的研究识别出了 5 种影响风格。有 4 种风格被归纳到两个维度中的一个：倡导和联合。

这 5 种独特的风格是理性、直言、磋商、感召和桥接。意识到你的影响风格的特征最适合什么情况、什么时候无效，以及知道你能如何建立风格灵活性来应对所有的情况，对发展你的领导有效性是非常必要的。

影响风格指标®模型从两个整体的影响维度开始。

第一个维度是倡导。这个维度包括通过推行你的观点、想法和观念来影响他人。所采用的技巧包括逻辑推理、理性说服、利用事实和数据，坚持你的想法，以及愿意挑战他人的想法和意见。倡导维度包含两种影响风格：理性和直言。

第二个维度是联合。这个维度包括通过把他人聚在一起并吸引他们接近你的观点来产生影响。你这样做需要依靠集合支持、沟通可能性、澄清共同利益、建立联盟和了解他人的立场和利益来产生影响。联合维度包含两种影响风格：感召和桥接。

以下逐个来看每种影响风格。

理性风格涉及推行你的想法、观点和观念，用逻辑和推理的方式使他人信服你的观点。它包括采用事实和数字、专家的看法和历史性数据来支持你的论点并说服他人。有时理性化的争论是有效的，如当在他人眼里你有独特的地位或专业性时。但是当人们相信你忽略了他们的情绪和感受时就可能没那么有效了。

所以在试图影响他人制定一个战略规划时，一个理性化的人会说："基于事实、你们公司当前的绩效和所处的位置，你们需要制定一个战略规划。"

采用直言风格说明你推行观点和观念是靠坚持人们听你的意见并表明你愿意挑战其他人的想法来实现的。它是指尽管知道你的意见可能不时髦，还是坚持你的意见。这让人们期待辩论和有礼貌的反对。必要时会应用权力、奖赏和需要的后果来得到解决方案。然而这种方式有时被认为具有攻击性和挑战性，会导致僵局。

所以有人会说："基于我在十几家公司积累的专家经验，我 100%肯定，你们的组织需要制定一个战略规划。"

磋商风格说明你愿意通过妥协和谈判来达成一项结果。它包含讨价还价和妥协来达成一致。它需要双方一致、有得有失和支持。当双方权力相当并都想达成一致时，这是最佳风格。选用这种风格也有不利的一面，如可能为了短期的妥协而牺牲长期的目标。你也许会放弃自己的核心利益。这种风格不含在联合和倡导维度中。

你可能说："如果你们同意为组织创建一个战略规划，我可以半价为你们提供我的服务。"

感召风格试图把人们聚在一起吸引他们同意你的观点。它涉及通过鼓励他人朝向一个共同愿景和目标来拥护你的立场。感召是指对可能性充满热情和兴趣，并且帮助他人看到这些激动人心的希望和梦想所能带来的利益。感召者常常采用故事和比喻来沟通愿景。这种方法帮助建立双方共同的兴趣，但是当双方缺乏信任时就没有那么有效了，并且可能导致疑惑。同样，如果双方没有共同目标，这种感召型的风格也没那么有效。

你可能说："想象一下，如果你们有一个战略规划，你们的组织会得到怎样的成长，并且会更加成功。”

桥接也涉及把人们聚在一起并吸引他们同意你的观点。你的做法是基于共同的双方利益建立联盟和利益共同体。桥接涉及倾听他人会说什么并建立一个信任的氛围。通过认可他人的需求和关心，你表达了对他人利益的重视。这包括通过询问确保你完全理解他人的观点。桥接者勾画出了另一方的意图、目的和立场，允许双方在共同的利益上朝前迈进。当时间紧张或另一方认为受到操控或不诚实对待时这种风格是无效的。

你可能说：“看来我们对组织的发展方向有了一致的意见，所以制定一个战略规划是保证我们实现目标的下一步工作。”

大多数人往往偏向于一到两种不同的风格。评估影响风格可以帮助你更好地理解在这些维度上你的风格。像你看到的一样，没有一种风格是一直有效的。知道你的偏好、优势和劣势，能够帮助你更好地影响他人。不论你偏好什么风格，重要的是在沟通影响时要真实。提升沟通真实性的一种方法是练习同理心，以下展开说明。

领导者需要了解同理心

有一次，我正在给一家大律师事务所做情商主题的演讲，中场休息时我去冲一杯咖啡。会议室里有 100 多位律师，他们好像都相当投入，被我的演讲所吸引。一些年轻的律师对呈现的概念提供了很好的例子。但当我把最后一点咖啡粉倒进杯里时，一位资深合伙人把我拉到了一边。

“我好像喜欢你刚才讲的很多东西。”他开始说道。

“谢谢，太好了，”我急切地回答，等待着听他另一半的意思。

“但是有一些部分我发现很难接受。”他说。我开始感到有些紧张，期待下面的坏消息。

“哪一部分？”我好奇地问道。

“啊，那个同理心的东西。你真的认为我们律师这么忙有时间搞那个吗？法律讲究事实和辩论，我真的看不到与我客户的接触时所表现的情绪化有什么价值。”

“我同意，不是要情绪化，而是要真正理解你的客户及他们的背景，这样你就能更好地为他们服务。”

在我的演讲中只要有律师参加时，我都会放电影《永不妥协》中的一个片段。这一幕是埃琳和她的老板艾德·梅斯利正在走访受铬毒气感染的欣克利小镇上的一位居民。艾德想代表这个家庭要求部分的清偿索赔。但当这家的丈夫问艾德代理费用是多少时，他回答道：

“我的费用是你得到赔偿的 40%，不管你能得到多少。”

当丈夫很快看向妻子时气氛是死一般的寂静，然后他把代理书放回到桌子上，这是结束这场交谈的信号。

突然埃琳叫了起来，“天哪，我知道你的感受。第一次我听到那个数字时我说‘你在给我开玩笑吧，40%！我是那个受伤害的人，而你整日坐在桌子前面却要带走几乎一半的赔偿。’”

这时艾德有些生气了，试图打断她的话。

但是她继续说：“但是接着我问他如果我什么都得不到他能得到什么。”

“那么我什么也得不到。”他回应道。

“除此之外，他要搭上所有的费用，所以我认识到，他也是在冒险一搏。”

谢谢埃琳，丈夫重新考虑了一下，决定接受他们的代理。在这个案例中，埃琳清晰地挽救了这个案子。这是我常常对律师用的一个例子，使人理解同理心的重要性，而有多少律师只会待在事实和辩论里，轻视了同理心的重要性。

同理心是其中一个最受误解，却是领导者可以用的最有力的工具。同理心有几个定义，最重要的是你要知道同理心不是同情心。同情心最主要的是指你对别人处境的感受。例如，说：“我对你亲戚的去世感到非常遗憾。”或者“我对你最近失去工作感到非常难过。”这些展示的都是同情心而非同理心。同情心也是非常有价值的情绪，它有它的作用，但与同理心是不一样的。

同理心关注的是他人的感受和想法。人们常常把同理心描述成“穿上别人的莫卡辛鞋（北美印第安人穿的无跟软皮鞋）走路的能力”。它是指从他人的视角看事情的能力。例如，说："你一定对他刚才说的话感到非常的生气。"或者"你好像对她给你邮件的回复感到非常开心。"这些都展示了同理心。

同样,可以体验到面对大众的同理心。有些人,特别是有才能的政治家(如杰克·肯尼迪、比尔·克林顿)、成功的电影导演(如史蒂文·斯皮尔伯格、阿尔弗雷德·希契科克)、产品开发者(史蒂夫·乔布斯)具有读懂大众(观众、投票者、消费者)的能力，并且知道他们的想法、需求、欲望，以及在特定情况下可能的行为。通过理解人们的情绪，他们能创造出赢得人们心灵和思想的产品、电影或竞选口号。

同理心被细分为不同要素。第一个要素是理解他人感受的能力。这方面能力强的人在和人们互动时能清楚地了解对方的感受。例如，尽管人家的回应可能是"我很好，你好吗？"他们也知道回答的人情况并不好。他们可以从字里行间（语调、面部表情、肢体语言）读懂并知道此人正对有些事情感到气愤。这是同理心的一个非常有力的方面。了解一个人的感受可以提示你以最有效的方式对他们做出反应。如果你感受对了，就可以建立信任和同盟；如果你感受错了或忽视了它，你就只是另一个人、一个数而已。

同理心的第二个要素是认知。这是指你读懂他人想法的能力。这方面能力强的人善于知晓他人为什么有那个想法。想象一个情境，有人向你提出一个请求。你第一个想法可能是"她为什么要那个？"也许几秒钟之后出现在你的脑海中的是"她认为会下雨，想要得到额外的保护。"人们越了解一个人，就越可能了解他的想法和动机。但是有些人天生善于读懂和理解他人。善于读懂他人的领导者本能地知道加薪会对谁有激励作用，谁会更热衷于地位的改变或额外的优惠。

同理心的第三个要素是有些人附加上去的，即积极关爱——想要帮助有需要的人。所以除了理解人的感受如何，以及他们在想什么，要素还有一个驱动力去治愈他们的伤痛。我在认识的有些 CEO 身上看到了同理心。他们迅速为一位发生意外的忠诚员工提供额外的资金。这好像是本能的，并且没有任何要回报的想法。

同理心得到心理学家卡尔·罗杰斯的特别强调，他开发的"客户中心疗法"在 20 世纪 60 年代非常流行。他的方法有个好外是经历了这种体验的人感觉安心、被认可和被接受了。重要的是要理解同理心不仅是一个智力练习，它还涉及个人的参与度和想象力。

领导者的同理心有多重要

同理心被证明对企业、公共服务机构、军队和运动项目的领导者来说是一个关键因素。以约翰·麦基来举例，他是全食超市——世界上最大的自然食品超市之一的创始人。他说在选择领导者时，“我寻找具有传统美德的人，如正直、诚实、有勇气、爱和智慧……我也寻找具有高情商的人，如拥有高能量的关爱……好的领导者需要能够连接周围所有的人。全食超市确实是这样，我们有一个团队导向的文化。”

雇用高情商的人使全食超市连续 14 年荣登《财富》杂志最佳雇主排行榜，近期排名是第 24 位。

在体育运动界，成功的教练也用同理心使团队成功。麦克·布热津斯基，又称为 K 教练，至今保持着所有现任美国大学篮球队教练的最佳赢球纪录。他非常理解同理心的重要性。他的蓝魔队赢了 4 届全国大学体育协会（National Collegiate Athletic Association，NCAA）全国冠军，他带领的美国男子国家篮球队赢得了 2008 年夏季奥运会的冠军和 2010 年国际篮球联合会（Fédération Internationale de Basketball，FIBA）世界杯冠军。

K 教练写了一本书《用心领导》，他在书中有力地诠释了同理心的重要性：“人们用不同的方式和你谈话，通过面部表情、情绪、特殊习惯、肢体语言、语音语调及眼中的表情，”并且“作为领导者，你必须能读懂你的球员。”

他也认识到作为一个有效的领导者和教练，他的职责就是帮助队员调节情绪。“一位好的领导者树立一种带给团队信心的形象。我特别把这种形象传递给我的球员，鼓励他们走得正、站得正，并且看起来入眼 。”

同理心与潜在领导者

我曾经被问的比较多的一个问题是如何识别有领导潜力的人。世界上的大型组织中一直有很多的高潜质项目，我参与了其中的一些。在第 17 章会更多地介绍这些项目的情况。但有一个问题是如何筛选高潜质领导者及为最终接管做准备？

越来越多的人关注潜在领导者这一概念。我们也在跨职能团队的背景下看到这种关注人数的增长。在今天的很多情况下不再指定一个团队领导，取而代之的是期望团队的领导会以某种自然的方式脱颖而出。这意味着奶油会自然地升到蛋糕顶部。

当筛选领导者时，人们往往基于一定的预定标准，如教育水平、经验、技术知识、IQ、个性等。但是对谁会成为最好的领导者很少有系统化的研究。可以依靠团队成员的报告和绩效指标来评估领导者的有效性。

多伦多大学罗特曼商学院的斯蒂芬·科特和同事完成了一项关于潜在领导者概念的有趣研究。他们感兴趣的是领导者如何从自我指导的小组或团队中脱颖而出。例如，你组织了一个团队（通常是跨职能部门的）并给他们一个项目。如何完成这个项目？当没有人被任命为领导者时会发生什么？人们知道一定会有人出来负责的。我们一次又一次地看到这种结果。事实上，如果小组继续保持无领导者状态，团队成功的机会是很微小的。

所以问题变成了谁会冒出来当这个领导者？有人可能认为最聪明的那个人会成为领导者。在选择领导者时，往往过多地通过 IQ 测验来选拔。有人也认为个性决定谁当领导者；或者最外向的那个人会成为领导者，毕竟他们知道如何与人谈话，会使事情向前发展；或者情商决定谁当领导者。

科特和同事探索了这个问题。好几个 MBA 班的学生被随机分配到不同的工作小组中。在接下来的 10 周里，他们一起工作，解决现实中的商业问题。但在他们被分配到小组之前，他们都被研究者安排进行了一系列的测试。这些测试包括他们的 IQ、个性和情商测验。在 10 周结束时，每个参与者被要求为他们小组成员的领导力打分。对谁成了小组的领导者每个小组都有了一个清晰的共识。

研究者接着审查了开始时所做的测试，想看看通过测试的结果是否能够预测领导者人选。事实上 IQ 和个性测验不能预测谁会脱颖而出成为领导者，而是情商测验（用的是 MSCEIT®），特别是情绪理解的能力分数预测了潜在领导者人选。就是说那些善于阅读其他人的情绪并理解它们的人才能升到顶部。在观察了世界上许多组织如何选拔和培训领导者之后，我没有发现有组织（在本研究和其他相关研究出现之前）把同理心当成关键的领导特质来重点关注。但是也许正因为这次研究，现在有了用同理心来预测、筛选和发展领导者的流程。

事实上，越来越多的证据表明人们会回应那些展示同理心并使人感到有存在价值和被理解的人，会把他当成领导者。杰出的领导者与低效能的领导者在考虑下属的需求方面有所差别。基本上说通过让人们感到自我价值感，他们开始被更多地当成有效的领导者。

同理心与性别

在对情商的国际性研究中，女性普遍在同理心方面的得分高于男性，将在第 15 章进一步进行讨论。这在领导力方面有什么影响？

锡勒库斯大学的克里斯丁·拜伦在一项有趣的研究中探究了能够准确读懂非语言情绪线索的经理与在这方面有挑战的经理之间的不同。她的研究对象有 44 位在职当主管的 MBA 学生和 78 位在服务行业的不同公司任职的经理。对这 122 位管理者，她得到了下属对他们的 284 份绩效评分表和 58 份上级对他们的评分表。她还给所有这些管理者做了标准测量来评估他们读懂他人情绪表情的能力。

她发现读懂情绪表情方面较好的女性管理者，她们的主管给她们的绩效评分更高，下属对她们的满意度评分也更高。在读懂情绪上得分较低的女性管理者，得到的主管和下属的评分均低于在读懂情绪的能力上相似的男性。

她也看了管理者是如何在工作中使用情绪信息的。基本上来看，情绪被用来获得支持和说服人。然而在性别上有差异：女性比男性经理人更多地使用情绪来获得支持；男性更多地使用情绪来说服人。对女性来说，她们读懂情绪的能力与其主管对她们的绩效评估有直接关系。这几乎可以说是人们期望女性管理者更善于读懂人的情绪，这个能力也使她们在整体绩效评估中得到奖励，但是在这方面有所欠缺的女性管理者可能因此被评为不那么胜任。

同理心的世界性研究

在一项针对全世界领导者的研究中，创新领导力中心（Center for Creative Leadership，CCL）发现同理心是成为一位成功领导者的重要因素。他们研究了 38 个国家的 6 731 位管理者的数据，以及来自他们的下属和主管的数据。

建立和维持关系在领导力中的重要性早已得到认可，这次研究突出了同理心是领导者的一个关键技能。他们的重要发现包括同理心直接影响领导者的工作绩效，并且这种对领导者绩效的影响在有些文化中更加重要。

由下属来评定的同理心与上司对这位管理者的绩效评估结果有直接的关系。然而研究者发现，同理心在所谓的高权力距离的国家中更为重要。在高权力距离的国家或文化中，人们相信权力应该要分层级并集中于高层，在这些国家，人们一般相信权力保障了社会的和谐、秩序和角色的稳定。高权力距离的国家和地区包括中国、埃及、中国香港、马来西亚、新西兰、波兰和新加坡。这些国家和地区的上下级关系被描述为家长制，这里的领导者就像家长一样需要支持他的员工。同理心和绩效之间的关系在这些国家和地区是最强的。

图 7.2 中呈现的是 MHS 公司收集的 10 个国家的下属对其领导者的同理心评分。结果来自 41 555 名下属对 3 238 位领导者的评分。这 10 个国家被看作中度权力距离的国家。加拿大、瑞士和澳大利亚的管理者被评为最有同理心，而德国、瑞典和菲律宾的管理者同理心最弱。虽然同理心得分在国家之间有差异，但这种分数的差异在 10 分的范围内。

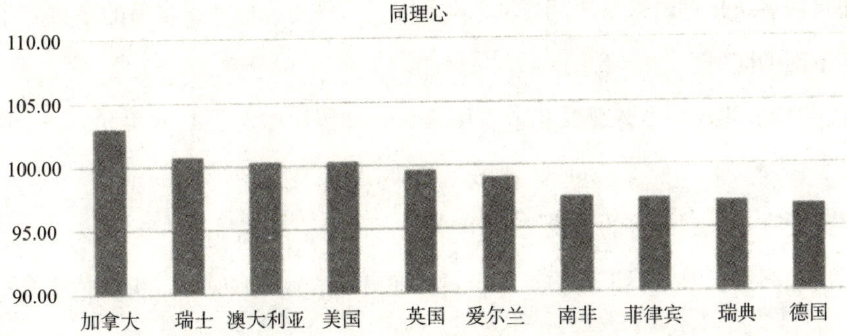

图 7.2　10 个国家的下属对其领导者的同理心评分

资料来源：MHS 公司。

对同理心人们能做什么

当谈论同理心时经常冒出来的一个问题是它是否与生俱来。很多人相信它是本能的，换句话说，他们相信有同理心的人一遇到人就能马上理解对方的感受和想法；相反，如果你缺乏同理心，或者你不会马上“理解”某个人是怎么回事，那么你生来就没有同理心，而你也就放弃培养同理心的尝试。

幸运的是现在有人研究了这个问题。在拉维恩大学的克里斯丁·马–凯拉慕斯和哈佛大学的珍妮弗·勒纳的研究中，她们用了 4 个相关的研究项目来探索这个问题。在第 1 个研究里，他们观察了普通人（不是经过训练的教练）在处于教练情境时是如何试图培养同理心的。正如期望的，大多数人相信同理心不仅是本能的，而且被人们系统化、分析性思维过程所阻碍。

在第 2 个研究中，他们招募了哈佛高管班的在职经理和主管学生来参加。作为面试过程的一部分，他们配成对并用研究人员提供的几个问题来互相提问。然后，他们完成一个调查表，对他们自己在面试中的感受评分，以及说明他们认为他们的面试伙伴是如何感受的。研究者通过对比每个人对同伴的评分和同伴的自评得分来确定参与者评估同理心的准确性。

他们也被要求参加一个认知反应测验，虽然看起来像个数学测验，但它测量的是用直觉还是用系统化逻辑来解决问题。测验采用了一些初看似乎很容易的题目。例如，试着回答下面的问题：

"购买一个球棒和一个球总共花了 1.10 美元。球棒比球贵了 1.00 美元。一个球的价格是多少钱？"

大多数凭直觉立刻回答的人说是 0.10 美元，正确答案实际上是 0.05 美元。选择立刻反射性地回答，但是不正确的答案，表明你更多地依赖直觉，较少地依赖系统性思维。

在考虑了几个变量如性别、管理层级、社会地位等之后，他们研究哪些因素与同理心的准确度有关系。他们发现影响差异的唯一变量是认知测验的得分，即他们是采用直觉还是系统性的分析。有趣的是分析型的人比直觉型的人能更准确地预测情绪。

在第 3 个研究中，他们换了另一组哈佛高管班的学生，让他们完成了同样的认知测验。但这次他们没有采用现场互动环节，而是让被试者给照片中复杂的面部表情做评估。他们使用的照片是经过标准化处理并在以往很多的研究中使用过的。基于他们正确识别照片中表达的复杂情绪的能力，每个人都得到一个评分。这次的被试者还做了 IQ 测验。有趣的是认知测验（直觉还是系统化）能最好地预测同理心准确度，而与 IQ、性别、年龄或教育水平无关。

在第 4 个研究中，他们观察你是否能通过控制同理心来影响结果。这一次又招募了 74 位哈佛高管班的学生参与。他们被随机分入两个组。一个小组的任务是写出一个他们用直觉解决问题且结果不错的情境的细节。另一个小组被要求详细写下一个他们用推理和逻辑解决问题并有好结果的情境。他们都被要求用 8~10 个句子来描述。

接下来按照前面同样的研究流程用 3 个事先提供的问题面试另一位学员。在这个互动之后他们为自己和伙伴的情绪做评估。他们的同理心准确度由研究者来确定。之前被要求描述一个用推理和逻辑解决问题情境的小组在情绪评估上的精确度远高于用直觉解决问题的小组。有意思的是，与其他研究不一样，3 个研究用了职场人士和管理者做被试者。这些研究者用不同的方法证明了用推理和逻辑的方法比只用直觉能够更好地理解他人的情绪。这个研究结果表明，读懂他人情绪的能力是可以提高的。

好消息是像其他情商因素一样，同理心也是可以发展和提升的。第一步是要有做出改变的动力。如果你有兴趣发展自己的同理心，本章的最后有一些建议可以帮你开始。

对有些人来说，同理心是很自然的。他们对别人真诚关心，并且常常花时间和人相处以更好地了解对方，记住分享给他的重要细节，当有需要时表达关切，在庆祝时为对方开心。然而大多数领导者处在中间位置，有时有一些同理心。好消息是有几种方法可以提升同理心。领导者可以通过教练、培训或其他发展机会和项目来提高这项技能。也有人是处于底部的，他们少有或没有同理心。他们常常处在最不开心、最有压力的工作场所中。即使对于那些少有或没有同理心的领导者，有些教练的辅导干预能有效地提升他们的同理心。

要提升同理心，重要的是应该把同理心作为一个组织的共同价值观。要做到这些，领导者需要认同它的重要性，不仅需要谈论和鼓励同理心，更需要做出榜样。整个组织的人都应该理解同理心会增强绩效和人们感知到的效果。如果你需要设定同理心基准，EQ-i 2.0 是个强大的可用工具。

同理心教学的第一部分是要专注于聆听技巧。学会注意到非语言线索及所说出的话背后的意思。通过倾听和专心，你就能学会如何更好地观察和解读语调、面部表情、语速、手势和身体语言。

你能成为更好、更积极的聆听者。而要成为一个好的听众，你首先必须愿意关注对方。当他们正在说话而你想插话、打断他们时，你可能不得不咬住嘴唇不说话。这也意味着你不能评判。他可能说了你听到过的最愚蠢的话，但是先让他说完。之后你可以尝试反馈或反思一下你所听到的：“你的意思是说当人们忽视你的想法时你感到生气？”如果你没有完全理解，你必须愿意澄清：“OK，再告诉我一遍到底是什么让你心烦的。”你可以再次总结一下，仅仅是为了确保你的理解是正确的。另一个技巧是分享例子：“是的，这听起来像我在贝斯不管我说什么而继续说她的话时的感觉。”

作为一位管理者，重要的是要尝试着考虑他人的个人体验或观点。你越能了解员工想法的由来，你就越能更好地解决他们的问题。这能帮助你解决问题、处理冲突或驱动创新。

你也应该努力展示更多的关心。当做决策时，考虑一下你的决策会如何影响其他人。这不是说你不能做困难的决策，而是说认识到决策对其他人的影响能够帮助你更好地执行那些决策。当你在一项棘手的决策上不能与人妥协时，同理心也能起到帮助作用。

最后，同理心可以为全球性管理者提供帮助。当在一个新的或不同的文化环境中工作时，同理心很重要。你要经常与有不同观点和经历的人打交道，要领导他们你需要了解他们的立场和观点。同理心会表明你关心下属及你对他们的欣赏。这可以帮助构建更好的工作关系。更好地理解他人和他们的文化将使你能够识别出那些你能改善的行为并成为一位更好的领导者。

社会责任与工作

有一些公司把社会责任当成组织的核心价值观，而英国的美体小铺也许是第一个把社会责任作为其商业计划的一部分的公司。它每年都会出版一份公司的社会责任成果报告。创始人安妮塔·罗迪克领导这家公司支持了很多领域的发展，如提升自尊、环保、动物权利、社区贸易、人权等。美体小铺在许多方面做出了重要贡献，并且在很多方面都可以说是为其他组织引领了方向。

面向市场营销领域的专业人士的报纸《广告时代》曾专门介绍在社会责任方面表现突出的企业。这些公司包括一些大家所期待的公司，如 Ben & Jerry's（美国冰激凌品牌）——公司建立了一项基金，将税前利润的 7.5%贡献给慈善福利事业。即使在被联合利华收购之后，他们将两百万美元捐给了慈善机构。其他公司包括 Burt's Bees（美国护肤产品品牌），支持可持续包装；Method，提供安全、有效、对环境友好的清洁产品；通用电气公司（General Electric Company，GE）的绿色创想（Ecomagination），支持可再生能源并降低碳排放；星巴克咖啡，提供可持续绿色咖啡产品；Kenneth Cole，致力于艾滋病的宣传和研究、提供志愿者服务及社会变革；全食超市，致力于持续性农业、减少浪费、有利于保护环境的清洁工作；TOMS 鞋子，每售出一双鞋就为有需要的孩子捐出一双鞋。

“这真的很重要吗？真的吗？”这是在一次演讲中当我提到领导者的社会责任的重要性时，一个健康技术公司的 CEO 问我的问题。他非常怀疑企业的社会责任，并且把它看成一种大型营销手段，不能肯定是否有投资回报。

这件事让我重回研究数据库。我知道我现在必须更好地说明社会责任对企业的价值，提供更有说服力的证明。我终于发现了一项有趣的研究，这项研究是由阿姆斯特丹大学的安尼贝尔·德·胡歌和迪恩·丹·哈托格进行的，研究提供了一些关于这些类型的领导者的情况。他们的研究包括 73 位中小型企业的 CEO，涉及的行业包括服务、生产、建筑、贸易、运输、信息、维修和维护等。他们与 CEO 进行面谈，让他们完成调查问卷，收集了每个组织至少 6 位下属提供的更多信息。

在领导者对社会责任的承诺和领导者的道德行为之间有非常强的关系。有社会责任的领导者比缺少社会责任的领导者有更少的专制和独裁；道德领导力与高层管理团队的有效性和下属对未来的乐观主义之间有非常大的相关性。德行高与公平是一个组织有一位具有高度社会责任感的领导者的关键特征。

研究者对领导者的选择提出了一个非常重要的可操作性建议。人们总是想选择有道德的领导者。诚实正直是难以在面试中评估的，即使使用非常复杂的测验。绝大多数的道德行为和诚实正直测验对具有平均智商或以上的人来说是很容易装出来的。但是测验领导者的社会责任能更好地检测他的道德行为，因为回答与社会责任相关的问题时，不会像回答有关道德行为的问题那样，人们不太考虑社会赞许性。

EQ-i 2.0 是第一个将社会责任纳入职场上情商的测验因素的。早期人们对此还有一些怀疑，但是现在更多的人认同它是领导力的一个重要方面。事实上一段时间以来我就预言社会责任对下一代企业领导者来说将成为一个主要因素。我相信这方面的技能将成为未来领导者的优势标志。正如坚定不移在过去是重要的，适应性是当今的领导力优势，而在社会责任上出类拔萃将是未来卓越领导者的标志。

有更多的研究证明有社会责任的企业在员工承诺上表现良好。例如，英国巴斯大学的斯蒂芬·布雷默、安德鲁·米灵顿和布莱斯·雷顿调查了一家大型金融服务机构的 4 712 位员工。

他们发现 CEO 对企业的社会责任承诺越多，员工对企业的情感投入和承诺就越多。就员工在企业内工作的积极性而言，企业的社会责任的作用和员工的工作满意度的作用一样大。

千禧一代对社会责任型企业的渴望是最强的。在一项涵盖了 7 500 位职场人士的调查中，受访者被问及员工对社会或道德事业贡献的重要性。受访的人包括婴儿潮出生的老人、婴儿潮出生的年轻人、X 一代的老人、X 一代的年轻人、千禧一代。将近 2/3 的千禧一代（63%）同意说喜欢他们的雇主对他们认为重要的“社会或道德事业”有所贡献。X 一代的年轻人有同样的比例（63%）同意这种说法。而婴儿潮时期出生的人（46%）和 X 一代的老人（50%）勉强有一半人有这样的感觉。这就非常清楚了，如果你想吸引年轻人到企业工作，你就需要注意社会责任。

社会责任与公司净利润相关吗

加强员工的承诺一定对公司净利润有所贡献。一般很难评估单项干预措施对整个组织有什么效果。但是，《经济学家》杂志进行的一项研究尝试回答这个问题。他们调查了 566 位在美国工作的商务人士，并且访谈了另 16 位企业高管和企业公民专家。

他们发现企业公民能够帮助提升底线。报告指出：“74%的调查回应者说做个好的企业公民可以帮助提高公司利润。而且，认为有效的企业公民能够帮助提升底线的调查回应者更有可能说他们的战略对公司业务‘非常重要’（33%），相比其他的调查回应者中只有 8%的人这么说。”

一般来说，像前面提到的一些以社会责任闻名的公司，都是盈利的。也有许多被认为有社会责任的大公司，它们都进了《福布斯》杂志的排行榜。《福布斯》杂志与声誉研究所合作，用企业的社会责任为标准来发现哪些公司有真正好的声誉。这项研究在 2013 年的 1~2 月进行，他们邀请了跨越 15 个市场的 55 000 位消费者参加研究，结果选出了世界上最有声誉的前 100 家公司，这些大公司都有全球性的跨国业务。调查结果显示声誉最好的公司包括（从高到低排名）：微软、迪士尼、谷歌、宝马、戴姆勒、索尼、英特尔、大众、苹果和雀巢。

国际社会责任

世界上各种组织的领导者在 EQ-i 2.0 中的社会责任能力的得分是怎样的情况呢？在图 7.3 中，可以看到基于 MHS 公司数据库的 15 个国家的领导者在 EQ-i 2.0 中的社会责任能力的平均得分。

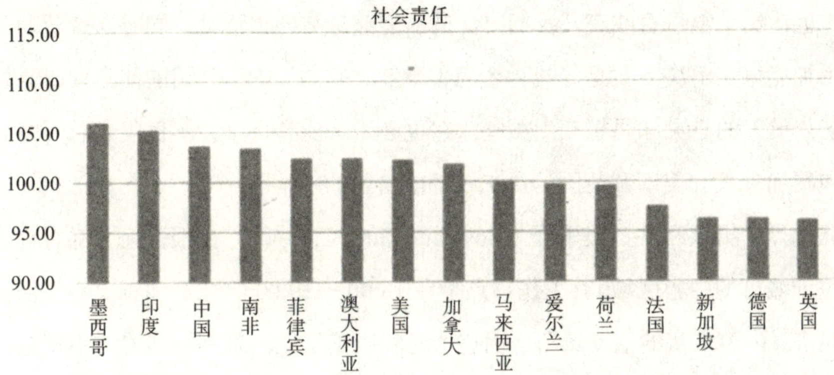

图 7.3 15 个国家的领导者在 EQ-i 2.0 中的社会责任能力的平均得分

资料来源：MHS 公司。

从图 7.3 中可以看到，墨西哥、印度和中国的领导者认为他们自己是最有社会责任的，而英国、德国和新加坡的领导者对自己的评估是最少有社会责任。原因可能是在贫富差距大的国家，领导者更可能关注社会问题。中产阶级群体比较大的国家社会问题被看作没那么紧迫，领导者对此的关注也比较弱。

提高你的社会责任

在测验的所有情商能力中，社会责任是最容易改变的。我不推荐把社会责任的解决方案仅仅当作简单地开一张支票。你必须认可社会责任对个人和组织都是有益的想法。除捐钱以外，你应该承诺要参与活动。

提高你的社会责任有许多不同的方法。在 MHS 公司，许多年来我们一直像其他的传统公司一样运作。我们每年都做一场为“国际联合劝募协会”（United Way）募捐的活动，鼓励每位员工参加；每年都在一段固定的时间组织很多不同的慈善活动让员工参加；每年也都有公司和员工捐赠。可是许多年之后感觉到能量和激情都在逐步下降，参加这样的活动几乎成了一件琐事。

之后，我们聘用了一个咨询顾问并在公司内部组建了一支小团队。团队成员有经理、员工，目的是要找到一种方法来做有意义的慈善活动，既让接收方（慈善机构）有收益，也让员工觉得有收获。我们要让员工能够参与慈善活动，同时这些活动又能让员工增加能量。解决方案是寻找一个慈善事业，它与 MHS 公司的使命和愿景相匹配，又能与员工的心灵和思想产生共鸣。它也必须是所有员工，不仅仅是总部办公室的还要包括加拿大、美国和英国的员工，都能参与的。

团队选择了男孩和女孩俱乐部（Boys and Girls Club），它在很多地方都有分部。俱乐部位于城市的中心区域，其工作重点是在 13:00—19:00 给儿童和青少年提供一个安全、经济、内容丰富的活动场所，而这个时间段正是他们最有可能参与不安全的活动和接触危险人群的时候。我们的项目叫作“社区 360”，契合了 MHS 公司支持职业人士帮助家庭的使命。男孩和女孩俱乐部为处在危险中的城市青年提供了超过 1 000 小时的健康活动、个人健身活动、团队体育活动和营养项目活动。

除由员工和公司发起的捐钱捐物以外，我们提供丰富多彩的机会。员工通过一系列的公司活动募集资金，这些活动包括桌面曲棍球比赛、自制糕饼义卖、百乐午餐、家庭问答比赛、抽奖（供应商的专业运动券、员工旅行集点的信用卡礼品）、休闲星期四、放松/按摩椅课程（办公室任何时段均可用），以及其他创意活动。

甚至更重要的是，我们的员工志愿者用工作时间参与许多活动，为孩子和家庭提供服务。我们设定的员工志愿者服务的目标是 500 小时，但常常超过这个目标。除参加男孩和女孩俱乐部的常规活动以外，员工也贡献他们的知识和才能，包括会计、计算机/编程、图表设计、芭蕾舞、即兴创作及其他更多技能。另外，我们从俱乐部招了两个孩子做实习生，整个暑假期间在 MHS 公司工作。我们也赞助了一个奖学金项目，已经支持了一位青年到市外的大学去圆他的学习地质学科之梦，以及到南非实习的机会。

社会责任可以为个人、组织、社区及世界提供益处。当更多的组织机构认识到这一点时，将对世界各地的人们都会产生巨大的效果。

高情商领导者：需要思考的问题

1. 你参加什么样的活动来拓展人际关系？你在什么地方参加？
2. 当与不认识的人见面时你认为自己偏于内向还是外向？
3. 在工作/社交活动中是什么因素使你想与陌生人会面？
4. 你会与新认识的人讨论什么话题？
5. 你真的注意和专注于与你说话的人吗？
6. 你会如何向人们展示你真的倾听了？
7. 人们常常告诉你内幕消息吗，或者你常常是最后一个知道事情真相的？
8. 你认为自己有社会责任吗？
9. 你做了什么让你有社会责任？
10. 你参加了哪些社会责任活动？
11. 你的组织如何才能更有社会责任？

第 4 部分

决策与领导力

问题解决

——运用情绪来解决涉及情绪问题的能力。

现实判断

——看待事物时保持客观的能力。

冲动控制

——抑制或推迟冲动、驱动或诱惑下的行动的能力。

第 8 章

决策：借助情绪做出更好的决策

我们只是在别人贪婪的时候害怕，在别人害怕的时候贪婪。

——沃伦·巴菲特

相信直觉

1961 年 12 月 13 日，迈克·史密斯和迪克·罗是迪卡唱片公司伦敦办公室主管，负责评估新秀。迈克·史密斯去利物浦看了一场当地某摇滚乐团的表演。在听过他们唱歌之后，他认定这个乐团具有天赋，并且邀请他们在 1962 年 1 月 1 日来伦敦试音。

这个乐团来到伦敦，在迪卡录音室花了两小时表演了 15 首不同的歌曲。随后他们打包行李回家，等待结果。

他们等待了几周。

他们等啊等……

不愿再继续等待下去了，乐团的经理给迈克·史密斯打了电话，问他事情怎么样。

“坦白地说，艾普斯坦先生，我们并不喜欢你家小伙子们的音色。组合已经不再流行了，特别是弹吉他的四人组合，毫无前途。”

迪卡拒绝了披头士乐队，这一决策在 20 世纪的多个最糟糕商业决策排行榜上高居榜首（或接近榜首），并且在《福布斯》杂志发布的有史以来最糟糕的商业决策榜单上排第 2 位。

怎么会有这种事？这件事令我好奇了很长一段时间。通过我在音乐界的工作，包括志愿为非营利性组织加拿大音乐孵化器，培训处于职业生涯早期的乐手和乐队管理者，我给许多处在职业生涯早期阶段的年轻音乐人与音乐管理者做了情商测试（这包括了一个决策能力的维度）和创业能力测评。我还访问了几家大唱片公司的多名专业人士，问他们为什么会发生这种事。答案可被归结为直觉。用迈克 · 史密斯自己的话说："我去了洞穴酒吧看他们演出，我应该相信自己的直觉，因为我认为他们在舞台上的表现非常棒。"

当艺人拥有一定程度的才华，并且展现出他们有能力调动观众的情绪时，接下来的问题就是唱片公司愿意投资多少时间和金钱来进一步发展这名艺人。迈克 · 史密斯与迪克 · 罗在披头士乐队来伦敦试音时错过了良机。他们直觉中的某些因素促使他们做出了后来被认为令人遗憾的决定，尽管迪克 · 罗随后确实签下了滚石乐队。

问题解决

作为一位领导者，需要做的最重要的事情之一就是做决策。当思考如何决策时，人们的倾向是要理性和合乎逻辑。想想《星际迷航》里的史波克。做决策就是收集能收集到的所有事实，将它们进行分类，如分为赞成与反对，之后将两种类型分别合计起来，最后看一看哪类总数更大，就选择哪类。

不知为何，人们相信最好的决策要涉及循环往复地收集数据，收集、再收集数据，然后继续收集更多的数据，直到了解了眼前的各个方案的所有相关信息。喜欢查证事实的人应该是最好的决策者，他们手上的信息会给他们带来最完美的选择。

每个决策，从选择买什么车、雇用哪位销售经理、何时走进婚姻殿堂、生产哪种新产品、和哪位分销商合作到晚餐去哪家餐厅用餐等，都包含了决策的一系列过程。决策方法应该很简单，找出可供选择的，把每个都与其他的相比较，基于单纯的知识和推理，人们便可做决策。

如果生活如此简单就好了。你有没有注意过，当你把与需要做的决策如买哪辆车相关的所有信息收集在一起时，你还是凭直觉办事。你了解那种红色敞篷运动型车对你毫无意义，因这种车耗油、乘坐空间和储物空间窄小、安全纪录很糟糕，而且也更贵，然而你还是忍不住买了它。

人们的直觉，换种说法是人们的情绪为何可以经常否决人们的逻辑选择呢？研究者发现了许多情绪影响决策的方式。通过理解情绪在决策中的作用，并且更加积极主动地利用情绪进行决策，你就可以学会更好、更合理地做决策。

以下先从探索情绪和决策之间的关系开始。情绪影响决策有两种方式。第一种方式是偶然影响。就是说你可能有某种情绪，这与要做出的决策没有必然的关系。例如，你刚读到一个故事并因之而感到悲伤，这时你需要从两位销售人员中决定雇用哪个。或者，你是一直充满焦虑的人。当你周遭发生不好事情时，你就会担忧情况会一直这样持续下去。当事情进展得很好时，你又焦虑好景不会这样持续下去。所以你在需要做决策时，碰巧你所感受到的情绪会影响你要做的任何决策，而且这种影响发生在你考虑各种方案的合理性之前。

第二种方式是直接影响。换句话说，你的情绪是因你所选择的方案或你考虑的多种方案而产生的。即使你想压抑自己的情绪（通过完全理性的方式），研究也表明你的决策过程仍然会有情绪的“标记”或印记。例如，你考虑选择的某些方案会触发某种情绪记忆。在人类的生活条件下，是不会出现史波克这种人的（除非你有某种病理状态，如一种叫作述情障碍（Alexithymia）的错乱症，那你就不会有情绪）。

你的心情

以下先从观察你的心情开始。在一个给定的时间点上你的心情会影响你的决策过程。研究者把这个称作“偶然的错误归因”感觉。这种情况下，因为一次经历你就有了特定的感觉方式，但是这种感觉会影响你要做的任何决策。

海德博格大学的心理学家诺伯特·施瓦茨和伊利诺伊大学的杰拉尔德·克罗尔在一个非常有趣的实验中对此进行了测试。他们想看看你对某些事情如天气的偶然感觉是否会影响你对其他更重要的事物如对自己的感觉。

他们在 4~5 月，在雨天或晴天随机给 93 个人打电话。他们告诉接电话的人说他们在进行一项研究。在与其中一些人开始做调查之前，先谈论天气状况，而当时正在下雨或是晴天。所有在晴天接到电话的人（不论是否谈论了天气状况）都比在雨天接电话的人报告说更加快乐。

真正有意思的是在晴天接到电话的人说他们很开心，总体上对他们的生活也满意。他们说在生活上没有什么需要改变的。然而，不像晴天组的人，那些在雨天接到电话的人，说他们并不那么开心，对自己的生活状况也不甚满意。同样，这些人说他们需要在生活上做更多改变。

他们的研究支持了这样的观点，即一个人很开心、有个快乐的一天便有可能使这种开心情绪影响他生活的其他方面，在那天做出的选择会染上他快乐情绪的色彩。同样，如果需要做决策的那天你感到心情很不好，这肯定会影响你做选择。

另一个例子可以从唐纳德·雷德梅尔博士做的一项评论性研究中找到。唐纳德博士是一位内科医生，在斯坦福大学和多伦多大学医学院做了 20 年的研究学者。在研究了被医学院录取的 2 926 位申请者的成功因素后，他得出了一个令人吃惊的结果。在雨天参加面试的候选人，比在晴天面试的候选人的录取成功率要小得多。是否因为灰暗的天气影响了面试官的决定？下次当你有重要面试时，你就要考虑天气的影响了。

当你遇到下一个大决策甚至关键决策时，在开始做出选择之前，请花一点时间注意你的心情。一旦你了解了自己的心情，最好暂停一下，想想你的心情会如何影响你处理问题。如果你的心情的影响是中性的，这很好。但是，如果你的心情会负面地影响你做出好的决策（或者最好的决策），你就需要尝试改变你的心情到中性或积极的状态，或者，你可以延迟做这个决策。

你创造出来的心情

假设你正在自己的办公室静静地做着自己的事情，如读一份报告，在写点什么，或者正在上网。你感到满足和放松。突然，你的电话响了。你接起电话，对方是一位销售人员，试图向你推销他们出版物上的广告位置。你不知道他从哪里获得了你的电话号码，并且想让你在从没有听说过的杂志上登广告。

这个电话把你从愉悦的放松状态中拉了出来。你对这位销售人员的电话感到不是很愉快，这样你的烦躁指数开始升高。在你告诉他你对此不感兴趣之后，他开始告诉你他为你特别保留了这个月的特价，而你对此变得更加心烦。当他开始强行问你想在他们的杂志上投放几个月广告时，你失去了冷静。你用生气的语气告诉他你不想做任何广告，然后直接挂断了电话。

在这种情况下，你的放松心情没有外溢到这位销售人员身上。然而这些因素如电话铃声、不想要的电话、要求当场做决定，恰恰导致了不愉快的心情。这种心情接下来影响你做出的选择，直接挂断了他的电话。例如，你没有考虑这个杂志是否会帮你接触到某些目标群体，或者你是否应该把这位销售员介绍给市场部就可以了。你决定冲动地用最容易（最快）的方法了断这个事情，不考虑这是不是最佳选择。在生活的其他方面，你多久会碰到一次这种事情？

当你面临下次需要做决策时，不要忽略你的感受，而是在处理这种情况时要注意你的情绪。当你面对决策思前想后时，要注意你内在的感受。暂停和反思会帮助你进入更好的思维状态，否则，你可能需要推迟决策，直到一个更好的时机和更好的心情出现。

“偶然”情绪如何影响你

正如前面讨论过的，你在遇到一个决策机会之前的情绪感受会影响你做决策的能力。那些倾向于不理会自己感受的人，受到的影响甚至比其他人更大，这主要是因为他们试图忽略自己的情绪。情绪影响你的理性思维能力，忽略情绪不仅使你受它的影响，并且使你完全意识不到它的影响。

除悲伤、意外的大多数情绪以外，当情绪的强度增加时，会导致你的自动神经系统被唤醒。自动的神经系统控制你的心率、呼吸频率、消化、汗腺和其他身体功能。只要想象一下你焦虑或生气时的身体反应：你的心跳开始加速、你的呼吸开始加快或变深、你会开始出汗。这些功能通常不是你能直接控制的，而是因为你的情绪状态而自动发生。

当你的自动神经系统被唤醒时（如快速的心跳、流汗），研究表明它对你的记忆力会有负面影响。它让你变得记不住信息，它还影响你对记住的信息进行组织的能力。它又是如何影响你的推理能力的？这有多种形式。例如，焦虑的人比平静的人更加难以回想起所发生的事情，而推理需要你对脑海中已有的各种可能方案进行比较。焦虑也使你难于对信息进行组织即使对记得的信息，你所记得的事情往往变得更加模糊、缺少关联，在决策时就没那么有用了。焦虑的人，当他发现一个问题有不同的解决方案时，会在理解、比较各种方案时变得比较粗心大意。这样，就像前面的电话推销例子，他们倾向于做出某种行为而不考虑其他优点。

当人们焦虑时，会花更长的时间来确认自己对问题推理所得到结论的正确性。所以在你处于平静的状态时，你会很快知道对你来说哪类候选人更适合你要填补的销售职位；可是当你处于焦虑状态时，你就会不太确定，或者至少要花更长的时间来确定此事。所以当你需要快速地决策，或者当决策速度最重要时，保持冷静对你有利。

与此有直接关系的一项有趣研究是由剑桥大学的约翰·柯茨和同事完成的。约翰·柯茨之前是衍生品交易员，现在是一位神经科学家。《华盛顿邮报》报道了他们发表在《科学报告》上的研究。他们研究的是“内感作用”，即一个人感知身体信号（如你现在的心率）的能力，目的是看股票交易员感知身体信号的能力如何影响他们的成功。他们首先观察了 18 位男性交易员，他们在伦敦金融城的交易楼层全天候地进行股票交易，并把他们与作为对照组的 48 位男性非交易员相比较。他们让所有人员（被试者和对照组）完成了两种心跳监测任务。这个任务主要是看你在几个简短的时间片段中预估或记录心跳次数的准确度。

在最初的一系列研究中，他们发现平均来说交易员比非交易员的心跳计数准确度要高。但更有趣的是他们也发现交易员记录心跳的精确度也可预测他们的收益和损失纪录，以及他们在交易市场上的工作年数。换句话说，对自己的心跳计数更准确的交易员往往能获得更大的收益并有更长的交易生涯。研究者总结说：“金融世界里的交易员常常说到直觉对选择盈利交易的重要性，他们指的是身体上细微的生理变化给他们提供的线索，使他们能够快速地从许多可能的交易选择中选出那个‘感觉上就是好’的交易。我们的研究表明，让人做出这个选择的直觉超出了神秘的金融知识的范畴，它们是真实的生理信号，在此是很有价值的信号。”

这些是你在选择下一个资产经纪人时需要考虑的问题。同样，这在选择未来的领导者时也要记在心里，因为领导者也涉及大量的决策，甚至在某些情况下是高风险的决策。

也有研究支持了这样的发现：在特定的情绪状态下，如当人们处于兴奋状态时，会很难处理说服性的推理信息。尝试让他人相信你的产品的优点，或者让他人认为应该顺从你的想法，如果此人处在高度的情绪状态，如焦虑、愤怒或悲伤，这时难度就非常大。如果他们处于放松和专注的状态，你更有可能影响他们。

同样，当人们进行决策时，如果情绪挡在其中，则很少接受宣扬者所呈现的说服性论点。换句话说，为了做出好的决策，人们需要放松并专注在销售人员试图卖给自己什么产品或观点上，这是将产品或服务的实际利益与炒作区分开来的最佳时刻。

积极情绪的影响

人们对决策过程中解决问题的许多认识来自对负面情绪如焦虑和担忧的研究。对于相对积极的情绪的影响，人们知之不多。有些研究证明强烈的情绪对人们完成任务有些好处，它会帮助人们把关注点缩小。当人们产生情绪并有很多不同的线索需要注意时，人们将关注点缩小到最有关系或最重要的线索上。例如，当某人在一栋着火的建筑物内时，他会一边紧张地想着如何应对；一边可能迅速地决定先救出婴儿，把其余东西都丢下以便活命。

也有一些研究发现，开心的情绪可以帮助人们做出更好的决策。但这不只是开心情绪本身的作用，开心情绪还让你更具灵活性。当你更加灵活时，你会愿意考虑更多的选择。

想一想你上次计划一个度假的情形。一般来说，这是一种人们处于好情绪时进行的活动。只用想象假期会给人们带来的好心情。对很多人来说，在网上搜索各种度假套餐如寻找旅馆、海滩、夜生活、购物机会和娱乐活动，会帮助人们保持一个好心情。事实上人们往往比预期花更多的时间网搜旅行套餐、核实价格等。在生活方面，人们可能容易做出好的决策，因为花时间进行了比较。

良好情绪对人们的决策过程产生很多影响。当人们心情好时，往往会把选择分成大类进行比较，而不是关注在每个细节上。所以当比较汽车时，不是逐个细看 15 个不同的特征（如安全性、每千米油耗、后备厢空间、载客人数），而是对 A 车和 B 车的一些通用特征做比较，如外观、价格、客户或专家评分。

德保罗大学的约瑟夫·米克尔、纽约大学的山姆·马里奥和同事对这一点进行了探索。他们比较了用直觉和用刻意策略来做决策的两种不同情况。这个研究与前面描述同理心的研究（见第 7 章）有一些相似性，虽然结论不同。在这项研究中，当展示了每辆汽车的优点和缺点之后，受试者被要求来决定他们喜欢 4 款车中的哪款。研究中提到的汽车的优缺点包含如“耗油量低”或“耗油量较大”等。

他们对不同组的受试者采用了不同的操作手法。首先，一组受试者被要求用直觉做决定，而另一组被告知要关注细节。接着为他们逐一呈现每辆车的正面和负面特征。按照掷骰子的结果，一辆车呈现 75%的正面特征，两辆车呈现 50%的正面特征，剩下一辆车呈现 25%的正面特征。

当只有少数几个特征以供选择时用直觉挑选车和用刻意策略挑选车没有区别。但是当决策变得复杂时（12 个特征而不是 4 个特征），凭直觉挑选车的人在选择最好的车方面比其他人都要成功。不仅如此，在复制这种结果时他们也发现，用直觉做决策的人对他们的决策比专注细节的人对自己的决策更为满意和更有信心，并且那些用直觉来选择的人少有改变主意或后悔的。想一想我最近购买敞篷车的过程，我就心悦诚服地同意此观点。我对自己的选择非常满意。

当情绪好时，人们更善于想出很多好的想法，并且想法也更有创意。人们在用需要独创性和跳出盒子思维去解决问题时往往会做得更好。处于好的情绪状态可以帮助人们更好地推理、解决问题、做出判断及进行决策。

但在解决问题的情境中好情绪状态不总是有用的。也有报告称在处理涉及推理的问题时情绪状态好的人比有中立或悲伤情绪的人做得要差。这些问题包括你在很多标准化考试（如法学院、医学院、商学院、研究生入学考试等）中看到的那样。所以，当你情绪好时，你对推理和解决问题的感觉良好，而这种好情绪并不能保证好的结果。

好情绪能够影响人们对其他人的反应。例如，当人们心情好时往往过度地认为别人的行动是由个人原因而非环境原因造成的。所以，如果汽车推销员开始告诉人们关于他的慈善活动，并且人们感觉良好，人们就会把他看成一个有爱心和社会责任的人。因此，很有可能从他那里买一辆车。然而，如果人们当时有点厌烦、不愉快的心情，则很可能把他的慈善故事当成他想试图促成买车交易的一个伎俩。

我在去旧金山做访问时曾有一段经历能很好地说明这一点。我当时在旧金山湾区给一些专业人士做一个情商演讲。像我以往有的时候一样，我决定来早一点，用一些空闲的时间走走转转，在市内买些东西。离演讲开始还有些时间，我便走进联合广场附近的几家美妙的艺术品商店。我穿着牛仔裤，看起来有些休闲和若无其事。一个销售员对我感兴趣，这让我很惊讶。画廊里有其他一些穿着讲究的人，而他恰来问我一些关于我对正在看的艺术品的喜好的问题，并对这些作品做了非常详细的描述。

我看了这些艺术品的标价，都在 25 万~500 万美元。我认为我的表达和行为已经清晰地表明这些价格是超出我的承受范围的，另外清楚地说明我只是随便转转来消磨时间的。在简单地聊了我的家庭情况之后，他开始给我讲一个对他自己有重要意义的一幅画的故事。这是一幅怪诞的作品，背景是一幢着火的房子，前景是一只兔子嘴里叼着火柴。他告诉我说这幅画的名字叫“坏兔子日”，并且解释说他的妻子得了乳腺癌，做了化疗，几年前头发都掉光了。他在家里给他妻子看这幅画的平版印刷版本，使他妻子在治疗期间保持好一点的精神状态。这不是你向才认识 20 分钟的人该讲的故事。

也许这个人认为我们在半小时里就有了足够的连接、私人关系，可以亲近了，或者他希望通过冒一次险对一个完全陌生的人揭示非常私密性的信息来做成一笔交易。在某种程度上，我相信他直观地用情商告诉自己那时这样做是安全的，并给他一种暗示在他带领我经历的艺术冒险中我是真正“与他同在”的。因为我的心情很好，我把这个故事理解为真诚的连接尝试而不是一种销售伎俩。

当面对需要复杂的决策过程的情况时，心情太好也会影响决策。心情好的人在有一堆信息要评估时，更可能只是表面地调查一下数据。然而不好的情绪会使你更仔细，甚至用一种怀疑的态度来审核所有的信息。有那么多的商业交易，从好莱坞电影到纽约的兼并收购是在专享饭店的高档午餐会上完成的也就不奇怪了。没有比一顿大餐、高级红酒和愉快的对话之后让人在合约上签字成交更好的方式了。

情绪好的人往往肤浅地看复杂的信息。他们观察事物也多是宏观的层面或泛泛的。他们不是深入地评估信息并考虑这种信息如何运用到某个具体的情况中，他们只会使用已经习惯的刻板印象。当与一位潜在的投资顾问一边喝酒吃大餐，一边听她讲成功的买进和及时地卖出股票的故事时，你更有可能把她当成一位精明老练的投资人。如果她穿的衣服跟投资人一样并开一辆你梦寐以求的奔驰车时，你更可能信以为真。你的好心情使你不愿质疑她自述的成功故事的准确性，寻求客观的参考资料，或者仔细确认她的投资故事。

总结来说，决策时情绪很好既是好事也是坏事。一方面，你会更灵活和有创意。另一方面，你的决策往往基于表面性、大图像、整体印象，而不去深入考虑具体或依靠数据支持的证据。

有意思的是负面情绪也有其好的和坏的作用。当你有悲伤的心情时，你在处理信息时常常会更细心，也不太依赖普遍性和刻板想法。当悲伤时人们更有逻辑性并受数据驱动。

情绪的直接效果

情绪对决策的直接效果是什么？就是说当你在做决策时具体的情绪是如何直接影响你的？如果你做决策时处于一种强烈情绪状态，如处于一种高驱力状态（如你饿了、渴了、有疼痛、失眠）时，你更有可能做出冲动性而非深思熟虑的决定，你也更有可能不顾或甚至越过道德界线。

有很多关于强烈情绪会影响人们行为的例子。例如，孩子们会特别容易受到冲动行为的诱惑，或者至少在延迟满足需求上有较低的忍耐度。对于处于饥饿状态又对蔬菜没有热情的孩子来说，要等到蔬菜上完了才能吃到上甜点时的馅饼和冰激凌，这实在是一个挑战。或者想一想你知道的节食者，他不得不先等别人吃完端上来的薯片后再开始吃他的定量餐。戒烟者的复发率也证明强烈的内在驱动是会控制人们的行为的。

其他的强迫症，如冲动性购物，也说明了强烈的驱动会控制人们的日常认知和行为。虽然从逻辑上看，你的信用卡已严重透支了，你实在不需要第 43 双鞋子，你也真的没有时间去购物了，但这些都可以在一瞬间屈服于那种强烈的内在购物“需求”。

内在的强烈欲望解释了人们为什么会做出一些危害社会或人类的决定：因为贪婪而去储存资源或物资而不是帮助需要它们的人，或者因为自私而不去更好地保护环境。内在驱动或情绪直接影响对社会负责任的行为。对许多人来说，更重要的是即时的快乐而不是稍稍地延迟满足自己的需求，尽管这种延缓能使很多人长期受益。

你的情绪状态也影响你冒险的可能性。某些情绪会增加你参与赌博等犯罪或不良行为的概率。例如，愤怒、害怕或难为情会让人更有可能进行高风险的投资，而不是选择较安全的投资。研究发现情绪高亢的人会花较多的钱购买彩票，但会花较少的钱买保险以弥补损失。所以如果你是卖保险的，你最好向心情平静的人而不是有情绪状态的人卖保险。

但是并非所有的负面情绪都有同样的效果。当人们悲伤时，他们往往选择高风险但有高回报可能性的选项。当人们焦虑时，他们往往选择低风险低回报的选项。这背后的思维是这样的：当你感到焦虑时，你更可能认为自己没有什么能力来控制事情的发展，你的任何努力对事情的结果都是不确定的。所以，如果你对事情结果的影响这么小，为什么还要冒这个险？

另外，悲伤的人已经感到他们面对的是一个受损的局。一般来说，你之所以悲伤，是因为你对拥有那些重要的东西失去了希望。在那种情况下你往往会孤注一掷。你还有什么更多的可损失的呢？当你愤怒时，你往往相信你对情况有一个高度的控制。换句话说，你还没有放弃。愤怒的人认为他们仍然能够扭转乾坤。他们也会冒更高的风险。有趣的是，研究发现厌恶常常让人冒较小的风险。

决策的目标

你对决策的对象或目标本身的感觉在决策过程中有很大的作用。如果你对那辆车、你想买的房子、潜在的配偶或彩票大奖有非常好的感觉，它就会影响你的决策。同样，当对给你不好的感觉或感受的事情做决策时，如是否要坐在酒吧的吸烟区，在一家脏兮兮的餐馆吃饭，或者与一位有不好传言的人约会，你的决策过程就会受影响。

在对这个过程的一系列有趣研究中，心理学家理查德·尼斯贝特和李·罗丝在 1980 年把一种现象定义为“生动效应”。他们想了解对一个物体本质的描述在影响人们选择追求它时的重要性。他们记录了法国各地的报纸对近期危机的描述，测量了当地牛肉的价格。在有报纸报道称牛受到克雅病感染的地区，其牛肉的价格比报纸报道称有疯牛病的地区要高出很多。

当风险被用一种充满情绪化的方式呈现时，人们更有可能为了情绪而不是理性的原因去避免或接近这些风险。另一项研究观察情绪在人们有了一个糟糕的投资后炒掉先前仔细挑选的投资经纪人的决策过程中的作用。位于教堂山的北卡罗来纳大学肯南-福莱哥勒商学院的丽贝卡·拉特纳和圣约瑟夫大学埃里温·K.霍伯商学院的肯尼斯·赫布斯特在 2005 年进行了一项研究，专门观察了雇用因优秀交易纪录而出名的经纪人进行投资的人。当他们得到一个令人失望的结果时，他们往往“反应过度”，只关注了对损失的情绪反应。结果是他们最有可能转向另一个纪录较差的经纪人。一个单次偶然的损失会盖过长期的成绩纪录并导致一个会有较差长期结果的决策。是因为金钱的损失是一个很情绪化的事件而导致人们放弃有良好长期纪录的经纪人吗？

当人们对决策的结果有很强的情绪感受时，往往在决策过程中也会过度地情绪化。如果基于一个直觉或印象而对一个决策的对象或结果过度反应，那就会有问题，因为接下来人们就会试图用理性思维来支持自己的情绪反应或证明它的正确性及合理性。这样，人们不是用逻辑来做出一个最好的决策，而是用逻辑来证明或案例来支持自己的情绪决策。

这可以帮助人们开始理解被爆有婚外性行为的政治家和运动员是怎么想的。吸引他们的目标是那么漂亮，让他们感觉如此美好，以使他们开始证明这种受吸引是合理的或可以的。“嘿，这只是一时的放纵而已，谁会发现呢？我能控制的。我知道有人做得比这个还要差。”他们心里的另一面在辩论，“这是不道德的。如果我老婆发现了怎么办？这件事登在报纸上会是什么样子？这会让我的婚姻破裂吗？会有财务损失吗？我的名誉？”不知道是什么缘故，一些非常聪明的政治家或运动员都会选择第一组的说法，而忽视第二组的。

对目标的情绪引导行为的另一种有趣的效果可以从 1993 年宾夕法尼亚大学沃顿商学院的艾瑞克·约翰逊、约翰·赫尔希、杰奎琳·梅萨罗什和霍华德·昆路德发表的研究报告中看到。他们观察了购买人寿保险的人在看到保险内容的两种不同描述时的反应。在一个保险单中，覆盖范围是“由于任何原因导致的死亡”。另一个保单具体地描述：“由于任何恐怖行动造成的死亡。”人们愿意花更多的钱购买提到激起很多情绪反应的、具体的、恐怖主义威胁的保险，而不是另一个覆盖范围相同但只提到有更大可能性却缺少具体威胁的保险单。

大脑中的即时满足

决策过程的另一个重要方面与延迟快乐的能力及情绪对大脑的影响有关。脑显像研究证明当人们大脑的特定部分，特别是边缘系统被激活时，人们倾向于即时满足。就好像激动情绪给了人们的大脑养分，它便向人们发出指令，要人们赶紧做出选择。那时，人们的情绪会推动自己在还没有考虑所有的选择时就做出了决定。

这是为什么拉斯维加斯赌场会给人们那么多的感官信息的原因之一。发出哔哔声的机器、闪烁的灯光、发出叮当声的老虎机，以及人群的尖叫声，这些都在刺激人们的大脑，特别是激活人们的边缘系统。结果，人们往往会做出比平时更快的决定（虽然没有充分的信息）。

凭直觉与计算做决策

有多少次你被要求给慈善机构捐款去拯救贫困的儿童、濒临危险的物种、洪水或地震中的受害者？当面对多个慈善机构时你如何决策？你会更相信夺取 1 300 人生命的洪水，还是让 5 000 人无家可归的地震？能说服人们将有限的资源进行分配的显著特征是什么？是悲剧本身，或者是悲剧的描述方式造成了最后的差异？

2004 年芝加哥大学的心理学家奚恺元和尤瓦尔·罗腾斯杰克进行了一系列的创意性研究，观察人们向濒临危险的熊猫捐款的方式。受访者会被问及他们会为拯救 1 只或 4 只熊猫捐多少钱。当只是问数字时，人们倾向于捐更多钱来拯救 4 只熊猫。但是当在每个请求中加入生动的、情绪化的描述时，人们愿意捐的钱就没有区别了。换句话说，不是潜在能帮助到的人数影响捐助决定；相反，是对原因的情绪描述的质量影响捐助决定。

在这个研究的修改版中，他们问学生愿意花多少钱买 5 张或 10 张麦当娜的旧唱片。学生被分成两组。一组是计算组，先要参加一项看似没有关联的任务，回答一系列的数学导向性的问题。他们需要回答一些类似于这样的问题："如果一件物体以每秒 5 英尺的速度行进，那么根据你的计算，在 360 秒内它能行进多远？"

另一组的准备工作是考虑他们的感受。例如，他们被问道："当你听到乔治·W. 布什的名字时你有什么感受？"然后每个组一半的学生得到的机会是买 5 张旧唱片，另一半学生得到的机会是买 10 张旧唱片。计算组平均愿意付 28.81 美元买 10 张唱片，15.10 美元买 5 张唱片。这合乎逻辑，因为你愿意花几乎多一倍的钱买两倍数量的唱片。然而感受组平均愿意花 19.77 美元买 10 张唱片，22.64 美元买 5 张唱片。这想起来不太合乎逻辑。换句话说，这一组的人在购买时更加情绪化，愿意花高于 10 张唱片的价格购买 5 张麦当娜旧唱片。这是在情绪处于中等强度时出现的情况。

如果被试者被激发的情绪更强，所付的价格甚至会更离谱。想象一位 CEO 在评估一个兼并和收购的项目。如果要兼并和收购的是一个在情绪上（对领导者）更有吸引力的公司，那么相对于其战略价值，这位 CEO 付出的价格很可能比其实际价值要高得多。

当涉及概率时，人们的直觉会盖过逻辑吗？假设你有个机会可以靠从碗里捡软心糖豆挣钱。你可以从两只碗中选择一个碗，从碗里每捡到一颗红色的软心糖豆（而不是白色的）你可以挣 1 美元。一只大碗里有 100 颗软心糖豆，另一只小碗里有 10 颗。小碗里捡到红色软心糖豆的概率是 10%，大碗里捡到红色软心糖豆的概率是 5%~9%。你会选择从那只碗里捡？

根据马萨诸塞大学的维罗妮卡 · 丹尼斯拉结和塞摩尔 · 爱泼斯坦的研究，当面对这两只碗时，绝大多数人选择了大碗。尽管知道成功的可能性较低，但人们感觉大碗会有更多的成功机会。如果你在夏季交易会上或嘉年华活动中的游戏区花一点时间，你就会看到多年来嘉年华的运营者是如何利用这个人类本性的。通过让人们凭直觉而不是看可能性，他们赚了不少的钱。

另一个看到人们“用直觉做决策”的方式是他们购买千万元的彩票。人们常常愿意花很多钱把赢的概率从零（没有彩票）变成一个微小的得奖概率（买一张或多张彩票）。得奖的激动情绪远远盖过了实际的中奖可能性。然而这很少能阻止人们继续购买这些彩票。

人们的直觉有多少主观性

当你意识到直觉对决策的影响时，你会疑惑，难道直觉不仅仅是一种主观的思想状态吗？如果我在某种情况下有一个特定的直觉，那个直觉与处在同一情况下的其他人一样吗？所有人理解直觉不是都不一样的吗？答案是对，也不对。人们的直觉有一些不同，主要是因为态度、信念和当下对情况的解读有所不同。

人们的直觉也有一定的一致性。你可能被教导说“情人眼里出西施”，但是研究表明对什么是美和什么不是美大家有很多的共识。人们始终如一地把同一类人，甚至身体特征，当成美的典范。几代人对几百年前创作的艺术品同样仰慕就是一个很好的例子。人们发现美是有跨文化的一致性的。

人们对音乐带来的情绪体验似乎有很高的一致性。尽管对音乐的欣赏不同，绝大多数人都同意一个特别的音乐片段会让人们感到悲伤（如《辛德勒名单》的主题音乐）、饱含情感（想一想电影《洛奇》的主题音乐），或者焦虑（想一想电影《大白鲨》的音乐）。

人们大多数时候也对其他人犯各种各样的错有同样的感受。普林斯顿大学的丹尼尔·卡内曼、得克萨斯大学的大卫·施卡德和芝加哥大学的凯斯·桑斯坦进行了一项研究，他们观察了人们在看了关于个人伤害案例的信息时是如何评判损失的。他们发现大多数时候人们会独立地同意对被告行为的凶残认定，以及应该做出适当的从重惩罚。在某种程度上人们似乎普遍地同意他们对美的看法、音乐唤起的情绪，以及对正义的认知。

用直觉还是逻辑做决策

另一个问题是什么样的决策最有可能持续让人满意。选择一件在情绪上吸引你的艺术品你会更开心吗？还是在仔细分析了油画的潜在投资价值、艺术家的历史及其他“逻辑”因素之后购买你会更开心？

弗吉尼亚大学的蒂莫西·威尔逊和同事针对这个问题进行了一项有趣的研究。他们请 43 位女士从 5 件艺术海报中选择一件。其中 2 件是印象派画家作品的复制品，另 3 件是幽默海报。她们被分成两组。一组被要求选择时需考虑她们做出选择的原因，即艺术品的属性特征；另一组则被要求选择对她们情绪上有吸引力的作品。

3 周之后他们联系所有的女士并询问她们对海报的满意度。基于各种原因或特征做出选择的一组对她们的选择满意度低于另一组。与用情绪选择的一组相比，她们也很少把这件艺术海报挂在家里的墙上。

这样的事情不只发生在艺术品购买上。一些有趣的研究表明在其他的购物决定中也同样存在这种情况，如电器设备智能电话、数码相机、大屏幕电视机、便携式摄像机、计算机等。对比那些经过仔细的比较和权衡了一个产品（如便携式摄像机）的好处之后才购买的人，那些真正对高级产品感到兴奋的人会在更长的时间里感到满意。

当人们依靠情感选择某种物品时，会有较长期的满意感。人们不仅短期内对自己的选择感到开心，时间长了也一样。如果人们购买的决定是依靠情绪做出的，也更愿意忽略随着时间的变化而发现的任何瑕疵。

情绪决策与大脑

工作上你听说过多少次有人要求把情绪留在家里？也许是在去参加某个重要的战略规划会议的路上？那些讨厌的情绪肯定会阻碍人们，难道不会吗？

现在人们对情绪、大脑和自身能力是如何互动来做决策的了解得更多了。实际上情绪对人们的决策能力是至关重要的。世界著名的神经科学家安东尼奥·达马西奥的工作帮助人们更好地了解这个过程。例如，他展示了情绪是如何对人们的决策能力产生关键影响的。跟着预感走是决策过程的一个重要部分。事实上，对于决策，情绪和推理一样重要。达马西奥检测了前额皮质受损，特别是眼窝前额皮质——眼后部的一个很小的区域，它与情绪和人们对奖惩的理解相关联——受损的人的决策能力是如何受到影响的。

达马西奥发现眼窝前额皮质受损的人在做最简单的决定时也非常困难。这是因为他们不能用直觉做指引。

在生活中帮助人们做决策的情绪引力被称为直觉，达马西奥称之为躯体标记。利用躯体标记来做决策要比每次都花时间推理出每个选择效率高。换句话说，根据达马西奥的说法，靠直觉是做出好决策的捷径。

然而冲动性思维，或者根据情绪来行动也有可能是危险的，因为它是决策时常用的默认模式。按照丹尼尔·卡内曼的说法，大脑在两种系统下运行：系统一和系统二，也称为快思维和慢思维。丹尼尔·卡内曼因其在判断和决策心理学上的工作获得了诺贝尔奖。

一方面，快思维，或者卡内曼所称的系统一，是在极小的努力或自愿控制下几乎是自动地产生。另一方面，系统二涉及推理和仔细的思考。“系统二的任务之一是克服系统一的冲动。”他把这个描述为系统二监管自我控制。但更多的冲动控制内容会在后面涉及。

做战略性商业决策

更多关于情绪在理性决策中的重要性的研究可以从一些先驱性的大脑研究报告中找到。《哈佛商业评论》登载了洛德瑞克·吉尔奇、里卡多·加西达和克林特·凯尔茨的一项报告。在他们的报告里记述了很多公司如何把战略和执行当成两个分离的部分来对待。根据他们的研究，要把这两个功能分开，结果是弊远大于利。人们普遍认为战略推理是大脑的高级执行功能，而战术性思考被认为低水平的大脑活动。

但是吉尔奇和同事证实两种类型的思维以一种非常重要的方式相互连接：它们都需要社会情绪推理。他们报告说正如战略思维需要智商一样，它也同样需要情商。

与沃顿商学院的戴安娜·罗伯森和安德鲁·贝特一起，他们请许多经理来应对虚拟的战略和战术管理困境。当经理们着手解决这些问题时，机能性磁共振成像仪记录了他们的大脑活动。这样，这个研究超越了先前的仅观察大脑的哪部分“亮起”的研究，而进一步观察了大脑的各个区域是如何互动的。

前额叶皮层即大脑的上前部是与战略思维相关联的区域，是执行功能的一个部分。执行功能是指人们计划或预期事情、识别模式、评估可能性、预估风险和抽象思维的能力。这些是领导者用于解决问题的典型技能。

这些研究者发现当执行者忙于执行这些任务时，他们的前额叶皮层实际上有较少的活动，而与直觉反应、同理心和情商有联系的区域活动明显。大脑的这些情绪区域被称为脑岛、前扣带皮层和颞上沟。意思是说，执行功能的意识性不是那么重要；相反，真正的大脑运算与细微的情绪处理有更多的关系。

他们的研究有更深的结果。他们发现最强的执行者的战术推理也受到脑岛及前扣带皮层的影响。脑岛用于情绪处理，前扣带脑皮层用来评估过去的经验并做出新的选择，还用到了一部分的颞上沟来理解感官信息并预测他人的想法和情绪。大脑的这一部分帮助企业高管理解在组织内负责执行的人是如何看待他的行动计划的。

这样，人们仍然需要智商或认知智力去执行战略和战术性任务，但是情绪技能在其中起了比人们曾经相信的大得多的作用。人们的情绪影响如何决策，而前额叶皮层制订计划，以便决策能被执行。所以现在你可以把那句老话改成“确保你把情绪带到工作中”。

决策与现实判断：何时用何情绪

决策涉及你留意并处理周围环境提供的线索、自己的情绪和你对他人感受的认知。你的心态与你对环境线索的注意力对你所做决策的后果产生深远影响。一个高情商的人会认识到需要利用特定的情绪来处理相关信息。换句话说，你管理变革和解决问题的能力依赖于你在具体的情况下匹配合适情绪的能力。你现实地评估人和情境的能力开始起作用了。

情绪决定了人们的心情强度，这反过来又直接影响人们的思维和行为。正如前面概括的，情绪对人们的决策过程有不同的影响效果。积极情绪和消极情绪——人们不管是开心还是伤悲，两者都直接影响人们有多少思考和生理资源被分配到完成任务所需要的决策过程中。

所以，当人们经历积极情绪时，如开心、兴高采烈和生气勃勃，往往会高估得到积极结果的可能性而低估得到负面结果的可能性。事情反过来也是一样的。当人们处于一种脚踏实地的精神状态时，这可能是解决人际关系和个人问题，以及管理变革的最好时机。

有高的情商意味着你有能力将最适合某个具体情境的情绪与和日常生活的其他部分相关的情绪成功地区分开来，并利用情绪来指导决策的过程。例如，引起负面情绪的一个任务、个人偶遇或疑问，都给人们发出了信号，告诉人们有问题或即将有问题。出现这些情绪带来的被抑制的心情时最合适管理这种情境，这种心情让你准备好用一个更加注重细节的方法来解决问题。

积极正面的情绪让人去接纳一个安全、没有威胁的环境，结果是，你的积极情绪使你在决策时更加有创意和敏捷，通常把过去的经验当作指引。

被抑制的情绪更益于处理具体的信息，而积极情绪增加你的创造性、敏捷思维，以及提升你基于过去经验做决策的能力。下面是高情商会使你在决策中更熟练的一些原因。

1. 你将能够成功地识别何时需要为适当的任务激活适当的情绪。所以，当你需要做出涉及周围的许多细节的决策时，你就会知道你应该处于一个更受抑制的情绪状态。

2. 你将能够基于你的情绪状态来管理变革和解决个人问题及人际关系问题。例如，当心情好时，你会更好地依靠过去存储在记忆里的信息和知识做出决策。这时是你应用“直觉反应”的最佳时刻。

3. 你会更好地意识到“问题”及适当的情绪反应。情绪以很多不同的方式影响你的决策。一个好的例子是当你在购买某个你为之动心的新东西时，所有这些激动人心的积极情绪会忽略一个理性购买者应有的详细评估，导致购买者懊悔。然而当你能更好地管理自己的情绪时，你更有可能问更多有用的问题来指导你的购买决定。

冲动控制与决策

大卫是一位喜欢控制的领导。他会鼓励高管团队成员去为当前的问题寻找解决方法，但是他总是设法让结果按照他的设计发展。他也以决策快速而出名，但是，为了公司的利益，其中一些决策最终被推倒重来。像许多创业者一样，他面临注意缺陷多动障碍（Attention Deficit Hyperactivity Disorder，ADHD）。他虽然没有得到专业的诊断结果，但他的行为呈现许多 ADHD 的体征和症状。

当团队在做招聘一个新的销售经理的决定时，大卫有些反对就不令人惊讶了。公司合作的猎头提供了每位候选人的详细资历报告，所有的高管，除大卫外，都面试了最后的 3 位候选人。几乎在经过了所有的筛选标准包括与公司文化的最佳匹配度测试后，团队高层一致同意弗吉尼娅是最好的人选。每位候选人的面试结果由人力资源总监埃莉娜一个一个地介绍，包括最后的推荐结果。

在不耐烦地听了最初几分钟的报告之后，大卫开口说道："里奥不是为我们最大的竞争对手工作吗？"

"是的，"埃莉娜解释说，"但让我先把每位候选人介绍完，这样我们可以做出最有根据的决定。除此之外，那项并不能说明他最适合这个工作。"

"你可能是对的，但我们可以得到客户名单及他们运营上的内部信息。为什么你不能定下来招他呢？"大卫继续说道。

鲁迪回答说："大卫，我们对每位候选人都仔细地面试了，就让我们回顾最后的结果并……"

"并什么？"大卫打断说，"我不明白你为什么就不把他抓住。"

"我是在说，我们对每个选择都仔细审查了，包括加分项和减分项，我们都同意，在所有的审核之后，他不是这项工作的最佳人选。事实上如果你让埃莉娜讲完，你就会发现为什么说弗吉尼娅是整体上最适合公司的人选。"鲁迪答道。

不仅是大卫的冲动打断了信息流，这也发出了一个信息，就是说他不信任他周围这些被赋予了决策权力的人。并不是说大卫不能就这个选择或它的产生过程问问题，但他应该先礼貌地听完他们的汇报。当整个信息都报告了，他可以更有策略性地用他的问题进行回应，例如：

"你考虑里奥以前的工作经历了吗？"

"弗吉尼娅比里奥在哪些方面更突出？"

"在你们的决策中权重最大的考虑因素是什么？"

"从哪些方面你认为弗吉尼娅与公司有更好的匹配度？"

通过学会控制冲动，大卫会成为组织成功的一个更好的贡献者而不是一个障碍。我经常看到经理们或高级领导者熬不住，要把自己插入运转良好的流程中。不论是不是因为 ADHD、冲动性或害怕失去控制，缺乏冲动控制和人际关系能力差是最大的脱轨因素，或者领导者失败的原因之一。

高情商领导者：需要思考的问题

辅导领导者通常要给他们一些任务如在心智上或身体上做一些事情，而且让其他人来主导场面。有些技巧你可以用在领导者身上，或者如果你是一位有着同样问题的领导者，你自己也可以应用，这些技巧包括：

1. 用一支笔和一张纸，用速记方法记录下其他人说了什么。在讨论按照进程结束之前的预先设定的时间内领导者不可用语言做出反应。
2. 当其他人在讲话时让领导者专注在关键词上。重点关注的目标是那些以积极或消极的方式对你有冲击的词语。
3. 有些领导者需要让他们的身体忙起来才能不干涉其他人。这时本子和笔或其他物品，如一个小玩具都是有用的。但是，不应该使用智能手机和平板电脑，因为它们会把注意力从手头任务中分散开去。

决策时需要记在心里的事项：

1. 注意你的情绪，练习确定它们是积极的还是消极的。
2. 一旦你了解了在这种情况下你得到了积极或消极的共鸣，就聚焦在这些感觉上。让你的思路跟随你的情绪，看看能触发什么想法。别试着和情绪做斗争，尽最大的能力去尝试和理解。
3. 一旦你感到你的思维与情绪有了连接，回到手头的决策任务上，然后问自己一些关于你所思所想的问题。
    a. 基于我的想法，我的情绪反应合理吗?
    b. 这些想法在我的决策中有什么重要性?
    c. 我是否夸大了来自过去相似情境的某些恐惧?
    d. 对于这个决定，还有没有其他需要我考虑的信息?
    e. 从整体来说，我对要做出的决策的直觉是良好的还是不好的?

第 5 部分

压力管理与领导力

灵活

——调整人的情感、思维和行动以适应变化、挑战或不熟悉的情况的能力。

抗压

——保持冷静和专注并建设性地抵抗不利事件和矛盾情绪而不放弃的能力。

乐观

——保持现实的积极态度的能力，特别是在面对逆境时。

第 9 章
压力管理对领导力的影响

组织内只有 3 种事情是自然发生的：摩擦、混乱和绩效差。其他所有的都需要领导力。

——彼得·德鲁克

《福布斯》杂志刊登的蒂娜·戈德曼的一篇文章中提及：很多公司的衰亡是因为领导者的僵化，超过其他任何原因。她指出美国有少于 0.1%的公司能活过 40 年。令人惊讶的是 1976 年创立的公司只有 10%在 1986 年还在经营。

另外，人们对那些大型、有长远历史的、好像永远不倒、最后还是垮了的公司耳熟能详：宝丽来（1937 年创业）、美国无线电公司[Radio Corporation of America，RCA；1955 年其市值是国际商业机器公司（International Business Machines Corporation，IBM）的两倍]、百视达、睿侠、博德斯书店和其他公司。这些组织的领导者缺乏敏锐性，可能还因对变化市场的糟糕规划和战略执行，最终导致了它们的衰败。戈德曼引用了哈佛商业教授迈克尔·塔什曼和斯坦福商业教授查尔斯·奥莱利三世得出的结论："这些公司的领导者多方面表现出僵化，不能够或不愿意看到新的机会而重新调配公司资源以使公司继续存活和昌盛发展。"

然而，教授们也提供了有些领导者领导公司成功转型的例子。例如，IBM 创立于 1913 年，开始时是一家机械制表机生产商，而现在是一家市值超过 1 000 亿美元的公司，其收入的 85%来源于在 50 年前并不存在的软件和服务。亚马逊，开始时是一家线上书店，现在是最大的网上零售商和重量级的云技术计算公司。这些教授谈到为了成功，领导者需要有能力既运营今天的业务，同时又为未来工作。你需要不同的能力和适应性思维模式来完成这两项任务。你也需要用一种方式定义你的组织，既允许开拓现有产品和服务，又可以探索新产品和服务。IBM 历来都能够正确地定义自己并自我转型。

IBM 官网上这样说："IBM 性格的形成历经了 100 年在信息处理领域的业务发展。公司几乎所有的产品都被用来记录、处理、传播、存储和检索信息，从最初产品到今天的大型计算机和庞大的全球网络。"

这种创新的常态被 IBM 的 CEO 罗睿兰描述为："数字是电线，但数字智能，或者有人把它叫作人工智能，比数码所涵盖的要多得多。下一个 10 年是你如何把数字合并起来并把它们变成一种认知企业。现在是新时代的黎明时分。"

换句话说，她为 IBM 的下一个 10 年做好了准备并继续探索。如果只狭隘地关注现在的活动，你就有毁灭未来的危险。对变革的忧虑把人们禁锢在当下的心智模式中。

当我自己创办 MHS 公司时，我们狭隘地只专注在出版测评的业务上。我们把传统的用纸和笔的心理测试计算机化，把它们移至那时新出现的苹果（II 和 2e）微型计算机上。我们很快发现心理学家没有站在科技的最前列而是在科技的后沿。即使他们购买了计算机，也是为了办公管理，而不是让客户用。我们就开发了一套心理健康办公管理系统（SHRINK），结果非常成功。尽管这样，在这个过程中，我们还为那时最受欢迎的电子化的康纳量表®（第一套用于测试 ADHD 的量表）做了一个纸质版的。

结果随着技术（和时间）的变化，我们也不得不改变：将我们的电子化评估从苹果的 DOS 系统转移（意思是重写代码）到 MS DOS、MS DOS 网络、视窗（及每次的升级）、SDK（软件开发工具箱，针对大型公共机构和全州范围订单）、在线（网页版）、应用程序界面（Application Program Interfaces，API）和基于云端的运行系统和平台。

同样，我们必须重新定义组织。随着时间的推移，我们不再简单地把自己当成一家测评出版公司，而把自己当成一家帮助专业人士改变生活的组织。例如，在我们的临床和教育业务部，我们帮助心理学家、精神病学家和其他精神健康专家更精确地评估和诊断儿童与成人的 ADHD、自闭症、抑郁症、焦虑症和其他障碍。这样，患者能够得到正确的治疗，帮助他们更好地生活。

在我们的公共安全业务部，我们测量风险评估，帮助缓刑和惩罚教官维护街道安全并确保犯法的人得到合适程度的监管。换句话说，我们的评估被用于确保监狱不会塞满不需要被送去那里的人，而是将危害分子牢牢地锁在牢窗之内。

在我们的人才业务部，我们帮助人力资源专家和组织心理学家为适当的职位识别合适的人选并发展高潜质员工和新领导者的领导技能。我们的评估为客户提供能够执行的行动策略，以期使人们能够发挥他们的潜能，并为组织提供使之运行更好的方法。

重新定义你的使命不仅能够帮助你找出工作的更多目的，也能拓宽你的视野，并形成更高的员工敬业度。通过重新定义你的工作对员工、客户、合作伙伴和社区的目的和意义，你会获得很多优势。至少在这个不断变化的世界中帮助你保持相关性，它也使你所在行业很难消亡。在变化中有效地引领组织需要灵活的领导力。

就组织的愿景来说，正如罗睿兰把 IBM 看作正在变成一个“认知企业”一样，我把 MHS 公司看作科学地预测人类行为的事业。有了宽阔的视野，我们便不再聚焦在狭隘的任务上。

例如，如果 MHS 公司继续狭隘地专注于用当时的计算机系统为心理学家发布心理学测验，作为一家公司，很可能我们在很久以前就消亡了。事实上，在 20 世纪 80 年代初期，当我们开始建立 MHS 公司时，我们的这个行业里有许多这样的公司如心理测验公司、心理学者公司、心理系统公司、心理测量公司、软件办公系统公司，以及很多我忘了名字的公司。然而重要的一点是它们都消失了。幸运的是我们有足够的灵活性，使公司能够冒一定的风险，扩展到新的领域。

在顺风顺水时领导一个组织是不会想到灵活性的。然而当日子变得困难，或者当遇到挑战时，正是需要领导者的灵活性的时候，甚至当那些挑战尚远时，灵活性也是很重要的，因为灵活的领导者总是善于感知潜在的、毁灭性灾难的来源。

在有压力或危机时保持灵活的能力是一个领导者可以发展的技能。关注困难时期的灵活能力的研究也有不少，大部分已由阿尔巴尼大学的加里·尤克尔和西雅图大学的鲁比纳·马哈苏德进行了总结。

他们总结出了下面这些灵活的领导者在预测和管理压力事件时所采取的步骤。

1. 意识到可能影响组织的危机前的预警信号。不要变得自满，不要忽视或弱化这些预警信号。

2. 快速分析并更好地理解任何紧急问题或危机。

3. 当你充满信心地引导团队进行应对时，要保持开放心态，善于接受新的信息或任何你可能忽略了的事情。

4. 用与组织核心价值观和企业社会责任的高标准相一致的方式进行应对。

5. 规划好如何避免出现严重问题并为那些不能回避的问题制订应急计划。

6. 让每个人都了解出现的问题及解决问题的进展。

7. 当危机结束时组织一次复盘，确定做得好的方面、犯过的错误，以及学到的教训。

抗压与领导力

克雷格的日子不好过。他是一家中型技术公司的 CEO，一直被软件开发人员的高流失率所困扰。他们眼下有好几个项目正在做，但是由于员工的离职使项目的最后完成期限一拖再拖。有一个案子，因为有很高的客户需求，他们不成熟地发布了其中一款基于云端的商业管理产品。这款产品没有经过严格的审核就匆匆地通过了质量检验流程。

夹在客户对这款金融管理程序中的错误的大量投诉和员工辞职两者之间，克雷格压力很大。每天早上当他走进办公大楼时他都感到胃部不舒服。草草翻阅技术支持部门记录的一大堆服务单就使他头昏脑涨。克雷格的压力水平已经到了临界点，影响到了他身体的基本功能，他的决策也有了问题。

有时经营一个组织的压力让人无可抗拒。特别是当组织面对问题时，更是这样。

如果一位领导者在处理相对较小和易管理的工作上的问题时感到吃力，当难度开始升级时，情况只会变得更糟糕。基于克雷格的情况，问题很可能不是单一的。第一，作为一位领导者，他是否有能力和恰当的素质解决公司正面临的问题。他可能需要一位有能力的经理来负责产品开发和客户支持。他也需要一位有经验的人力资源人员来管理员工问题。第二，他需要能够管理他所承受的压力。压力的作用分散了他的注意力，他不可能对公司的问题有适当的专注并能够找到解决问题的方法。

克雷格必须处理压力了。压力消耗了他所有的时间并影响了他的生活。通过他参加的一个 CEO 团体的帮助，他意识到需要重新定向他的能量。这个 CEO 团体鼓励他找一位年长、有经验的高管教练。对克雷格来说，他需要对自己现有情绪的优势和挑战有一定的自我认识。这位教练让克雷格做了一个领导力 EQ-i 2.0 测评，并为他解读了评估结果。他的低分项是抗压、问题解决和冲动控制，这为教练提供了构建干预方法的依据。

作为教练活动的一部分，克雷格对自己的情绪能力和管理能力的优势和劣势有了更多了解。他学会了更好地控制自己的情绪，并且放心地把许多业务职能交给高管团队来管控。通过学习如何更好地管理他人，并且放弃自己的命令—控制领导风格，情况开始改善了。他聘请了一位人力资源总监和一位项目经理并充分授权给他们，让他们负责那些他管理不好的任务。这些任务是他的伤痛之源。

在接下来的一年，克雷格的公司有了巨大的改进。员工流失率降低了，产品必须经过品质保障的流程才能发布。客户满意度大幅度提升了，并且营收和利润都得到了提高。

管理压力是领导者成功的重要部分。作为一个组织的领导，过去的概念是要投入长时间的连续工作，很少有时间享受生活、家庭或其他东西。今天我认识的大多数成功的领导者都学会了如何平衡工作和生活。如果他们把太多的时间放在工作中，这通常就意味着他们没有一个强大的团队与他一起工作。

我发现把休闲活动和与家人在一起的时间也排在日程表中是非常重要的，就像我安排产品开发和营销会议一样重要。不论是我的乐队训练、健身时间、去夜晚剧场，或者和我的孙子做个活动，我喜欢把它们放进我的日程表里。

当谈到管理压力时，有很多方法可以选择。但不是每个人都能熟练使用每个技巧，也没有一种方法是适用于所有人的。我向很多人推荐了正念和冥想，并且我发现对他们中的很多人有用。但非常诚实地讲，它对我不管用。我发现在练习了 1 小时的萨克斯管之后我感觉更加放松，因为对我来说玩音乐和听音乐是最好的放松方式。对有些人来说，在外面散步半小时或在体育馆里健身能起到很好的效果。我服务过的一位高管喜欢戴上拳击手套打沙袋。没有说一种方法适合所有人。你真的需要找到对你最有效的方式。如果你对正念和冥想或瑜伽不熟悉，你也许该参加一个试验课去体会一下，看看是否适合你。

如何更好地管理时间

对很多领导者而言，试着管理好时间这件事本身就对他们造成压力。利用检查清单和日程表可能有些帮助，但要真正控制时间，先厘清你的价值观可能帮助更大。所以不是从活动开始——在一定的时间节点上出现的固定时长的活动，而是从价值观开始。我让领导者们列出他们生活中最重要的事情并排序，例如：

1. 家庭
2. 工作
3. 健身
4. 健康
5. 社会活动
6. 朋友
7. 假期
8. 网球
9. 跳舞
10. 旅行
11. 观看现场剧表演
12. 看电影

……

一旦你确定了对你最重要的价值观和活动，你就可以接着为每个价值观和活动设定目标。你也可以具体列出每个方面的活动频率和需要时间。

锻炼身体：每周 3 次，每次 1 小时。

高管团队会议：每周 1 次，每次 1 小时（周一）。

检查产品开发：每两周 1 次。

你完成这个练习后，你的优先事项会变得更加清晰。你可以从这里开始规划对你来说最理想的日期和时间来执行你的每项活动。当然，你应当有一些灵活性，但要努力按照计划来做。例如，我把每周的乐队练习预定在日程表里，这样我的助理就知道在那个时间段不安排会议。但是有时会发生一些事情：我出差、有外地的作者或合作伙伴来拜访等。所以准备好调整（灵活性）并重新安排你的时间。

乐观与领导力

布莱恩，公司的 CEO，在公司的 10 年历史上最糟糕的财务季报出来以后给他的 50 位员工在礼堂做报告：

> 遗憾的是我在这里要告诉大家一些坏消息。正如大家都知道的，过去几个月非常艰难，我们的几个重要投标都落败了，并且失去了一些长期客户，他们转向了我们的竞争对手。我们也损失了几位销售代表。这真是个糟糕的季度。事实上这是我们整个公司历史上最差的季度。我真的不知道能做什么来摆脱当前的困境。我曾希望传达的是更好的消息，但是我做不到。我们必须收紧一切。我们将不得不缩减费用。我们要少出差。我们的销售额真的下滑了，我们必须想办法把它提上去。现在我还不知道怎么做。我想我们都应该更加努力工作。我不知道我们是否能跳出这个下滑的旋涡。我猜想我们必须尝试着做，再看看会发生什么。未来不容乐观。
>
> OK，让我们启程去赢得胜利！

现在如果你把上面的讲话内容再读一遍，但是更慢地读，你会有什么样的感觉？它激励你吗？你准备好了全力以赴为公司赢取胜利了吗？我知道有一个案例，类似的讲话使人们弹掉简历上的灰尘开始找工作了。

如果布莱恩的讲话是下面这个样子的会怎么样？

嘿，大家好！我知道过去的几个月非常困难，我们经历了一个艰难的季度。事情的发展不如我们所期望的，但是你们都非常努力地工作了。作为管理者，我们非常感谢大家的努力。我们经历了一些艰苦的短暂时期，但我有信心我们一起努力就能克服困难。以前我们经历过一些困难的时段。我一直在和高层团队开会，寻找扭转困境的方法。与高层团队一起，我们已经想出了一些方法，可以让我们有所改善。同样，我们将建立一个整个公司的跨部门小组，每个部门都有一位代表，我们将一起通过头脑风暴激发出一些新的想法引领我们前进。有了每个人的帮助和所有人凝聚在一起的力量，我有信心我们可以破局而出。我们有智慧、有意愿去成就一个杰出的年度。我们一起使它成为可能。让我们一起努力工作取得成功。我为你们所有人骄傲，我知道我们能够做出伟大的事情。

让我们启程并赢得胜利！

听完这个讲话之后你的感觉怎么样？作为领导者，我知道这个讲话更可能得到你需要的结果。像大多数领导者一样，我也曾经在那个位置上：销售额下降，情况很困难。我不得不发表一通像那样的讲话。而结果确实把大家凝聚在一起并走出了那个黑洞，而且提升到了一个更好的位置。

乐观不仅仅是把半杯子的水看成半杯子满（而不是半杯子空），它包含更多的内容。根据我们的理解和把它作为情商能力而进行测评发现，乐观更多是关于弹性的。它不仅仅是透过玫瑰色眼镜看世界。它承认人们所面对的现实并有一个需要实现的愿景，并且即使有时遇到曲折也有信心坚持这个愿景。如果你像我一样领导一个组织，你就会知道为他人及其家庭的金融福利负责任，有时是个可怕的事情。你承担的风险不仅会影响你自己的健康幸福，也会影响几十个，甚至几百个依赖于你的组织成功的个人和他们的家庭。然而，当我看到我们公司的人买了新车、住进新房子、家庭人口增长时我感到非常骄傲。领导一个成功公司的真正欢乐是知道你创造的某些东西对为之贡献过的人带来了许多情绪上的、物质上的收获。它给我带来了很多感激之情。

也有一些研究展现了乐观在领导力中的重要性，其中有一个多年来对我影响很深的研究是由玛丽安·鲁德曼做的。鲁德曼是位于北卡罗来纳的格林斯堡的创新领导力中心的研究学者。创新领导力中心创立于 1970 年，是一个世界著名的排名很高的非营利性的领导力发展供应商。《金融时报》把它列为 5 家世界顶级高管教育项目之一。

再向后回溯几年，当情商的概念还相对较新时，我接到玛丽安的电话，她向我介绍了她的研究项目和到她中心去的世界各地的领导者。她说许多高水平、杰出的领导者到她们那里提高他们的领导能力，但也有一些领导者在挣扎，实际上如果他们再不改善，离从他们的职位上被解雇只差一步之遥。她解释说这是一个观察情商在领导力中是否重要的很好机会。她的小组研究了各种可以找到的情商测量，最后决定把 EQ-i 作为验证工具用于她们的研究。同样 EQ-i 情商模型对组织的领导者来说也是最适合的。

当然，我立刻抓住了这个机会。在那些日子里我没有真正对情商的潜在影响和领导力思考太多。现在有一个世界级的组织考察了市面上开始冒出来的各种情商工具后，愿意用我们的工具进行独立研究。在创新领导力中心的研究中，有 302 位领导者和高级管理者，其中有非常成功的和不那么成功的领导者，用 EQ-i 做了情商测评。他们在绩效表现上使用基准测评（Benchmarks®）工具。基准测评工具让领导者从他们的上级、同事和下属那里得到一个清晰的领导力绩效图像。

鲁德曼博士的一个发现是用 EQ-i 测量的情商，大约占领导力绩效影响的 28%。这个发现与其他使用 EQ-i 2.0 的研究是一致的。这个研究比较了高绩效领导者（成功的领导者）、中等绩效领导者（一般领导者）和低绩效领导者（不成功的领导者），其结果可以从图 9.1 中看到。

3 种能力将成功的领导者与不成功的领导者显著地区分了出来，它们是人际关系、抗压和乐观。结果证明糟糕的人际关系是领导者脱轨的最佳预测点，而乐观则是领导者成功的最好预测。好的人际关系能力使领导者管理好业务中关于人的因素。压力管理的能力使领导者坚定和有自信，即使在面临危机时也一样。一位自信的领导者，即使在困难期间，也是团队成员的安定剂，使他们能够有效地处理他们需要做的事情。

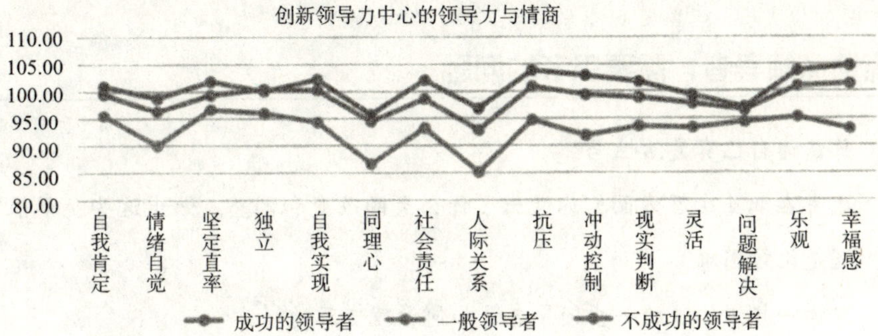

图 9.1　高绩效领导者、中等绩效领导者和低绩效领导者的对比结果

（参加创新领导力中心领导力培训的领导者的 EQ-i 分数）

人们做了很多类似的研究，有些研究的结果发表了，有些则留在研究机构的保险柜里。这些研究跨越了不同类型的组织、行业和地理位置，但一致地发现 EQ-i（和 EQ-i 2.0）能够将成功的领导者和不成功的领导者区分开来。

凯佩拉大学的谢丽尔·梅雷迪思完成了一项对高管领导者的研究，此研究中的高管来自位于科罗拉多州的非营利性及基于宗教信仰的机构。她评估了这些组织的领导者的变革型领导风格，并且用 EQ-i 评估了他们的情商。变革型领导风格再次被证明与情商有非常紧密的结果。进一步的分析揭示了情商的 5 种能力的强弱能够解释一半以上的变革型领导行为结果。这 5 种能力是：① 乐观；② 自我实现；③ 同理心；④ 问题解决；⑤ 坚定直率。除了同理心，领导者的其他 4 项得分都高于总人口的平均得分。研究结果强调了培训领导者情商对最大化地提升其效能的重要性。

总结来说，人们都有自己比较喜欢的管理压力的方式。人们在灵活、抗压和乐观方面的能力都会帮助自己在压力环境下更好地领导他人，让自己有潜力去影响组织的长期健康。发展这些技能是领导力发展的一个重要部分，可以通过专业教练有效地完成。

高情商领导者：需要思考的问题

1. 你认为自己有灵活性吗？
2. 思考在职业生涯方面，你做出了什么大的改变和调整。做出这些变革很容易还是比较困难？
3. 与你一起工作过的一些领导者是如何管理变革的？
4. 当变革在你的工作单位发生时，你常常是一位早期接受者，还是采取“等等看结果会怎么样”的态度？
5. 你平时是如何处理压力的？
6. 你给自己减压的最有效方法是什么？
7. 当工作中有压力时，你更加可能是一位镇静的影响者，还是常常陷于混乱而不能自拔？
8. 你常常认为事情总有办法解决，还是更多地聚焦于问题是多么的糟糕？
9. 我们在 MHS 公司培训人时用到的一个练习是要带着答案找经理，永远不要只带着问题。所以无论什么时候某些事情“出错”了，你都应该有 2~3 个解决方法，并且有一个是你要建议的下一步行动。
10. 你如何把自己培训得更加（现实地）乐观？

第 6 部分

情商领导力四支柱模型

真诚（Authenticity）

真诚地领导以感召和激励他人：

获得尊重和信心，感召公平的和符合道德的行为，行动上做出表率。

教练（Coaching）

支持员工需求并培养发展：

成为员工的导师，回应员工的担心和询问，支持员工需求。

洞见（Insight）

带着目的、意义和愿景进行沟通：

沟通目的、意义和愿景、充满希望的未来，促使员工达成并超越目标。

创新（Innovation）

培育独创性、想象力和自主思考：

理解冒险、刺激创造力、想象力、自主思考的重要性，强调知识，

把挑战看作学习的机会。

第 10 章

情商领导力四支柱模型的开发

通过做到真诚，支持员工的需求，带着目的去沟通和培育独创性，

你可以成为一位面向未来的成功领导者。

——史蒂文·J. 斯坦

是什么让人成为一位成功的领导者？你如何能够成功并保持成功？研究和现实生活经验都在持续不断地告诉人们是什么使领导者成就伟大，以及为什么领导者会失败。本章综合介绍作者从研究文献中学到的和在这方面的原始研究成果。富有才华的 MHS 公司员工在其中做出了很大贡献。在本章，我将介绍是如何构建情商领导力的四支柱模型的。在接下来的 4 章中，我会介绍这个模型所提到的具体内容，以及你加强领导风格所要采取的步骤。同样，这个模型也可供帮助领导者发展的专家使用。

前面的大部分章节阐述了对领导者非常重要的基础（情商）能力。这些技能是这个模型的重要部分。发展这些技能是一个持续的，甚至是终生的过程。

在这一章，我会阐述领导者的胜任力。成功地掌握这些胜任力意味着你在技能水平上具有了一些基本能力。每个胜任力都是由一组基础的情商能力构成的。所以，假设你已经掌握了每个基本技能（这可以在 EQ-i 2.0 领导力报告中表示出来），你就准备好发展高情商领导者的胜任力了。

四支柱模型的领导力理论基础

我们一开始通过详尽地回顾有关情商和领导力的研究文献来确定哪些领导力维度对领导力专家——培训师、引导师、教练、组织心理学家，以及那些有志向成为领导者的和有经验的领导者是最适用和最实用的。我们研究领导力有个想法，想要找到一组简明的领导力维度，既能够与绝大多数的领导力模型一致，又能提供一个框架来把 EQ-i 2.0 的情商能力组合起来，能够有效地为有志向的和现任的领导者指明需要发展的领导力方面。

我们发现目前人们所使用的各种各样的领导力模型和工具，大多数都比较相似，特别是那些把情商能力作为核心部分的领导力模型和工具。另外，我们还调查了几千位和我们在工作上有联系的学习发展专家，他们都是其所在组织（内部的和外部的）的积极参与者。他们中的很多人都有自己习惯的领导力框架和模型，这些框架和模型展示了在他们的组织中成功领导者的画像。重要的是我们的模型所用的语言和领导力维度应该支持这些框架和模型。

对研究文献的回顾及我们的调查帮助我们形成了 4 个通用的领导力维度（或支柱），它们与绝大多数领导力定义和模型有内在的一致性：真诚、教练、洞见和创新。为了证实这 4 个领导力维度与情商模型（EQ-i 2.0）有相关性，我们收集了数据，并且为这 4 个领导力维度的有效性进行了测评。

大多数领导力和情商研究都是以变革型领导力模型为中心的。正如它的名字所隐含的，变革型领导力关注的是个体的变革和转型的过程。詹姆士·伯恩斯，一位领导力理论家，把变革型领导力描述为一个过程，其可使领导者和其下属相互提升到更高的道德和动机水平。变革型领导者激励下属超越最基本的期望，唤醒下属潜在的需求，并且能调节自己的情绪。

变革型领导者常常寻求机会向下属授权，这增加下属的承诺。有效的变革型领导者知道情绪是如何影响自己与他人互动的、人们会追随谁，以及如何决策。变革型领导者能够理解并管理自己的情绪，使他们在决策中具有灵活性和创造性，考虑多个可选择的方案，有足够的自信采取行动。

情商在改变他人中扮演了一个特别重要的角色。有很多的研究（有些在前面几章中已有引用）把情商和变革领导力挂钩，并且展示了这两者之间的正相关关系。

我们也研究了以下其他几个领导力理论。

真诚领导力（Authentic Leadership）：强调与下属建立诚实的关系来构建领导者的合法性。在这种关系中下属的建议得到了重视，并且这种方法是建立在商业道德的基础之上的。总的来说，真诚的领导者积极正面，有真实的自我概念，推动心智开放。

魅力型领导力（Charismatic Leadership）：通过利用自己的个性魅力、说服力和雄辩的沟通力量鼓励他人的特定行为。魅力型领导者感召他们的下属做事，或者把事情做得更好；方法是唤起他人对明确愿景或目标的激情。

21 世纪领导力（Twenty-First-Century Leadership）：一种领导力的观念，它的目的是应对今日世界的独特挑战和机遇。这是一种在关系基础上的多维度、综合性的领导力观点；为了个人、社会福利和生态的可持续性，它主张包容、协作和服务。

开发四支柱模型：收集和分析数据

我们的数据收集工作开始于 221 位来自北美不同组织的领导者。他们都完成了 EQ-i 2.0 测评和多因素领导力调查问卷（Multifactor Leadership Questionnaire，MLQ）。MLQ 评估不同的领导风格，如被动型或回避型领导（放任型领导）、只关注交换关系并用奖励或惩罚来完成工作的领导（交易型领导）、黄金标准型领导（变革型领导，善于利用员工潜力的参与型领导），其中包含了类似于之前展示的 4 个领导力维度的行为。

我们应用了相关分析方法来确定哪些 EQ-i 2.0 子维度与被最广泛应用的变革型领导力测评（MLQ）相关。这样做是要确定哪个 EQ-i 2.0 子维度能帮助在每个领导力维度上的成功。随后也把 EQ-i 2.0 与放任型领导做相关分析看哪个情商能力使人在领导力上脱轨。这些结果成为现在的情商领导力四支柱模型的理论基础。

我们选取的领导者样本反映出现在组织中领导者的共同特征：大多数是男性

（64.7%）、白人（79.2%），大多数有大学本科学位（85.5%）。平均年龄是 46.8 岁。从图 10.1 可以看出，最具代表性的职位是 CEO（29.0%），接下来是总监（19.9%）和经理（19.9%）。部分领导者（44.8%），如图 10.2 和图 10.3 所示，来自大型组织（员工人数超过 400 人），其年营业额超过 1 000 万美元（57.5%）。

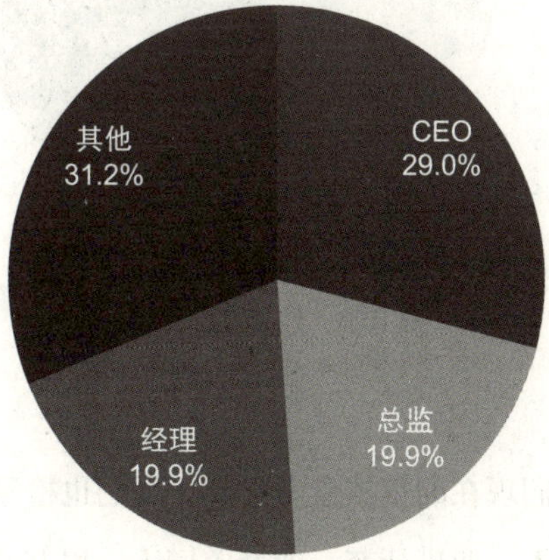

图 10.1　在组织内的职位

资料来源：MHS 公司。

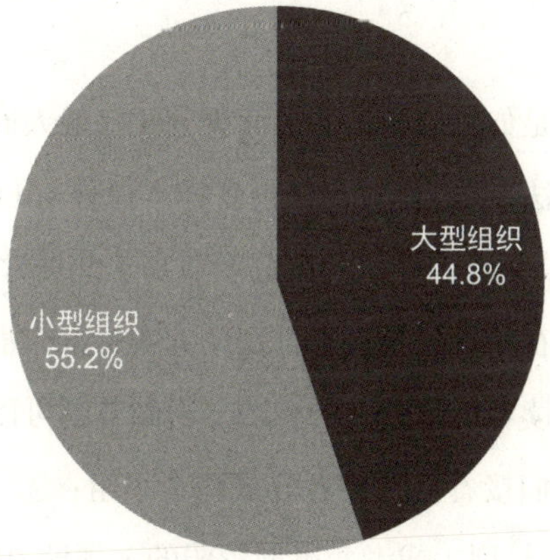

图 10.2　组织的员工规模

资料来源：MHS 公司。

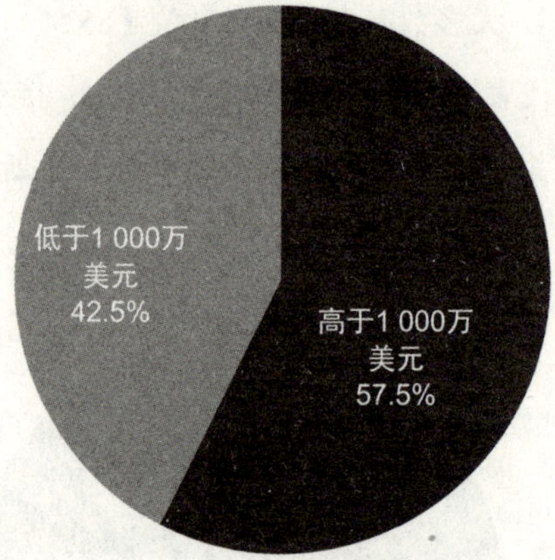

图 10.3　组织的年营业额

资料来源：MHS 公司。

这个群体代表了我们现在的整体参考样本，我们也检测了不同的领导者群体：成功的女性、非洲裔美国人、西班牙裔、亚裔美国人，以及其他有特殊兴趣的领导者。另外，我们在全世界收集数据，观察领导者的文化差异性（有些结果将在后面的章节里说明）。我们也观察不同行业的领导力差异（如加工生产、零售、金融服务、制药、航空、高科技、矿业、石油和天然气、咨询、会计服务、法律服务、分销商和其他行业）。

我们一开始的假设是如果领导者的情商得分比一般人群高，那就支持了高情商是领导者的关键特征的想法。我们比较了领导者样本得分与 EQ- i 2.0 的一般人群的常模样本的得分。不出所料，领导者样本的得分明显高于北美常模样本（总人口）的得分，而且，领导者样本得分在所有子量表上都高于北美标准人群（见图 10.4）。那些对数据分析的细节感兴趣的读者请留意，所有的分析细节都可以从 MHS 公司获得。

依照分析结果，我们接着把领导者分成两个小组：① 那些变革型领导力得分高的，② 那些更多采用交易型（或者变革型较弱的）领导力的。

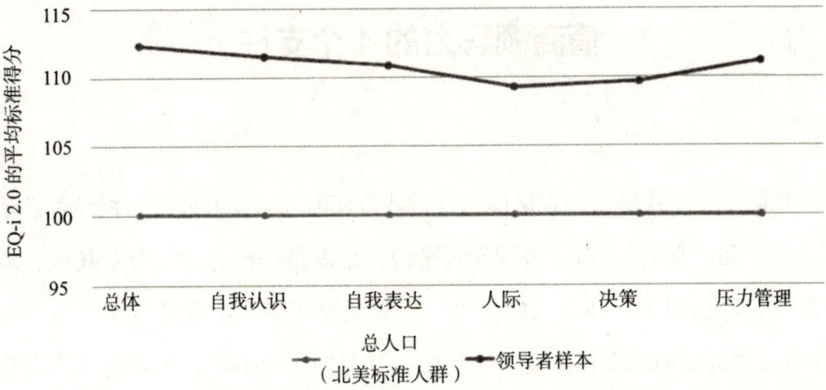

图 10.4　领导者样本与总人口的 EQ-i 2.0 得分差异

资料来源：MHS 公司。

结果说明那些具有显著的变革型领导风格的人在情商上的得分远远高于那些具有显著交易型领导风格的人。还有，变革型领导者在所有的子维度上（除了坚定直率、独立和问题解决）的得分要高出许多。这些变革型领导者的得分显著高于交易型领导者的得分，这初步证明，那些重视变革和发展团队的领导者比那些本质上是交易型的领导者有更高的情商水平。

我们发现在 EQ-i 2.0 子维度和变革型领导力维度之间有非常强的正相关。除了冲动控制，所有的 EQ-i 2.0 得分与所有的变革型领导力特征有很强的相关性。

这些相关性，加上理论上的考量，一起被用于决定 EQ-i 2.0 模型中的哪个子维度被分入这 4 个领导力维度。这些分组在图 10.5 中呈现。

真　诚	教　练	洞　见	创　新
· 自我实现	· 自我实现	· 自我实现	· 自我实现
· 现实判断	· 同理心	· 乐观	· 独立
· 自我肯定	· 现实判断	· 自我肯定	· 问题解决
· 情绪自觉	· 人际关系	· 社会责任	· 坚定直率
· 社会责任	· 坚定直率	· 人际关系	· 灵活
· 独立	· 情绪自觉	· 情绪表达	· 乐观

图 10.5　情商领导力支柱中的 EQ-i 2.0 子维度

资料来源：MHS 公司。

情商领导力的 4 个支柱

真诚

我们把第 1 个支柱确定为真诚即与真诚或真实有关。今天最好的领导者必须被看作可信、公平和“真实”。对这些领导者来说，谦卑是一种力量。夸夸其谈、装腔作势和支配人已经过时了。在今天的世界，行动傲慢或缺失正直是领导者的“死亡之吻”。在今天讲究透明和责任的商业环境中，互联网无处不在，想要掩饰为自我服务的行为是越来越难了。道德品行可疑的人仍然能做到高位，但是这样做越来越难了，并且当你位居高职时要掩盖犯规行为正变得越来越困难。

尤其是那些没有投射真实和谦卑特质的人将有日益增大的劣势。如果人们看你是真实诚信的，他们会更尊重你，并且愿意为你付出额外的努力。

如果他们看不到这些特质，他们就不会跟从你。他们会上班打卡，但他们不会为你尽力拼搏。

真诚型领导者：

1. 以身作则；
2. 感召公平和道德行为；
3. 拥有尊重和信心。

教练

我们确认的第 2 个支柱是教练。在过去的好几代，领导者的角色是“监管员工”。今天更公平的职场是靠协作和指导运作，而不是靠监管。教练的意思是指特意地确保人们开发全部潜能。特别是 X 一代的员工很容易会辞职不干，除非工作让他们感到有收获。

最好的领导者通过一些简单的方法辅导他们的团队，如员工大会、“走动式管理”、部门午餐会、一对一会谈等。在一对一会谈中他们聆听员工所关注的问题，为他们提供反馈和指导，负责移除阻碍他们取得成功的障碍。

教练型领导者：

1. 做员工的导师；
2. 回应担心和疑问；
3. 支持员工需求。

洞见

第 3 个支柱我们把它称作洞见，合并两个必要的领导技能：

1. 真正了解组织——它的愿景、使命、目标和价值观；
2. 用一种能够感召员工、客户和供应商的方式沟通这些信息。

在杰出的组织中，每个人都知道组织的目标和它代表的是什么。越来越多的公司意识到业务不仅是为了赚钱或生产一个产品。有一个更高的使命感（如谷歌的使命是为了“组织全世界的信息并使人人能够获得和利用”），会提高员工和其他利益相关方的参与度和积极性，帮助吸引和留住合适的人才。

像苹果、谷歌、提姆·霍顿（Tim Hortons，加拿大最大的连锁咖啡、零食店）、服装制造商加拿大罗池（Roots Canada Ltd.）、添柏岚（Timberland，全球领先的美国户外品牌）、加拿大鹅（Canada Goose，服装品牌）这样的公司，它们的品牌与公司的使命相呼应。这样才能使公司激励人心。你可以经营得很好，你可以维持经营并做得不错，但如果你想要人们排着队为你工作，你必须有一个有意义的目的。

洞见型领导者：

1. 沟通一个目的、意义和愿景；
2. 宣传充满希望的未来；
3. 促使员工达成并超越目标。

创新

第 4 个支柱是创新。今天的领导者需要有创新精神。越来越多的成功归诸那些鼓励所有员工创新地思考和创造新的流程、产品和服务。这并不意味着每个人都有自己的研发（Research and Development，R&D）预算，但它确实需要领导者能给员工更多的自主权和许可去探索变化中的客户需求，并且当员工提出新想法时，他们应该提供一个公平、安全和有鼓舞性的倾听平台。新的冒险性的想法没有成功时，他们也能理解。

很多组织曾经创建了一种“别犯错误，做你该做的事，别冒险”的氛围。在今天快速变化的市场中，公司需要所有的创新资源一同向前推进。

创新型领导者：

1. 懂得冒险的重要性；
2. 激发独创性、想象力和自主思维；
3. 重视知识；
4. 把挑战看作学习机会。

下面是我们对这每个支柱（胜任能力）的定义。

真诚：一位真诚的领导者为道德和公平行为树立榜样。用一种透明的方法得到员工的尊重和信心。

教练：有效教练的领导者是支持员工成长的导师。培育发展员工获得最高水平的绩效。

洞见：领导者提供洞见，分享使同事追随的目标和充满希望的愿景。促使和感召员工超越目标。

创新：一位创新型的领导者注重冒险，激励同事的独创性和自主思维。知识得到重视，挑战被看作学习机会。

不论是什么样的领导者角色、信奉的是什么领导力理论，可以说如果一位领导者没有能力去教练、创新、沟通引人入胜的愿景和成为道德模范，那么想要领导一个有效的团队几乎是不可能的。利用这 4 种领导力维度作为镜头可以帮助你在 EQ-i 2.0 中需要发展的子维度和最容易受到影响的领导力领域里得到磨炼。

这个四支柱模型也为你展示了特定的 EQ-i 2.0 子维度对你的整体领导力绩效的影响。例如，自我实现是一个对 4 个领导力维度都很关键的能力，而其他 EQ-i 2.0 子维度只是直接影响一个或两个领导力维度。

情商与“领导力脱轨因素”

我们也研究了可能的“领导力脱轨因素”，即研究文献中提到的导致领导者失败的最重要因素。如果情商与变革型领导力有正向关系，那么缺失的情商子维度是不是和领导力脱轨有关？为了回答这个问题，我们把 EQ-i 2.0 子维度的分数与放任型领导者的分数进行了相关分析。放任型领导者表现的是避免责任和行动；他们本质上是靠组织中的职位来领导，不是靠他们内在的、激励他人的能力或对他人的积极影响力来领导。研究表明这种领导力不会产生积极的结果，但最坏的可能是破坏性的——导致痛苦、角色含混不清和冲突。正如所预测的，EQ-i 2.0 与放任型领导力有很强的负相关。负相关意思是随着情商的提高，躲避领导责任的风险减小了。

任何 EQ-i 2.0 子维度的分数低都会使领导者更难以有感召性、有愿景、有创新，难以激励团队实现超过期望的绩效。情商报告中的一连串低分说明要么是你整体上躲避领导责任，要么你很有可能在一个有影响力的领导岗位上脱轨了。

虽然所有的子维度对防止领导力脱轨都是重要的，但是为了提供发展重点，我们的报告强调了 4 个子维度，因为它们与领导力脱轨（放任型领导力）有特别强的关系。这 4 个子维度的选择基于实践和统计的重要性：

- 冲动控制。
- 抗压。
- 问题解决。
- 独立。

利用这个数据，我们设计了一个领导力报告，让你（通过你的教练）将你的结果与领导力样本中的优秀领导者的结果进行比较。只有优秀的领导者即在 EQ-i 2.0 的样本中前 50%的分数被收入这个比较组。这个意思是你可以与那些展现了高情商的卓越领导者进行比照。

高情商与领导者的成功

大部分的领导力研究已经在这本书里讨论过，研究结果表明通过某些高情商领域评估能预测领导力的成功，而通过某些低情商领域评估可以预测领导力的脱轨（例如，即使没有出现灾难，也会是不成功的领导者）。我们已经选出并把这些因素包括在 EQ-i 2.0 领导力报告中——报告评估那些在经验上与成功领导者的具体行为相连接的情商因素。这对那些所有参与评估组织内领导力有效性和能力的人员来说都是一个有用的工具，包括人力资源部门的人员，他们负责筛选、发展和提拔合适的领导者。

对于领导者的情商分数高于一般人的论点有足够的研究支持。在本章，我们已经提到了有些数据。MHS 公司的同事和我早前发表的一项研究显示（将在第 16 章更详细地讨论），创业公司的高管（如青年总裁组织、创新者联盟的会员）在 EQ-i 的 15 项子量表指标中有 8 项的得分显著地高于一般人。此外，有更高水平的同理心、自我肯定、现实判断和问题解决的领导者更有可能为公司带来高利润。

因为常常变化的市场需求、激烈多变的环境和利用更少资源完成更多工作的压力，领导者必须有比技术能力更多的能力才能在岗位上取得成功。研究者已经指出情绪技能对高管的绩效提升非常重要，而且对员工在组织层级中往上升迁的过程中更加关键（与 IQ 和技术悟性相比）。

大卫·麦克里兰，已故的哈佛心理学家，证明了具有高水平情商的业务部总裁超越绩效目标 15%~20%，留任率高达 94%。然而，情商素质能力得分较低的业务部总裁的绩效结果比目标相差 20%，留任率也只有 50%。

有两个独立的无分析研究报告给情商在领导力中的作用提供了进一步的支持。元分析是一个“研究的研究”，帮助移除关于不一致的研究结果的主观理解。这两个元分析报告发现情商对领导力有很强大的正向关系。第 3 个元分析研究由内布拉斯加大学和纽约州立大学奥本尼分校的彼得·哈姆斯、马库斯·克雷德完成，他们发现对情商和领导力两个能力进行独立评分时，两者之间的连接也是存在的。

我决定写这本书的其中一个原因是现在对情商领导力即 EQ 领导力，有很多的支持观点。从 20 世纪 90 年代起建立这个概念好像在走一段艰难的上坡路。现在有足够的惯性、发表的研究报告、实际案例和企业的接受度，情商在工作场合和领导力中有一定的作用。尽管仍然有较少学者和故步自封者对此心存抗拒，其实，马已经在很久以前就离开了马厩。

真正的问题将是知道哪种教练和培训方法在帮助未来领导者提高这些技能上是最有效的。这是一个 MHS 公司正在研究的领域。我们为领导者和高潜质人才开发了结合教练辅导的半天、一天和两天的情商领导力项目，一些《财富》100 强企业正在对这些项目进行尝试和评估。

高情商领导者：需要思考的问题

1. 作为领导者要真实诚信，对你意味着什么？
2. 你是否曾经在某个不太真实诚信的人下面工作？
3. 这个人突出的行为是什么？
4. 想一想你能做什么才能变得更加真实诚信？
5. 你是否曾为一个在工作中给你做教练的领导者工作？
6. 你能看到的一位好教练的品质是什么？
7. 现在在工作中你有给人提供教练服务吗？
8. 你感觉到你的工作是有意义的吗？
9. 你组织中的领导者能做什么来对员工的工作植入更多的目的性？
10. 你能说出组织的愿景吗？或者它的使命？
11. 你感觉是在一个创新环境中工作吗？
12. 回想一些在你的工作中的创新成果。
13. 你如何能使你的工作场合更有创新性？

第 11 章

支柱 I：真诚

领导力的最高标准是毋庸置疑的正直。

——怀特·D. 艾森豪威尔

真诚

真诚的定义

真诚地领导以感召和激励他人：

获得尊重和信心，感召公平的和符合道德的行为，行动上做出表率。

既然已经认知了 4 种素质能力：① 真诚；② 教练；③ 洞见；④ 创新。相信这些对成功的领导者是非常重要的，那接着会怎么样呢？在本章里我希望引领你继续提高你作为一位领导者的能力。这章的重点及接下来的 3 章将围绕领导力的 4 个支柱展开。

简单地阅读像本书一样的领导力书籍对帮助你成为一位领导者的作用有限。它们能帮助你看到你以前没有考虑过的方面，强化你已经有的想法，以及为你提供一个改变自我的路线图。然而，重要的是要记住，在发展领导力方面没有一个完全通用的方法。人们成为杰出的领导者有许多不同的方法。对有些人，这来得很自然——他们在每天看似杂乱无章的生活中，比较容易地发展了适当的能力，这也可能是尝试—犯错的结果。

对其他人来说，他们会有一位导师，一位在他们生活中富有智慧的领导者熟练地引领他们。今天越来越多的领导者会有一位私人教练。这是一位帮他们预演、经历日复一日的挑战磨难的人。一位好的教练往往用一种测评（如 EQ-i 2.0 或 EQ360）开始，很快地了解其个人的优势和劣势。这也为领导者提供了额外的自我意识，这是做出改变的重要第一步。接下来的时间里，教练会和领导者一起制定策略，使之走上改善进步之路。

参加领导力发展课程是另一个改变能力的方法。我们已经开发了一些课程，被许多组织用来培训高潜的、脱颖而出的未来领导者，也有用于培训现任的或新晋升的领导者。我们的这些课程通常会按照组织的需要有一定的定制，但其基本的框架是本书所描述的情商模型。有些课程利用实地体验性的练习或沙盘以模拟实际生活中组织所面对的领导力挑战。

真诚的领导者

在第 10 章我提出了对真诚领导者的定义：

一位真诚的领导者践行符合道德的和公平的行为；一身坦荡，获得员工的尊重和信心。

归入这项素质能力的情绪技能是：

自我实现

情绪自觉

现实判断

社会责任

独立

自我肯定

真诚领导者被不同的领导力专家用许多不同的方式描述过。最初的概念可以追溯到古希腊时期，而更具现代观点的“了解自己”的哲学要归于比尔・乔治，美国美敦力公司的前 CEO 和他的书《真诚领导力》。

作为对很多领导力理论家提出的真诚领导者的很多特点的一个总结，凯文·克鲁泽在《福布斯》杂志上将它们细分成 4 种特质。

1. 真诚领导者有自我意识和真实诚恳。

- 他们是一些能自我实现的人，能够认识到自己的优势和局限性，有情绪自觉。
- 他们向追随者展现了真实的自我。
- 他们在私底下和公开场合行动一致。
- 他们不掩盖自己的错误和弱点，不怕示弱。
- 他们知道自我实现是一个没有尽头的旅程，永远不会结束。

2. 真诚领导者受使命驱动并专注于结果。

- 他们置组织的使命和目标于前，自我利益于后。
- 他们为追求结果而工作，而不是为了追求权力、金钱或自尊。

3. 真诚领导者用心来领导，而不是仅仅用脑。

- 他们不怕展现自己的情绪，或者暴露自己的软肋。
- 他们与员工连接。
- 表达情绪不会使他们“软弱”。
- 用直接的方法沟通对成功结果是非常重要的。
- 他们用同理心对待别人。

4. 真诚领导者专注于长期结果。

- 例如，比尔·乔治专注于长期的股东价值，而不是专注于追求超过季度的收益预测。
- 领导者认识到培育个人和培育公司，两者都需要艰苦工作和耐心，但这种方法将有巨额红利。

另外，真诚领导者：① 以身作则；② 感召公平的和符合道德的行为；③ 获得尊重和信心。

对真诚领导者的最好评论之一是马克·彭榭克在《哈佛商业评论》上提及的：“做到真诚有点像扮酷——有时你越努力，就越不酷。”

做到更加真诚

如何成为更加真诚的领导者？以下看一看一些关键的情商因素及你如何进一步发展这些能力来提高你展现真诚的能力。

自我实现

自我实现是一个非常重要的情商因素，它体现在 4 个支柱中的每个上。自我实现与整体的工作成功和绩效有显著的正相关。可以用 4 个字来总结概括：追求意义。这听起来好像有点哲学味道，但是，对一位领导者而言，它的意思是在你的工作中找到意义和快乐，发挥你的全部潜能。当你有了个更高的成就感和决心时，不管是作为个人还是作为一位影响者，你就会有驱动力，为团队或组织争取杰出的成就。

领导力启示

一位能自我实现的领导者被当作行为榜样，一个努力学习、发展新技能并愿意成长以此来全面优化才能的人。自我实现做得好的领导者影响整个组织，因为员工会效仿他们的做法。这种对自我成就的驱动会刺激更高的工作效率和更高的员工满意度。

一次进一步

要发展你的自我实现技能，你应该有一个行动计划。你应该有具体的个人的、职业的、领导力导向的、组织的目标。当你努力去争取更大的自我实现时，抄写你的目标是个极佳的方法帮助你固化行动计划。把你的目标写在纸上，或者与同事分享，你会更加坚定地去实现目标。选择一个丰富你生活的小策略，并且与一位同事分享，或者把它放入你的日程表里。另外，还可以考虑用一种方法让整个团队都参与进来为每天的工作增加更多意义。研究清楚地表明，只是简单地写下你的目标就能够增加成功实现目标的可能性。

利用优势

其实，你已经知道你的激情所在，只是有时你可能没有意识到它。列出你最擅长的工作（例如，主持会议、起草综合性的财务报告、销售、演讲），并且尝试把这些工作结合到你一天的工作中。如果你对自己的优势不是那么肯定，你可以聚焦在你收到最多赞扬的事情上，或者请同事给你反馈。这些工作会重振你的工作热情并提高你的工作效率。

真诚的人被看作有能力并能在他们的领域里展现专长的人。所以，很重要的一点是要保持你的专长，并且在你选择的领域里做到与时俱进。不是所有行业里的专业人士，都必须在专业领域里有亲身实践，如律师、工程师、科学家等。但经常涉猎和跟上这个领域的最新发展动态是有帮助的。你可能依赖这些领域的专家，但要知道你应该问他们什么样的问题。

做到真实或透明

作为一位领导者，你处于经常的审视之下。周围所有的人——员工、客户、股东、伙伴、友敌、竞争对手，甚至你的家庭成员，都在看着你。不是说你要成为一个偏执狂，但这就是现实。有些人仰视你，他们是站在你这一边的。其他人看着你，寻找你的疏忽或失败，特别是在数字化时代的今天，疏忽比以前任何时候都更容易被看见。不管是推特、YouTube 或是照片分享（Instagram），有无数个社会媒体频道，每个都有可能将你曝光到几百万人面前（如果你真的做了什么太过分的事）。这些人绝大多数是你从没有任何意愿想了解的人或让他们了解你的人。过去花了几十年建立的声誉，今天可以在几毫秒之内被摧毁。

透明度对领导者来说一直以来都是很重要的。但在今天的世界里，规则已经有了巨大变化。系列电视剧《广告狂人》的时代可以用的语言和行为在今天就不再行得通了。在今天的世界可接受的或“政治上正确”的东西只是在一个新的、更狭窄的规则下运行。如果你愿意，你可以选择违背这些规则，但请留意后果会回来的。

例如，多伦多大学的乔顿·彼得森（Jordan Peterson）教授决定在需要称呼班上跨性别的学生时，由他选择用什么代词，而不是被规定用什么代词。当把这个冲突当成言论自由的问题时，彼得森提出了几个突出的理性观点。然而他在 YouTube 上关于这个主题的视频，最新的观看次数超过 165 000 次，已经变得非常有争议性。这个主题，跟他以前的研究领域没有多大关系，现在恰消耗了他大部分的时间。事实上，对数以万计的人来说，他的身份已经被这个冲突定义了。这个例子应该说明这一点，行为标准在不断地变化，领导者应该意识到，当你通过社交媒体来表达你的观点时，你可能很快地失去对讨论的主导权。同时，这还可能把你最初的观点转变成你从没想到的对你、对他人更有伤害的事情。

今天在人们周围也许存在着几个圣人，但是作为想要成功的领导者，如果你一定得在公众场合下战斗，你一定得小心了。诚然所有人都希望这个世界更加美好，你需要决定是否有某种公共事业会值得你为之放弃作为领导者所经营积累起来的大部分东西。你不太能够支持到一个人人喜欢的公益事业，即使你的支持会使你公司和作为领导者的你自己受益，你必须准备好为自己的行为辩护。特别是如果你的立场是政治性的，很难预测卷入这种事业中的后果。

你越能做自己，就是说一周 7 天、每天 24 小时，活在自己的皮囊里，你就会越少需要担心是否透明。这不是说你在工作中指导员工时要与你在家里对待家人的做法一样，而是你应该在两种情况下都成为自然的自己。我们不用在工作之前穿上超人的服装，把真实的自己留在后面。长时间演戏很难成功。人们会看穿的，如果他们觉得你对他们做假，那么，他们也会对你做假。作为一位领导者，你需要在行为上与人诚实透明。

情绪自觉

如果你对什么引起你的情绪有一个透彻的理解，你便能够容易地调节你的行为并管控好你的情绪对组织内员工的影响。真诚的领导者比大多数人更会意识到他们的情绪及其对绩效的影响。情绪自觉会使你在领导他人时镇静，知道自己对他人的影响。同样，在时间紧迫的情况下，你更能够用你的直觉来选择行动方案。

当人们看到你有高度的自我意识时，你会更容易从员工那里得到尊重、仰慕和诚实。有个方法可以帮助你提升情绪自觉能力，就是你凡事先花时间考虑自己需要采取的行为，而不是仓促行动，从而也考虑你自己的和他人的情绪反应。

领导力启示

作为一位领导者，你需要全面掌控你的情绪触发点和情绪反应。这种深度了解会帮助你在将情绪结合应用到领导者角色上时有更流畅的决策流程。了解你的情绪触发点和反应会让你能够利用这种情绪信息来有效地掌控具有挑战性的或高难度的情境。

组织启示

你抓住情绪细微差别的能力会帮助你敢冒一些可控的风险来支持组织达到其战略目标。一旦你习惯并了解你的情绪触发点和反应，你就会更好地用真诚进行领导，并且用一种开放的方法，帮助你获得员工的信任与认同。你将能轻松地处理紧张的甚至让人应接不暇的情境，并且你会利用和认可你的全部情绪。

做好榜样

一旦你能更好地管理自己的情绪，你就能变革创新、成功地冒险，并且获得员工的信任。最杰出的领导者有能力在强力竞争及逐渐增加的压力之下保持镇静。你对情绪的觉察能力会作为一个沉着冷静的典范并确保员工感到安全和满足去克服任何潜在的挑战。

当你在情绪的自我管理上变得更好时，和你的员工一起讨论情绪管理。鼓励在你的工作场所举办这方面的演讲或学习班。你可以雇用一位专家来培训员工了解情绪和他们的情绪对其他人的影响。

重视证据

当你更熟练地了解你的情绪时，你会过度依赖你的情绪晴雨表来做决策。注意要注重结合客观证据。

你的直觉只能带你走一段路。一项交易可能感觉上觉得很好，而数据可能不支持你所预想的策略。所以，需要向同事咨询，让团队成员参与进来，并且强调需要事实来支持你提议的行动方案。

现实判断

你实事求是的能力会影响你是否给人真诚的感觉。现实判断是你作为领导者如何决策的一个关键因素，决定你的方法是被看作有根据的、客观的和与工作环境接轨的还是不接地气和有偏见的。

与团队和组织的环境同频是非常重要的。也许你习惯性地用同样的方式对待每个人，不习惯因个人的需求不同而调整你的方法。你可能为自己和他人设定不现实的目标。根据具体数据和合理的期望来建立目标会让你受益匪浅。

领导力启示

作为真诚的领导者，重要的是要向下属传递一定的客观性，让他们看到你是一位公平公正、精确和联系实际的领导者。你的领导风格可能是平稳的，特别是如果你有很好的冲动控制。然而你应该意识到可能有些时候，特别是当遇到压力时，你的情绪和个人偏见会在你的客观性上罩上一层阴影。

组织启示

你对自己的组织可能有很大的鼓舞人心的雄心，但要大家认同，你需要有与可能性相匹配的组织能力。设定符合实际的目标，保证其他人，特别是在其他团队里的人，能够相信你的决策是有根有据的。能精确评估外部事件并基于这个评估解决问题的领导者往往有能力取得更大成就。

惧怕最坏的或掩盖事实

在压力之下，一些领导者很少使用现实判断的技能，惧怕最坏的情形，或者掩盖事实。在你没有现实地看待事物时，你更易表现出这两种极端情况中的哪一种？

如果你对灾难担忧，记住有时最好的行动也包含风险。不要被可能永远不会发生的最坏结果绑住手脚。有证据表明真的有危险吗？尝试将你的灾难性假设交由第三方验证，看看是否有任何的真实性。如果你倾向于掩盖事实，则尝试扮演唱反调的人，寻找数据更精确地描述现状。也要观察别人对你的积极性的反应；如果在他们的语音语调或肢体语言上有任何的犹豫，他们很可能认为你所看好的前景是不现实的。

提供实时数据

一伸手就能拿到实时的数据能够保证你有客观的信息供你做出有力的决策和设定目标。为自己和团队提供关键的业务单元或部门数据（如损益表、销量、产品开发成本），和团队一起做出智慧决策。信息是一种力量，可以帮助人们抵制用自己的偏见来美化现实的企图。将这种力量注入团队。验证理论与假设，并且避免制定没有硬数据支撑的目标。

鼓励团队通过不断地倾听和回应他们所听到的来把握组织的发展，这样就能满足人们的需求。

对社会负责

有社会责任感的领导者是真诚的领导者。社会责任召唤领导者以有道德和负责任的方式行动，促进更好的社会利益，并且在团队、组织和社区中发出强有力的声音。一位有社会责任的领导者能够把握，即使不是所有的也是绝大多数的机会，来帮助团队和组织。他们对他人的关心，不论是在工作中还是在社区中，是通过他们做出的无私贡献展现出来的。他们勇于接纳不同意见，善于聆听而不评判。这些领导者也信守诺言并践行他们的承诺。

要成为一位有社会责任的领导者，你应当持续一致地展现你的社会良心并为你所领导的人提供教练服务。你可以是一位心地慈善的人，帮助他人而不求任何回报。这类领导者从各种地方获得满足感，包括工作之外的活动。

领导力启示

社会责任型领导者相信教练辅导，是团队和社区的领头羊。你需要在领导力实践中保持道德和伦理的方向，把团队的目标置于个人目标之上。你也许考虑为慈善机构捐款，或者让团队参与慈善募捐活动。要注意的是你帮助他人的程度，如果自己做了所有的工作，那不是真正的帮助或教练；应该让直接下属自己成长，伸展自己的翅膀飞翔。

组织启示

在工作场所的内部和外部寻求各种社会服务和领导机会（如慈善活动、募捐）。你需要坚持并前后一致地通过提高员工敬业度、士气，导师制和其他发展性的实践来帮助团队和组织培养人才。但你也必须谨慎，这种参与可能让你承担太多的责任，可能对你的工作质量或个人幸福有负面影响。

反思与专注

做一位成功的领导者不是一场独角戏。真正的成功来自帮助你的团队成员实现职业目标和个人成长。然而一直支持他人可能花掉你作为领导者在自己身上所需要的时间。尝试确保你不是在用对他人的过度关注来回避自己当下的情绪状态、目标和正常工作。积极反思会让你做起来比较容易。

例如，你检查一下上周你是如何花费你的时间的。你把时间花在什么活动和任务上了？

那些任务中哪些是为了让你自己、你的家庭、你的工作、那些你带领的人和其他人变得更好的？如果在任何一个领域中参与过度了，下个月就调整你的日程表并重新聚焦你的努力。

感召性倡议

感召他人的社会责任会在为社会利益做出贡献的同时让人感受到一种整体的意义。利用你对自己所关心的事业的热诚，感召团队和组织参与进来（如在组织内建立一个社区支持小组）。通过头脑风暴创造出一些你、团队或整个组织都可以参与的活动。要确保这些活动与组织的愿景是一致的并对员工有益。

一开始可以先制订一个在组织内建立社会责任的行动计划，要有具体的角色安排和完成行动计划的时间表。

独立

独立意味着你有能力感知、思考和依靠自己进行工作，它是所有杰出的领导者都具备的一项关键技能。当这项技能得到很好发展时，你就有意愿并有能力拥有自己的想法，自己为团队做出必要的决策。你不太可能为大众的意见所动摇，这会帮助你为团队保持一个既定的方向。

你应该乐于提供方向并自己工作。你应该能够不在情绪上依赖他人而工作，也不需要他们确认你的决策。你应该为你的决策承担责任，清楚知道有时人们会不同意你的意见。

领导力启示

一位独立的领导者不依靠他人做重要决策。依靠自我导向，你能分析情境，制定应对策略，进入执行模式而不再事后怀疑自己的决策。这一技能对领导者来说至关重要，特别是当需要做的决策很难，上级的指导很有限时。同时，要小心不要忽视团队的情绪和意见，否则会使团伙成员感到有隔阂，甚至导致他们漠不关心。

组织启示

你应该能够说出你的想法和意见，在讨论中加入你的观点和视角，并且影响组织前进的方向。积极参与创造新观点、新想法，而不是做个被动的接收者。注意你有多少次是只顾朝自己的方向前进，而不是与他人建立联盟一起前进的。一个为了共同的价值观和目标而奋斗的团队才能成为一个强大的组织。

保持连接

在情绪上独立对领导一个团队来说是非常重要的，但彻底的独立自主会减少你从团队获得的认同程度。所以，需要与你的团队成员保持通畅沟通。

太独立总存在一种风险。如果你发现你表现出下面这 4 种品质中的任何一种，你就要减少你的独立性了。

无知：人们感觉到你在忽视事实来追求完成自己的目标吗？

无所不知：你认为你知道一切，这样你不需要团队的意见吗？

分离：你是否伤害协作关系和别人的参与度，因为没有把别人包含在内？

关闭门户：你有个开门政策，但你的行为恰使你远离团队了吗？

倾听反馈

要确保你在组织中不伤害任何的重要关系，需要在自我导向与寻求建议和反馈之间达成平衡的能力。你不必成为某种想法的热衷粉丝，但仍能接受他人的思维过程，探索不同的观点。这样做能够帮助获得其他人的支持，甚至产生新的可能性。

检查一下你过去的一些决策。你的决策过程是怎么样的？你向谁寻求过建议或不同的观点？你又如何处理别人给你的建议？

下一次当你寻求团队建议时，在提出你的相反想法之前先记下他们的不同看法。随后回顾那些记录，认真思考这些反馈及它们对你的决策可能有的影响。

总结

真诚的领导者了解自己，他们有自我意识。他们真正知道自己的优势和局限性并对自己诚实。他们不必担心人们如何看待他们。他们的人格无论是在私底下还是在公开场合都是一致的。他们不必担心在某个地方或时间段如何呈现自己，以及他们是否要在不同的时间和地点及在同一拨人面前保持一致性。

真诚的领导者不是以个人利益为驱动的，也不受权利或金钱驱动。他们更感兴趣的是学习、自我成长和帮助别人。真诚的领导者关注结果——设立短期和长期的目标。他们不怕示弱并对错误负责。这样的领导者只要时间合适、地点合适，他们可以舒适自然地表达情绪。他们易于与员工连接并被员工所信任。

“临在”是当领导者的一个重要任务。今天不会缺乏使领导者忙碌的各种活动，同样重要的是要离开你的计算机和智能手机，和组织内的人进行互动。认识员工、与他们进行即时交谈，这有利于使员工觉得你也是一个平常人，他们可以连接的人。直接与组织内的每个人沟通，行为真诚，而不管正式的职务头衔。作为追求卓越和继续成长的榜样和作为一位领导者，对你来说一件很重要的事是为员工提供充分的培训和发展机会。

作为真诚的领导者，你希望发展以下这些独特品质。

- 自我认知：继续自我反思并更好地理解你的优势、挑战和价值观。
- 关系透明度：开放地分享你的想法和情绪，通过适当的情绪表达进行平衡。
- 平衡处理：欢迎对立的观点并公正对待它们。
- 内化道德观：有一个积极正向的道德基础，在各种关系和决策中体现出这个道德基础，它又可以抵御外部的压力。

真诚领导者案例

谁是真诚的

有一位领导者在他的领导风格上曾被描述为真诚领导者的是星巴克前 CEO 霍华德·舒尔茨。舒尔茨出生在一个父亲是个卡车司机的家庭，在一个蓝领家境中长大。他躲开了周遭的环境，投入体育活动和美国的男孩和女孩俱乐部中。

在很多的媒体采访中舒尔茨强调了他的“激情”是什么。他的激情并非卖咖啡，而是“建立一家用尊严和尊重待人的公司”。他说咖啡是星巴克制造的一个产品，“但这不是我们的生意”。

舒尔茨在与奥普拉（美国电视节目主持人）的一次对话中，提到他的父亲一直在许多个不同的蓝领工作中挣扎，从没能在工作中找到意义和成就感。他说事情的转折点是他的父亲在工作中受伤了，却没有健康保险或工伤补偿金。舒尔茨回忆说这个经历给他留下了终身影响。

“召唤我的并不是咖啡，而是试图建立一个我父亲没有机会为之工作的公司。”舒尔茨说道，“当我们建立星巴克时，我想尝试做的是创建一套价值观、指导原则和文化。”按照舒尔茨的做法，星巴克是美国第一家公司对它的所有员工包括临时工提供完全健康保险和股权形式的所有权。舒尔茨展现他的真诚，不掩饰真正的激情，向所有员工展现关爱，以及通过他的公司提供有意义的工作机会，发展一个更美好的世界。

在舒尔茨获得的奖项中就有“第一负责任资本主义奖”和圣母大学门多萨商学院颁发的“西奥多 · M. 赫斯伯格牧师，C.S.C.，商业道德奖”。

做到真实和电视真人秀文化

当今对人们认知真诚或“真实”产生很大影响的因素之一便是真人秀电视节目。虽然本书的读者不太可能是这类娱乐节目的主流观众，但是和你一起工作的很多人都是。如果你不相信我，就看看统计数字。

针对 18~49 岁观众所做的 2016 年夏天的一个时段中的电视节目收视率的排名调查发现：

- 收视率前 10 名中的 9 个，前 25 名中的 16 个是真人秀电视节目；
- 前 5 名中 3 个节目属于《老大哥》系列；
- 在前 25 个节目中，美国广播公司有 7 个无剧本节目，福克斯公司有 3 个，美国全国广播公司有 2 个（不算奥运节目），哥伦比亚广播公司有 1 个（《老大哥》系列的出现了 3 次）；
- 前 25 个中有 16 个是在有线电视上播放的没有剧本的节目，不包括摔跤节目；
- 16 个有线电视节目中 9 个是探索频道的纪录片《鲨鱼周》特别节目；
- 排前 3 名的有线电视系列节目是《爱与嘻哈亚特兰大》《与卡戴珊姐妹同行》《黑人刺青客》真人秀。

2016 年的加拿大电视收视率调查显示加拿大收视率最高的 4 个电视节目中有 3 个是真人秀节目：

1.《极速前进》（加拿大版）。

2.《厨艺大师》(加拿大版)。

3.《默克多之谜》。

4.《老大哥》(加拿大版)。

我是心理学顾问，帮助许多真人秀电视节目筛选候选人。除了上述3个节目[《极速前进》(加拿大版)、《厨艺大师》(加拿大版)、《老大哥》(加拿大版)]，我也支持过《多伦多真正的家庭主妇》《房屋游戏》《恐吓战术》《加拿大单身汉》《加拿大干预》《紧急按钮》和其他节目。我参与筛选及辅导过好几百位想参加电视真人秀节目的人。

关于电视真人秀节目，人们问我最多的问题是“这不是假的吗？他们不按剧本演吗？”事实上不是的。我不能用我参与的剧集作为例子，但我可以通过评论安迪·科恩在《纽约时报》上的访谈来说明这个问题。他是《真实主妇》节目的创意人，在访谈中他谈到了电视真人秀节目中的“真实”问题。在《真实主妇》(纽约)收视率最高的一期节目中，一位主妇阿维娃·杰雪在马戏团餐厅发脾气，把她的假肢扔掉，以做出最后努力，想使她的银幕形象更加有趣。而那是最后一次我们看到阿维娃，她被从节目中去除了。

在解释电视真人秀节目的经历及这个具体结果时，科恩说道：“这对他们来说就是非常真实的，顺便提一下，如果他们不真实，他们就从剧中消失了。”在电视真人秀节目中，最好的情节是情绪的真实体验——愤怒、恐惧、激动、惊慌、复仇、激情。情境通常是人为的，但周围架满了摄像机，你就不能在情绪上做假；尝试情绪做假就像装着耍酷——这是做不到的。

为什么真诚与领导力有关系

从真人秀电视节目中可以学到的一个点与做到真实诚信有关，换句话说，要做到真实的自己。虽然真人秀电视节目中的场景不是那么真实，但观众全神贯注于节目中角色的行动，这是最真实的了，其中的角色是个“好人”或“坏人”则是次要的。

作为有趣的旁白，这些节目可以使人们对一些文化的差异性有所洞察。例如，《老大哥》在大约 40 个国家和地区发行。在美国的版本中，一些最受欢迎、成功的角色包括丹·吉斯陵（以暗箭伤人、说谎、专横而出名）、威尔·科贝医生（邪恶的威尔医生、把人建造起来，然后再把他们毁掉）、“埃维尔·迪克”多纳多（用说大话战术得到他需要的）和瑞秋·莱利（一个情绪火车事故）。你可能已经看到某种模式了。

在加拿大的版本中其中一些最受欢迎并成功的角色是艾美特·布洛娃（外向、友好、社交家、冒险家）、乔恩·帕迪（友好、社交家、酒量大、傻傻的纽芬兰人）、莎拉·汉隆（优秀的社会活动家、灵活的交往方式、与每个人相处很好）。以及盖瑞·格利特·利维（社会活动家、时髦、外向、传奇人物）。

这些选择可能是对人类社会的一个反映，会帮助人们更好地理解对领导者的选择。例如，加拿大总理贾斯汀·特鲁多是有名的友好和外向型的人。

人们对真诚的着迷远远超越了真人秀电视节目：考虑这些——至少半数的美国人发现唐纳德·特朗普的行为是令人反感的，但他仍能设法迷住他的观众。很多人争辩说这是因为他真实。如果你发现这难以相信，那么再看看数据。表 11.1 是尼尔森公司发布的美国 2016 年收视率最高的 10 个电视节目。

表 11.1　尼尔森公司发布的美国 2016 年收视率最高的 10 个电视节目

排　名	电视节目名称	收视观众（人）	日　期	网　络
1	超级杯 50	111 900 000	2016 年 2 月 7 日	哥伦比亚广播公司
2	第 1 场总统辩论会	84 000 000	2016 年 9 月 26 日	总统辩论委员会
3	第 3 场总统辩论会	71 600 000	2016 年 10 月 19 日	总统辩论委员会
4	超级杯 50 赛后秀	70 000 000	2016 年 2 月 7 日	哥伦比亚广播公司
5	第 2 场总统辩论会	60 300 000	2016 年 10 月 9 日	美国之音广播电台
6	世界系列大赛第 7 场：小熊和印第安人	40 500 000	2016 年 11 月 2 日	福克斯公司
7	副总统辩论会	37 000 000	2016 年 10 月 4 日	总统辩论委员会
8	红人队对牛仔队比赛	35 100 000	2016 年 11 月 24 日	美国之音广播电台
9	特朗普获提名演讲	34 900 000	2016 年 7 月 21 日	美国之音广播电台
10	第 88 届奥斯卡典礼	34 400 000	2016 年 2 月 28 日	美国广播公司

资料来源：维基百科。

注意收视率最高的电视节目前10名中有4个有特朗普，另一个是他的竞选伙伴。虽然在前10名中有3个关于希拉里·克林顿，但她的媒体覆盖远远比不上特朗普的。虽然特朗普的很多行为令有些人反感，但是投票者继续赞扬他的真实（也许他会用像“政治上不正确”这样的词语），很多人发现这正是希拉里所缺乏的品质。

虽然特朗普被感知到的真实可能对投票者来说是个重要因素，但是他的真实能否在他当总统的时间内转化成实际的成果让人拭目以待。虽然这章是鼓励领导者的真诚，但也提到如果领导者不能实现承诺，最终会看到他们的信任度被破坏。展望未来，我鼓励领导者真诚实践。在大多数情况下，追随者会有警惕性，他们会责备那些承诺了但不能兑现，或者那些不去兑现承诺的人。

高情商领导者：需要思考的问题

1. 对你来说领导者的真诚有多重要？
2. 你有过你不信任的领导者吗？
3. 你是如何确定某人值得信任的？
4. 你对不信任的领导者是如何回应的？
5. 作为领导者，下属发现你值得信任吗？
6. 你如何做才能更加真诚？
7. 过度真诚会不会对你不利？
8. 你觉得自己在工作中和在家里是同样一个人吗？

第 12 章
支柱 II：教练

你使他人付出最佳努力不是靠在他们的身下点燃一把火，

而是在他们的心中点起一把火。

——鲍勃·纳尔逊

教练

教练的定义

支持员工需求并培养发展：

成为员工的导师，回应员工的担心和询问，支持员工需求。

多年以来领导力发展中最大的一个变化是扩展了教练的角色。在过去，领导力主要是关于告诉人们做什么，然后监控他们是否完成了。可是时代不同了，组织的架构也减少了层级，增加了协作，人们完成工作的方式也发生了改变。

人际关系也变得非常重要，因为领导者需要做的很多事情都是通过其他人来完成的，而他们不全是他的直接下属。例如，对团队来说要顺畅地运转，与人友好相处就是必备的能力了。同样，如果想把事情做正确，符合越来越强调的质量控制要求，教练也就变得更加重要。多年以来人们对教练的定义越来越清晰，并且识别了具体的技能来强化你在这个领域的成功。

在今天的组织中教练有多么普及？通过整个组织链，将教练用于员工培养在过去的 10 年里已经有了非常大的增长。人力资本研究院（Human Capital Institute，HCI）和国际教练联合会（International Coach Federation，ICF）一起调查了 300 多家机构的教练实践。接受调查的公司是世界范围内的，公司规模从不到 100 人到超过 50 000 人，涉及十几个不同行业。

他们发现有 65%的组织用外部教练，57%用内部教练（部分组织既有外部教练也有内部教练），并且有 84%用企业自己的经理或领导者做教练。他们也报告说有很强教练文化组织的员工敬业度较高（60%的员工高度敬业，而在其他组织，这个比例是 48%）。同样，教练文化强的组织有更高的收入增长（63%的公司在 2014 年的收益超越了同行业公司，而其他公司中这个比例是 45%）。

在同一研究小组发表的另一份报告中，他们发现在调查过的组织中有 81%的组织计划投入更多去发展经理或领导者的教练技能，扩大他们的工作范畴。作为对照，他们计划内部教练的应用增加 72%，外部教练的应用则增加 35%。

经理和员工认为教练的重要性有什么区别？在 MHS 公司和 HCI 联合进行的一项研究中，调查了 500 家组织的 784 人。这是对企业如何开展情商发展项目研究的一部分。我们询问了包括教练在内的各种培训项目的重要性。从图 12.1 中可以看出，经理和员工对教练的看法有很多不同。

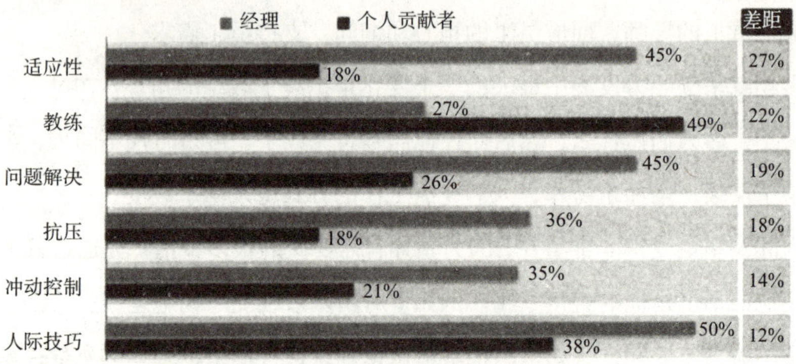

图 12.1　关键技能：两种观点

资料来源：HCI，2016。

有 49%的员工觉得教练对领导者来说是一项重要的技能，而只有 27%的领导者相信它是重要的。我们发现在调查的所有领域中，这是领导者与员工之间差距最大的。这个领域，员工已经抓住了它的重要性，但他们的大多数经理仍然不重视。有趣的是，有 50%的领导者感到人际技巧的培训很重要。当然人际技巧是教练辅导的一个有机部分。

在同一项研究中，我们也发现人们对现在的领导力发展项目有太多的不满意。很多回答问卷的人说他们的领导力发展项目需要立即改善。超过一半的调查回应者认为现在他们组织的领导力发展没有什么效果。好的教练辅导无疑是员工正在寻找的一种发展模式。

教练型领导者

领导者辅导下属是指什么？教练型领导者的定义：

一位能有效辅导的领导者并且是支持员工发展的导师。员工得到培育取得最高的绩效水平。

对成为教练型领导者贡献最大的情绪技能包括：

自我实现

同理心

现实判断

人际关系

坚定直率

情绪自觉

更好的对话

作为领导者，希望你花大量的时间与下属沟通。在提供教练服务时，你需要对对话有较好的认识。领导者提供的教练服务不一定非得是一种正式的活动。你几乎可以在任何地方教练你的下属，如在走廊里、休息室，或者在他们的办公桌边上。

没有一种方法能用来有效地辅导每个人，但还是有一些指导性原则供你参考。如上所述，也有一些具体的（情绪）能力可以帮助你成为更好的教练。此外，教练不是一个让人畏惧的任务，你在良好交谈中所遵循的原则在教练场景中同样适用。

在《福布斯》杂志的一篇文章中，威廉·阿汝达给领导者提出了辅导下属时应遵行的几条原则。他访谈了许多非常成功的教练。这些教练也提出好的对话可以产生较好的关系，而好的关系又产生更好的结果。他们建议，作为领导者，应该把自己看成下属的思维伙伴。在与下属的对话中，应该注意聆听，挖掘潜力和想法。你通过提问来达到目的。提开放性的问题，然后注意听对方的回答。例如，“如果没有任何限制，你会如何解决这个问题？”这样，你就不会考虑人（或归咎）的因素，而方案就会聚焦在问题上（而不是聚焦在人身上）。

促进自我发现，鼓励下属自己找到克服挑战的方案。建议的一种方法是让下属带上答案而不是问题来找你。不仅要注意面前的问题，更要注意面前这个人。你可能很想针对他提出的建议或主意提出负面的回应，但那只会阻碍进一步的对话。所以，要有耐心，要接受他人。但是，这并不是说你必须接受提出来的每个主意。

期待对方会找到最佳方案，对此要积极、有信心，相信他会成功。通过清除障碍、提供资源，你使对方成功。最后，保持责任归属，为努力和结果庆祝。你需要强化对话，以便对话继续下去。认可下属的成功也会帮助持续对话。

在《福布斯》杂志发表的一篇专题文章中，汇集了《福布斯》教练委员会——一个受邀的职业教练组，特别为领导者提出了几项教练技能。他们的第一项建议是领导者要展示同理心。这是我已经提到过的情商技能中的一项，将在本章的后一部分详细展开。与前面推荐的提问相一致，他们建议领导者要保持好奇心。有了好奇心，你就有可能发现你以前不知道的东西。

发展优势

作为领导者，非常重要的是你要发现自己的优势。传统的领导形式，如发现并修正错误，已经不再适用。那些导致领导者或潜在领导者脱轨的问题必须得到解决（后面会更多地讨论），但是你首先应该关注的是发现并强化他的强项，给他最好的机会去成功。如果一直缺乏绩效，就应该有个不同性质的对话了。

一位杰出的领导者如同一位杰出的体育教练，要站在前面，拉动团队成员成功。更多的不是指挥人，而是结成伙伴走向成功。你需要创建一个环境，使“团队成员的声音被听到，他们的经验受到重视和确认，困难的决策得到团队的拥护”。作为领导者，你希望人们把你看作想让团队成功的合作伙伴。

领导者既可以给出反馈，也会收到反馈。当给他人建设性反馈时，或者收到建设性反馈时，会产生一个情绪体验。保持镇静。有些人对任何批评性话语过度敏感。在这些情形中重要的是不要被拖入一种过度的情绪状态。要全身心地参与，在收到反馈时保持客观和不要评判。如果有必要，先全部接收所有的信息，在之后再冷静和诚实地考虑这些反馈。

作为一位领导者，你可以给人创造转型的机会并引领人们变革。成为领导者的一个真实信号是他创造变革、制定愿景，并且使人们努力，有能力实现变革、实现愿景。这样，你可以感召人们拥有他们最好的成就。同样要记住，你是领导者，你有机会为团队清除障碍，使变革之路略为平坦。

与我们自我实现的观点相一致的是，《福布斯》的这篇文章还说：“教练的能力也是有效地了解、应用和教的能力。它也是指对自己和他人的结果负责。换句话说，如果你的客户做得好——庆祝。如果你的客户没做好，不要简单地说他们没做好，检查一下你什么地方可以做得更好、更有效或有所不同。这样你就是在不断地提高和成长。”

与我们在同理心方面的工作相一致，教练强调倾听的重要性，同时也指出那只是沟通的一半能力。与你如何倾听相伴的是你需要注意你说什么、如何说，以及什么时候说。所有这些步骤都会影响你的信息是否击中靶心，以及你是否得到所期待的结果。仔细倾听词语及其背后的意思，应用“包含性语言、节奏和音调（例如，这份报告比我们想的要难，我明白你为什么感到沮丧了）”来回应的领导者既能提高绩效又能增加工作中的乐趣。

情商技能

自我实现

自我实现在第 11 章已经有全面的描述，它也是有效教练的关键组成部分。自我实现型的领导者是大家学习的榜样，努力学习、发展新技能，并且愿意最大限度地优化自己的才能。自我实现型的领导者影响整个组织，因为员工可以仿用他们的方法。自我实现的驱动力刺激更高的工作效率和更高的员工满意度。它也成就了更有效的领导者教练。

同理心

作为领导者，管理人际关系的能力是改变团队并将组织带向一个新高度所需的。同理心，这种认知、了解和接受他人感受的能力，是建立强有力人际关系的关键。好的领导者教练用同理心领导，把握另一个人的感觉，即使这与你作为领导者的自己的感受非常不同。有了同理心会使你成为易于接近的领导者，并且使团队在分享想法和主意时有安全感。

还有，好的领导者教练能够与他人的感受同频或“感同身受”。他们关心团队的想法和感受。在遇到压力或需要防御时，你很容易会忍不住采取不太共情的方法，决策时不考虑团队的需求。无论如何，你需要尝试认识你的行为会如何影响他人。

领导力启示

对领导者教练来说，同理心在每日解决冲突、管理变革，或者做出困难决策时经常被用到。你展现同理心的能力常常会使你成为一个真诚的领导者，能获得团队的信任和尊重。为了更有效地鼓舞和辅导你的团队，要当心有些情况会使你的同理心行为出现裂痕（例如，当你感到有压力或愤怒时），而造成你和员工之间的情绪裂痕。

组织启示

不管你现在的同理心处在哪个水平，努力提升同理心会对你和组织有益。对倾听和理解的需要是人的核心本性。实践证明进一步提升同理心水平将在冲突管理中帮助抑制防御心态、获得需要的承诺，实现共同目标。

技能提升技巧

成功的领导者有能力采纳其他人的观点并能了解不同的人是如何体验情绪的。花时间理解团队中的每个人。在下一个会议之前，你可以这样做：

- 列出来所有参会者和他们的需求，以及每个人对会议的期待。
- 预测他们在会议期间会如何行动，以及你需要对什么问题保持敏感。
- 列出你在会议期间能用的一些问题来进一步了解团队需求。
- 用个日记本记录下来你对他们提出的问题和行动的正确预测（猜中）和不正确预测（猜错）。你可以通过深度了解团队中的每个人来减少猜错的数目。

观察专业人士的做法

找出你认识的某个有同理心并有效的沟通者。观察他们的实际沟通风格，记下来他们是如何在保持同理心、尊重他人和满足组织要求之间达到平衡的。想一想你怎样能利用你的人际能力来发展同理心。

人际关系

领导力如果没有强有力的人际关系是不可能存在的。虽然你具备扎实的技术能力，但在团队中建立强有力的人际关系的能力也非常重要，特别是在渡过难关时。要强调建立强有力的人际关系，要比大多数人都要更多地示范什么是好的团队成员。你的领导力需要靠他人和人际关系来实现，通过获得认同和承诺，建立正直诚信，获得团队成功所需要的资源。努力了解团队隐藏的和可见的优势及劣势。努力理解每个团队成员。始终如一地建立一个超越自己团队的支持性网络，使你对压力的负面影响有一个缓冲。

领导力启示

作为领导者，在发展人际关系时你应该重视保持信心、团队和谐和开放式沟通。真诚人际关系的这些特征可以帮助你吸引团队成员的大脑和心灵来参与工作。你需要与团队成员在个人层面上建立忠诚。通过保持一个很强的亲和关系，你可以激励并感召他们去实现创新和有挑战的目标。

组织启示

你应该致力于在整个组织构建健康的人际网络并能够与你的下属分享这些网络的益处。你努力去自然地、一致地建立和维护关系，会使你可以借所认识的人之力把工作做好，也就给你提供了影响组织的机会。

平衡赞扬和建设性反馈

记住要经常地赞扬和用建设性反馈来辅导团队。作为领导者，你处于一个理想的位置去鼓舞、辅导和激励团队释放个人和团队潜能。你知道团队喜欢什么样的赞扬？不是每个人都喜欢在同事面前拿到奖状，或者聚在办公桌旁唱“生日快乐”。

利用同理心技能来了解能激励和鼓舞每个团队成员。找机会使团队成员释放个人潜能，最成功的领导者注重发展员工。

建立人际关系的技巧

与各类人士建立有弹性和信任的关系，不管你个人对他们的感觉如何，这对引导你穿行工作场所的政治环境是至关重要的。

你可以：

- 找一位外部的人，他与你的关系还是很肤浅的。
- 你能做什么才能赢得他的信任并使他愿意帮助你？
- 列出你认为这个人对你的需求。

- 和这个人见面确认你的理解。
- 强调理解双方需求的重要性，并且制订一个行动计划以实现共同目标。

坚定直率

作为领导者教练，你应该发展的另一个重要情商技能是坚定直率。想象在被动和攻击两个词之间有一条连接线。在这条线的中间点就是坚定直率，在这个点上，你和团队共同合作，用恰当的语言在适当的时刻表达你的感受和想法。你需要用一种清楚和有信心的方式表达你的想法；决策时要坚定和直接。你可以通过清楚说明你的需求和保护他们的资源来引领团队朝目标努力。同样，你应该把你的权利和团队的权利看作神圣不可侵犯的。

领导力启示

有时，如当遇到他人的抗拒时，你可能需要用强烈的情绪和信念来表达你的立场。这是一个团队领导者所需的重要技能，因为它帮助你获得团队成员的认同并感召他们找出创新的解决方案。还有，高水平的坚定直率帮助获得团队所需的资源并能积极地清除在团队成功道路上的障碍。这时需要你做个坚定直率的领导者，其他时候可能需要你有更多的灵活性。在捍卫你的立场上过度的僵硬会导致出现无效的、顽固的，甚至是攻击性的行为（回顾第 9 章讨论的缺乏灵活性的领导力结果）。

组织启示

领导者教练善于用一种清晰和有信心的方式表达他们的观点。这种技能帮助他们解决冲突、利用组织资源、公开地说出他们的意见，并且为组织的成功做贡献。当展示坚定直率时你的领导能力清晰可见，因为你创建了一个强大的平台，在上面展示你的才能和团队的才能。但是，当你捍卫自己的立场时要小心，不要忽略可能改变你观点的重要信息或反馈。

了解你代表的立场

为了做出决策并确保团队友好协作，高坚定直率的领导者需要对他们所代表的立场有清楚的了解，并且知道在哪些点上他们愿意退让。

在下次你和个人或团队开会时：

- 写下你希望达成的理想结果。
- 回顾这些结果，并且挑出取得进展所必需的核心结果。
- 找出其他人需要提供什么信息才能让你在这些方面让步。

了解必需的核心结果，以及你愿意展现灵活性的理想化结果，会帮助你专注于目标，并且不会陷在死板的辩论中。

不要变得有攻击性

坚定直率能力高的领导者更容易做决策。这为团队提供了前进的方向：项目目标。重要的是要小心你的行为不要变得有攻击性。在决策时要确保你花时间真正倾听其他人的意见。保持一种开放的、互相尊重的沟通文化可以极大地鼓舞其他人达到一个新高度。这对领导者教练是异常的珍贵。

情绪自觉

第 11 章讨论了情绪自觉对成为真诚的领导者的重要性。这对成为一位好的教练型领导者也是非常重要的。确切地认识是什么引发你的情绪，使你更容易调节自己的行为，并且控制情绪对组织中的员工所造成的影响。教练型领导者清楚地知道他们的情绪及其对他人和绩效的影响。在情绪上的自我觉察会使你能够镇静地领导并使你对他人的影响有更好的认识。同样，在需要时，你更有可能基于你的直觉来采取行动。

当你被看作有高度的情绪自觉时，你会更容易从员工那里得到尊重、敬佩和忠诚。达到这个境界的一个步骤是花时间思考你的行为，而不是匆忙地行动，这要求你考虑自己的，以及其他人的情绪反应。

教练型领导者案例

现今大家都认可的一位致力于教练和提高他人绩效的领导者是雪莉·桑德伯格。桑德伯格是脸书的首席运营官，在加入脸书之前是谷歌的全球在线销售和运营的副总裁，在此之前是美国财政部长的办公室主任。她是畅销书《向前一步》的作者。她被《财富》杂志评为最有影响力的 50 名商界女性之一，位列第 16，并且她还被《商业周刊》提名为 25 位网上最有影响力的人之一。

她认同的一句名言是“领导力是因为你的存在而使他人变得更好，并且确保当你不在的时候你的影响还在。”（哈佛商学院的领导力定义）。在《向前一步》出版之后，她花大量的时间鼓励妇女讨论她们的工作—生活状况，以及如何才能成功，这已经成了一场运动。桑德伯格非常重视梦想和个人实现，她希望利用“向前一步”的运动来帮助其他人克服她们的恐惧并取得成功。

能够影响他人改变需花时间了解人们的价值观。桑德伯格在这方面就花了大量的时间。有报道称她能够有效处理情感、有效地与团队一起工作、开放沟通和坚持寻求成长。

最伟大的领导者知道能实现愿景的唯一道路是使其他人参与进来。桑德伯格知道如果要实现她的梦想，让更多的女性拥有更高的职位，她必须让其他人参与进来。她的做法是鼓励女性在自己的职业生涯上更加主动积极，向前一步，并且对自己的成功负责。

在帮助他人方面她做得更多，甚至创立了“向前一步圈子”，这是为职业女性提供的一个在线社区。这场运动也帮助女性组成 8~10 人的小组，然后这些小组也就成为支持成员的小组。

雪莉·桑德伯格的教练或导师观点是有点不合常规。她提倡请教他人，不管是比你资深的还是资浅的，让人给你提供解决某个问题的具体建议来帮助你。依她的观点，这样做比起简单地请求人做你的导师会形成更富有成效的关系。

在今日世界里，随着工作和旅行的步调加快，要保持有效的导师和学生关系是非常具有挑战性的。传统的导师和学生关系也会受困于缺乏清晰的需求和目的。一个更有目标性的请求帮助形式，如桑德伯格所提倡的，是很有道理的。与之相关的是创立你自己的“顾问委员会”的想法，并且能够基于你的需求、独特的优势和经验为自己寻求、也为他人提供价值与建议。

桑德伯格的另一个有关传统型导师的担忧是这会让人依赖导师。她把寻找导师比喻成“等同于在职场上等待白马王子”。同样她也支持这样的观点：一个人可以有不止一个导师（导师 = 可信任的顾问），也就是同时与几个信任的顾问建立关系。另外，在一个人的职业生涯中自然会出现很多的“可信任的顾问”，为什么还要刻意去寻找一位“导师”呢？显然，桑德伯格反对的不是找导师而是这种人为地寻找导师。

在任何情况下，虽然人们对桑德伯格的有些建议有争议，但是她还是坚持倡导教练在领导力中的重要性。对要发展自己的领导力的人来说本章提供了很多你可以采取的行动步骤来发展你的教练技能。如果你需要进一步的指引，请考虑下面的问题。

高情商领导者：需要思考的问题

1. 你有过一位好教练吗？
2. 他们做了什么使这种经历感觉很好？
3. 你考虑过把某人当作你的导师吗？
4. 你如何区分教练和导师？
5. 你具有什么技能会使你成为一位好教练？
6. 你把教练工作当成你工作的一部分吗？
7. 你在辅导他人上投入了多少时间？
8. 你会辅导他人的什么技能？

第13章

支柱 III：洞见

成为坟墓里最富有的人对我没有意义。晚上上床睡觉时能够说我们做了美好的事，对我来说那才是真正重要的。

——史蒂夫·乔布斯

洞见

洞见的定义

带着目的、意义和愿景进行沟通：

沟通目的、意义和愿景、充满希望的未来，促使员工达成并超越目标。

目的导向的领导力是指什么？目的导向的领导力的起源可以追溯到精神病学家、大屠杀幸存者维克特·弗兰克尔的研究。他从集中营被解救出来之后，开始着手写他的代表作《活出生命的意义》。弗兰克尔观察到集中营幸存的人是那些在饥饿和非人的折磨中仍相信生命有其意义和目的的人，而那些虚无主义者和愤世嫉俗的人都消失了。

今天，一个目的导向的组织具有巨大的优势。有一股推动力使全世界的公司更加受目的驱动。在近期《哈佛商业评论》刊登的一篇文章中作者说："学术派富有说服力地提出，高管的最重要角色是要把握组织的目的。商业专家解说了组织的目的是实现卓越绩效的关键，而心理学家把它描述成通向更加幸福的路径。"

马克·彭谢克也在《哈佛商业评论》上写文章，描述了组织的3类目的。第1类目的是关于价值观的——你是谁，你代表的是什么立场；第2类目的是关于价值的——你做什么及它对其他人有什么益处。最终，你要将价值观和价值统一起来，你所做的应该反映你是谁。你的立场应该指引你提供什么或生产什么产品。第3类目的是关于你与他人共享的价值观，并且你对社区的价值应该强化你对客户和股东的价值。这是企业社会责任的一个重要方面。

这种想法是要把满足客户变成你的目的的一部分，并且以此来指引你的业务运营。客户应该想要共享你的目的。你的目的应该成为客户的目的。客户需要和你一起达到目的而不仅仅是为了你。

目的与使命的陈述是不一样的，虽然一个好的使命陈述会包含目的。例如，彭谢克将阿迪达斯的使命陈述与耐克的相比较。

> 阿迪达斯：阿迪达斯集团致力于成为运动物品行业品牌的全球领导者，建立人们对运动的热爱并创建一种运动生活方式。
>
> 耐克：为世界上每个运动员*带来灵感和创新。
>
> 【注】*：“你有身体，你就是运动员。”

阿迪达斯强调的是价值与价值观，而耐克的陈述更进一步，它不仅论述了你的兴趣，并且论述了你是谁。阿迪达斯是为你，而耐克是与你一起。

克雷格和斯努克调查了他们在哈佛商学院的学生和高管，发现只有不到20%的领导者有很强的个人目的感。这些作者把领导力目的描述为知道你是谁和是什么使你与众不同。他们基本上把目的看作个人品牌，是努力驱动去实现的东西。目的主要不是关于你做了什么，而是你为什么做。

发现你的目的

有组织的目的，也有个人的目的。识别这两个目的可以帮助你成为一位更好的领导者。你怎样才能识别自己的目的呢？把你的目的当作人生核心、优势、价值观和激情。是什么样的激情给你力量、给你欢乐？

有些具体的问题可以用来帮助你找出你的目的。一开始是回想你小时候最喜欢做的事情。你可能记得你不得不停止做某些活动，以及当时你的感受。富有挑战的生活体验也会引领你明确人生目的。最后，想想那些你总是喜欢做的事情，以及那些让你保持激情的事情。你可能想要和你关系很近的人对你在这些方面的看法和意见。

一旦你完成了这个练习，尝试完成下面这个陈述："我的领导力目的是____________________________________。"

了解你的目的，知道是什么激励你，使你能够重新定义你的角色。通过更好地理解你的个人目的，你就能更好地建立组织的目的。克雷格和斯努克列出了一个 5 步行动来创建组织目的计划。

第 1 步，创建一个目的陈述。如果让你有激情的是音乐，那么你的目的可能是创作音乐以带给人力量和使人兴奋。

第 2 步，解释目的。你一直都热爱音乐。你年轻的时候学会了演奏一件乐器并加入了一个乐队。你创作很好听的曲子，并且人们热爱你的音乐。通过和你的乐队一起演奏，并且注意你的观众，你体验到观众的激动。你学会了如何管理乐队成员并使他们专心做好工作，不管是写一首歌、创作编曲，还是现场演出。同时你完全清楚你的观众想听什么样的音乐。

第 3 步，设定 3~5 年目标。创建最好的和最富创新的产品或服务，它们不仅是观众真正想要的，也是能从情感上打动他们的。确定你怎样来做这个事情即你要进行的步骤。让你的团队专注在这个目标上。注意你的客户世界里的发展趋势。用一小部分信任的观众尝试你的创新结果。然后练习，尽最大的努力把你的作品发布给你能找到的最多和最好的观众。

第 4 步，设定一个两年目标。你以陈述目标开始，如让产品保持最佳销售状态。之后你可以勾画出任何能够达成目标的步骤。

第 5 步，也是最后一点，你可以设定一年的目标及达成目标的步骤。然后你可以设定 6 个月目标和 30 天目标。

沟通目的

一旦你为组织建立了一个目的，作为领导者，你的一个重要工作是把目的宣传给公司内、外的人。为一个有目的的组织工作对千禧一代来说是特别重要的，他们需要听到你的信息。怎样去沟通你的目的？杰夫·博斯发表的一篇文章里（博斯，2016）列出了具体的步骤。重要的是要认识到传达目的不是简单地做一次激励性演讲，或者偶尔用用鼓舞人心的词汇。

公司的目的应该令人兴奋并有挑战性，同时又需要符合实际和可信才能有效。如果过于远大，就会让人觉得无从下手。你需要一个人们能相信的拓展性目标。

你的目的应该清晰但不要有条条框框的规定。应该有足够的空间让人们选择如何去达成既定的目标。成为“世界上最好的”或对你现有的产品或服务增加“价值”不是好的目的陈述。这样的陈述太不清晰也不吸引人。杰夫·博斯给出了西南航空公司的例子，它的目的是“通过友好、可靠和低成本的空中旅行将人们与生活中重要的东西连接在一起”。这类陈述帮助员工决定在遇到某些挑战时如何应对，因为节省客户的成本是决策的优先条件。

实现组织的目的也会满足员工的需求。现在，人们比过去任何时候都追求工作的意义。人们需要在工作中感到自豪。为一个与个人价值观相匹配的目的工作会让人充满能量。目的不仅给组织指引了方向，也为在那里工作的人们提供了方向。

有洞见的领导者

有许多基本的情商技能与领导力洞见有关。有些在前面的几个领导力支柱中已经讨论过。这一章会简单地提及它们与洞见的关系。

我们对有洞见的领导者的定义：

> 通过与员工分享一个明确的目的和让他们追随的有望实现的愿景来提供洞见的领导者。员工受到感召而自动地去超越目标。

与此领导风格相关的情商基本技能是：

自我实现

乐观

自我肯定

社会责任

人际关系

情绪表达

自我实现

自我实现是情商领导力的 4 个支柱中都有的一个重要因素。进一步来说，自我实现与整体工作的成功与绩效有很强的关联性。它可以用 4 个字来总结：追求意义——与第 3 个支柱洞见有直接关系。这听起来有点哲学味。作为领导者，这意味着你需要找到你角色中的目的和乐趣并发挥你的全部潜能。如果你有一个更高的成就感并下定决心，那么作为个人和一位影响者你就会有驱动力，来为团队或组织成就伟大的事业。

自称实现型的领导者被认作大家的榜样，努力学习，发展新技能、愿意成长并最大限度地优化他的才能。高自我实现型的领导者感染整个组织，因为员工会模仿他的方法。这种自我实现的驱动力激发更高的产能和更高的员工满意度。

乐观

乐观即尽管受挫仍然保持积极向上的能力，是职场成功的领导者和不成功的领导者之间关键性的区别因素。从帮助你坚忍不拔到激励和鼓舞同事，乐观几乎影响了情商的每个应用。作为领导者你需要用积极的眼光看待你的工作和生活。

乐观型领导者的一些特征：

- 他们热情和热忱。
- 他们激励同事获得成功，帮助他们设定延展性目标并达到更高的高度。
- 他们相信挫折是暂时的，相信他们能够克服挫折。

领导力启示

乐观型的领导风格帮助你把绝大多数情况看作可以改变和控制的。通过进一步发展乐观的能力，当你遭遇逆境时你能够克服挑战，从挑战中学习，并且激励他人也这样做。你能为组织设定感召人的使命和愿景，它能产生实际的结果和效率。

组织启示

有乐观的心态，同事可以模仿你的性格并在遭遇棘手情况时把你当作榜样。大部分时候组织是在不确定性中成长的，这些情况被看作暂时的和容易克服的。

修改你的用语

如果你想发展乐观能力，你可以调整讲话，因为你所用的词汇可以创造一个积极的或消极的氛围。例如：

- 在会议上如果你扮演魔鬼代言人的角色，就要注意了。你经常批评别人的想法或解决方法而不考虑证据吗？
- 下一次当一位同事提出一个倡议时，花时间考虑一下他的观点和贡献。
- 用积极陈述语作为你的最初反应（如“那个听起来很有希望”及“你是否考虑了其他方法？”），并以此增强你的积极心态。

自我肯定

自我肯定能力强的领导者尊重自己，接受个人的优势和局限性，同时保持满足和自我安全感。一位自信的领导者也清楚理解自己的优势和劣势。自我肯定包括具有很强的、与价值观一致的个性。重要的是，你的自信需要植根于你的现实判断能力，并且不断寻求他人的反馈。

你可以：

- 应用你在关键的战略决策方面的重要影响力。
- 在面对相反观点时，展示你坚持信念的勇气。

- 利用你的领导力优势，发挥你的强项，把自己较弱领域内的任务授权给人。

领导力启示

自我肯定能力强的领导者奋力超越组织目标，创建追求卓越的氛围，对自己的领导能力充满信心。他们的挑战是如何精准估计自己的实际能力。为弥补这个缺陷，需要有现实判断的行为，并且不断寻求团队成员的反馈来保持正确的自我认知。

组织启示

理解和接受一个人的优势和劣势的能力被认作真诚领导力。高度自信的领导者可以在不同方面帮助他人。他们以身作则，对自己和员工都有更高的期望，这会产生高质量的决策和更高的工作效率。建议自我肯定能力强的领导者多用外部的验证以避免自大，对自己的能力保持一个符合实际的评估。

留心你的劣势

意识到自己的劣势会帮助人们避免夸大的自我感觉和膨胀的自我形象。没有人是完美的：我们的瑕疵只是表明我们也是人。关键是要觉察到你的局限性并确保它们不会影响组织的绩效。找一些方法来改善你的劣势。例如，如果你因错过最后期限而烦躁、焦虑，你也可以重新聚焦，或者练习放松技巧（如深呼吸）。你可以找到许多方法。意识到自己的劣势就会使人们采取行动和做出有意义的改变。这种改变不可能一蹴而就，但只要坚持不懈，改变是可能的。

聚焦你的优势

利用你的才能把积极的情绪注入你的思维中。

每位领导者都有优势和劣势，关键是要聚焦在你的优势上。例如，如果你擅长做公众演讲，就申请在下一次会议上做演讲。

在合适的时候将你不擅长的任务授权给同事，他们在某些专业领域有更好的专长。通过聚焦你的优势，你能够充分运用你的技能，这会帮助形成一个正面积极的人生观。

谦逊是最好的策略

对自己的优势应该有好的感觉，但不可过度地夸大。小心不要陷入傲慢的泥淖，在提升领导力时展现谦逊和谦卑。成功的领导者知道自己的价值，但他们注意通过从团队和其他领导者那里寻求反馈，这样他们扎实、脚踏实地。

员工尊重富有愿景和魅力四射的领导者，但他必须是可以接近的、真诚的并与他人同频。处事谦逊会帮助你赢得员工的尊重和仰慕。

社会责任

有社会责任的领导者富有洞见，同时他们也是真诚的领导者。社会责任召唤领导者以有道德和负责任的行为方式做事，促进更大的社会利益，并且在团队、组织和社区里发出强有力的声音。一个有社会责任的领导者会利用绝大多数的机会帮助团队和组织。他们在工作上和在社区中做出无私的奉献，展示出对他人的关心。

领导力启示

有社会责任的领导者有很好的目的感，是团队和社区的领头羊。你需要在领导人的过程中，坚持道德和伦理标准，并且把团队目标放在前面，把自己的目标放在后面。你也会努力做贡献或使社会发生改变（如参加慈善组织或募集善款）。

反应与聚焦

成为一位成功的领导者不是一场独奏。真正的成功来自你帮助团队成员实现职业目标和个人进步。然而，一味地支持他人会夺走你作为领导者需要花在自己身上的时间。努力确保你不是在用对其他人的过度关注来回避自己的情绪现状、自己的目标及自己的工作。

回想一下你上周的时间是怎样度过的。你把时间花在什么样的活动和任务上了？

花时间的工作中哪些是为了使自己、家庭、工作、你领导的人和其他人变得更好？如果你在某个领域过度花时间，则调整你下个月的日程安排并重新聚焦。

鼓舞人心的倡议

鼓舞他人尽其社会责任能在为社会利益做贡献的同时使人们感到整体的意义。用你对自己所关心的社会事业的激情来鼓励团队和组织的参与（如在组织内建立一个社区支持小组）。集思广益想出一些你、团队或组织作为一个整体能参与的活动，同时确保这些活动与组织的愿景相一致也对员工有益。

制订一个在组织内建立社会责任的行动计划，确定具体的角色和完成这些活动的时间表。

人际关系

洞见领导力如果没有强有力的人际关系是不可能存在的。虽然你具备扎实的技术能力，但在你的团队中建立强有力的人际关系的能力也非常重要，特别是在帮助团队渡过难关时。如果要建立强有力的人际关系，则要比绝大多数人都要更多地示范什么是优秀的团队成员。你的领导力需要依靠他人和人际关系来实现，通过获得认同和承诺，建立正直诚信，获得必要的资源，使团队成功。

情绪表达

如果你对引起自己情绪的原因有透彻的了解，你就更容易调节你的行为，管控你的情绪对组织内员工的影响。有高度情绪表达能力的领导者能镇静地领导，他们完全了解他们的情绪对其他人的影响。

这些领导者：

- 能在时间有限的情况下基于“直觉”选择新的行动方案。
- 在员工那里得到尊重、仰慕和诚实，因为他们被看作有高度自我意识的人。
- 一般都会花时间深思熟虑再行动，而不是草率行事，从而考虑到自己合适的情绪反应和其他人的反应。

领导力启示

这些领导者能彻底把握住自己的情绪触发点和反应。这种深度理解帮助简化决策的流程，同时在自己领导者的角色上考虑到情绪的作用。理解了你的情绪触发点和反应就能使你利用这种情绪有效地引导团队经受挑战和应对困难情境。

组织启示

情绪表达能力强的领导者能抓住轻微的情绪细节，帮助他们在已知、可控的程度上冒险，以使组织达成战略目标。认识到自己的情绪触发点和情绪反应，并且对此感到把握舒适，将使他们能用真实和坦诚的方法领导员工，帮助他们获得员工的信任和认同。也使他们能够识别和利用不同的情绪，能够轻松地管理紧张甚至让人应接不暇的情境。

成为榜样

坚定不移地控制好你的情绪，你将能创新，能成功冒险，并且能获得员工的信任。异常杰出的领导者有天赋，能够在竞争激烈的情境、巨大的压力和威胁下保持镇静沉着。你认知自己情绪的能力可以帮助你成为保持镇静的榜样，确保员工对战胜任何潜在的挑战都感到安全和安心。

提供讨论会、工作坊或雇用一位情商专家来培训员工，教他们认识情绪及他们的情绪对其他人的影响。

权衡证据

那些非常善于理解情绪的领导者会过度依赖于他们的情绪晴雨表进行决策。所以，把客观的证据考虑进来是非常重要的。直觉只能带你走那么远。有时，在直觉上觉得一项交易是对的，但数据可能不支持交易后面的策略。

一定要咨询同事，让团队成员参与，强调需要事实来支持你提议的行动方案。

洞见的重要性

在《企业文化与经营业绩》这本书中约翰·科特和詹姆士·赫斯克特证明，在 10 多年的时间里，有明确的目的、价值导向的公司其股票价格是同行的 12 倍。在目的缺失的公司，领导层很难激励员工、把公司放到成功的轨道上。他们的客户在与公司的连接上有难度。有了明确的目的，一家公司可以创造价值，这个价值远大于它各个部分之和。

洞见型领导力的榜样

今天有许多领导者在富有洞见或目标明确的领导力上是很好的例子。特别突出的例子是已故企业家安妮塔·罗迪克，她开创了著名的连锁商店“美体小铺”。她曾被描述为“从布莱顿的一家微型店铺开始，创立并培育了一个 21 世纪最成功的标志性英国品牌”。她的商业成功包括在 52 个市场创建了超过 2 000 家“美体小铺”零售商店，服务 7 500 万名顾客。事实上，鲜有其他的英国品牌在国际上取得同样程度的成功。

她的成功归因于她的感召性领导风格，以及她对待资本主义和创业者的利他主义所留给顾客、员工和整个社会的印象。

罗迪克被许多人当作当代商业和社会的梦想家。她综合了创业精神、战略思维和道德领导力，相信“商业有力量做好事”，并且毫无例外地践行她的愿景。

“这就是为什么‘美体小铺’的使命陈述是以承诺开头的：‘用我们的生意致力于追求社会和环境的改变。’”罗迪克说，“我想为一家贡献社区并是社区一员的公司工作。我想要的不仅是可以投资的公司，我想要的是可以信任的公司。”她还报告说，“生意不应该只是钱，它应该是责任。它应该是关于公众利益，而不是个人贪欲。”

“美体小铺”的社会责任愿景有 5 个价值观：

1. 反对动物实验；
2. 支持社区贸易；
3. 激活自尊；

4. 捍卫人权；
5. 保护地球。

在这个公司的愿景中没有提到“最好的”或“杰出的客户服务”或其他常见的品牌价值。有洞见的领导者知道的不只是他们的目的、使命和价值观，他们也知道如何构建他们的价值观，使之对员工、合作伙伴和顾客都是必需的。

高情商领导者：需要思考的问题

1. 你认为自己是有目的或有使命的人吗？
2. 你怎样解释你的目的？
3. 你的个人目的与工作目的一致吗？
4. 在和你一起工作的人中，有多少人有明确的人生目的或意义？
5. 你怎样为和你一起工作的人的生活增添意义？
6. 你在工作中做什么有意义的贡献？
7. 你如何评估是否对自己生活的方向满意？

第 14 章
支柱 IV：创新

如果你想建造一艘船，不要把人召集在一起去采集木头，

也不要给他们安排任务和工作，而是教他们渴望大海的宽广无垠。

——安东尼·德·圣艾修伯里

创新

创新的定义

培育独创性、想象力和自主思考：

理解冒险、刺激创造力、想象力、自主思考的重要性，强调知识，把挑战看作学习的机会。

如何做才能成为创新的领导者？一位创新型的领导者对组织有多大的影响？在一系列的研究中，麦肯锡研究院探讨了想创新的领导者与他们实际的创新能力之间所存在的差距。他们报告说，根据他们的调查，70%的高管声称在未来几年里，创新是驱动他们公司成长的三大因素之一。他们也发现，65%的高管对他们在这个领域的决策少有信心或缺乏信心。

虽然到目前为止对培育创新还没有公认的最佳实践，但企业高管中几乎是人人同意，员工和企业文化是公司创新的驱动因素。麦肯锡发现了创新型组织 3 个关键的人员管理建设模块。

第一，也是大多数人认为最重要的方面，把创新列入公司的战略计划，这样就可以对它进行管理、追踪和测量。

第二，更好地利用高管现有的、还没有发挥出来的才能进行创新。这样做就不必实施破坏性的变革项目。然而公司需提供条件，建立并发展活跃的创新网络。

第三，采取清晰的步骤来培育一种员工间互相信任的创新文化。在这样的文化中，人们因想法受到尊重而产生感激之情，相信可以安全地提出一些想法，并且与他们的经理一起集体监控可能的风险。

在另一项调查中，麦肯锡发现600位高管报告说领导力是预测创新的唯一最佳因素。另外，他们还发现，“对推动创新的行为有两个最重要的激励因素，即鼓励和保护创新的高效领导者和亲自花时间积极管理并驱动创新的高管”。

但在大多数组织中，创新只是说说而已，他们奖励短期绩效，害怕失败，阻碍了创新发展。以下推荐3个克服这种困难的步骤：

1. 明确何种创新能够驱动企业成长，帮助实现策略目标；
2. 在定期的管理会议上将创新纳入正式的日程表；
3. 为创新设定绩效目标和测量方法（包括财务目标和行为目标）。

在另一项对创新型领导者的特质研究中，杰克·曾格和约瑟夫·弗克曼面谈了33位高度创新型领导者并对他们进行了360度测评。他们识别出了10个特质，其中最重要的第1个特质是能展示卓越的战略愿景。这包括给他们要去的目的地勾画出一个清晰图像的能力，但把设置到达那里的路线留给了创新团队。第2个特质是有一个很强的客户导向。不应该为了创新而创新。成功地领导创新需要你真正地理解客户——同理心的情商技能。第3个特质涉及创建一个信任的氛围。再说一次，这与冒险并允许人们失败有关。同样重要的是团队内及组织内其他人之间的互相协作。第4个特质，这些领导者在做对组织和客户正确的事上有无惧的忠诚度。为客户做正确的事优先于取悦老板。这表示出坚定直率的情商技能。第5个特质，他们推行一种文化即从底层收集想法，而不是自上而下的。他们对别人的想法表示出乐观和积极的态度。第6个特质是他们说服人的能力。他们能让其他人接受他们的想法。他们被描述为热情的人。他们能够用目的感和意义感激励感召其他人——一种洞见的能力。

创新型领导者案例

在过去几十年里有很多创新型领导者的例子：比尔·盖茨（微软）、拉里·佩奇（谷歌）、伊隆·马斯克（特斯拉汽车与太空 X）、马克·扎克伯格（脸书）、里德·哈斯廷斯（网飞）、约恩·维格·克努德斯托普（乐高）、玛丽莎·梅耶尔（雅虎）、杰夫·贝索斯（亚马逊）、杰夫·维纳（领英）和简·库姆（WhatsApp），等等。但最具标志性的莫过于史蒂夫·乔布斯（苹果）。

一直有很多人尝试着解释乔布斯的创新成功。正如卡迈恩·加洛指出的，苹果公司在乔布斯离开的 12 年里几乎破产。当他返回以后，他发起了一项又一项创新，被 CNBC（美国 NBC 环球集团持有的全球性财经有线电视卫星新闻台）提名为在过去 25 年里最有创新和变革精神的领导者。

他性格中的什么要素驱动创新，使苹果公司从破产的边缘发展到世界上最成功的公司？创新型领导者可以从中学到什么？加洛从这个成功个案中提炼出几个明显的规则。

以激情和愿景来领导

乔布斯经常说做你热爱的工作非常重要。一切都是因为有激情。乔布斯热爱的不是计算机，而是计算机带给世界上的人们的可能性。通过一个大胆的、具体的愿景感召人们采取行动。激情点燃了行动，愿景明确了方向。乔布斯雇用最好的人并让他们朝着他与他们共享的愿景前进。

努力简化

当乔布斯返回苹果公司时，他发现有许多不同又毫不相关的项目在进行着。他一开始的重要目标之一便是减少研发项目数。按他的话说："创新来自对 1 000 件事说'不'。"他推崇把事情简单化。当微软公司正在扩展视窗功能并把它变得更复杂时，乔布斯开始创造更简单、比竞争品牌更少按键的 iPhone。

寻找连接

创新的一大部分工作是连接不同的东西。创新者知道如何将来自不同学科的想法连接起来，并且将它们应用到具体的项目中。乔布斯能够吸取不同的概念并将它们应用到他的创新中，如将他在大学时学到的书法应用到麦金塔字体的设计上。正如乔布斯在他生命的最后时刻所说的："正是技术和人文科学的交叉点让人们的心灵歌唱。"

分享故事，售卖梦想

成为一个好的故事讲述者帮助你将信息传递给其他人。也许是受到人文科学的影响，乔布斯是一位杰出的故事讲述者，大批的追随者会挤爆剧场就为听到他发布新产品。乔布斯知道一个好的故事讲述者能帮助把信息传递给别人。有一个伟大的想法不足以成为一位创新者，你还必须能推销你的信息。

乔布斯的另一个伟大特质是不卖产品而卖梦想。一般来说人们对产品不感兴趣，而是想知道他们的生活如何变得更好。不管是 iPhone 还是 iPad，重要的不是这些设备本身，而是它是多么容易使用，使你的生活更加容易。

倾听自己

创新者与对他们说'不'的人打交道时会发生什么？乔布斯自己说的最好了："别让他人意见的噪声淹没你自己内心的声音……最重要的是要有勇气顺从你的内心和直觉，它们已经知道你真正想要成为什么。"

创新型领导者

创新型领导者的定义：

创新型领导者专注于冒险，激发同事的独创性和自主思维；重视知识，视挑战为学习机会。

创新型领导力中的基本情商技能：

自我实现

独立

问题解决

坚定直率

灵活

乐观

自我实现

自我实现是成功领导力的 4 个支柱都含有的一个重要因素。自我实现与整体的工作的成功与绩效有很强的关联性。它可以用追求意义 4 个字来总结。这听起来有点哲学味。作为领导者，这意味着你需要找到你角色中的目的和乐趣并发挥你的全部潜能。如果你有一个更高的成就感并下定决心，那么作为个人和一位影响者你就会有驱动力，来为团队或组织成就伟大的事业。

领导力启示

独立型领导者很少依靠他人做重要决策。这些领导者是自我导向的，能分析情境，形成回应，并进入执行模式而不会再次怀疑自己的决定。这是一个对领导者来说很关键的技能，特别是当需要做出困难的决策且上级指示有限时。同时，他们不忽视团队的情绪和意见，因为那样员工会感到有隔阂，最终便不参与。

组织启示

独立型领导者往往会说出他们的想法和意见，很可能在讨论中加入自己的视角并影响组织的方向。他们积极催生想法而不是仅仅被动地接受。要密切关注你是否经常只按自己的想法去做，而不是建立协作。有一个共同的价值观和目标的团队会造就强有力的组织。

独立

独立的领导者有能力自己感知、思考并靠自己进行工作，而独立是所有杰出的领导者共同具有的关键技能。当独立技能得到很好发展时，你就做好了准备并有能力持守自己的想法，并且独立做出团队所需要的决策。独立的领导者不太可能受到流行看法的影响而改变，这能保持为团队所建立的方向。以下为独立领导者的特征：

- 他们能轻松舒适地提供方向和独立工作；
- 他们能在情绪上不依赖他人进行工作，也不需要别人的确认；
- 他们为自己的决策承担责任，清楚有时人们会不同意他们的意见。

保持连接

独立对领导一个团队来说是重要非常的，但完全的独立自主会降低你从员工那里获得认同程度。这里再次提示 4 种品质，它们暗示你过于独立了。

无知：人们感觉到你在忽视事实来追求完成自己的目标吗？

无所不知：你认为你知道一切，这样你不需要团队的意见吗？

分离：你是否伤害协作关系和别人的参与度，因为没有把别人包含在内？

关闭门户：你有个开门政策，但你的行为恰使你远离团队了吗？

倾听反馈

要确保你在组织中不伤害任何重要关系，需要平衡自我导向与寻求建议和反馈的能力。

你不必成为某种想法的热衷粉丝，但应接受他人的思维过程，探索不同的观点。这样做能帮助获得其他人的支持，甚至激发出新的可能性。

- 检查你过去的一些决策。你的决策过程是怎样的？你向谁寻求建议或不同观点？你又如何处理别人给你的建议？
- 下一次当你寻求团队的建议时，先记下不同的视角和观点，再提出自己的反对意见。随后，认真回顾那些记录，仔细思考那些反馈及它们对你的决策的影响。

问题解决

问题解决是每位领导者每天要面对的工作。然而领导者不仅需要问题解决的技能，还需要学会解决涉及情绪的问题，并且认识到这些情绪是如何影响自己的决策力的。问题解决是情商的一个领域，创新型领导者会广泛地使用这方面的技能，他们直接解决问题而不会被情绪所影响。他们持续这么做，并且不断地唤起所领导的人的坚定决心和信心。这些领导者：

- 认为情绪信息起关键作用，但又不因之而脱轨。
- 经过许多的步骤来解决问题而不受情绪影响。
- 深入探究棘手或敏感的问题，同时清楚情绪在起作用。
- 很少让情绪妨碍决策，但也不走极端而完全忽视自己的感受。

领导力启示

对于几乎每个问题，创新型领导者在找出解决方法时都展现出专注和理性。他们的领导方法允许他们从不同的角度看问题，用新的方式对待问题情境，激发团队的创造性，并且在必要时进行流程再造。

这样的领导者还是想显示对所做的决策自己有情绪上的投入，只是不让情绪妨碍自己做决策。

组织启示

创新型领导者从不同的视角看问题，而且不被情绪所干扰，这使他们找出比大多数领导者更多、更广的解决方法。他们因其理性的问题解决方法而受到关注，特别是在所面对的问题涉及很高的情绪时。

勇于直接面对问题使他们在整个组织中，定下了快速反应和高效率的基调。

先寻求理解

如果你发现自己快速跃入问题解决模式，你很可能还没有完全了解情况就开始执行解决方案了。

- 开始解决问题时至少要向两个人解释你对问题的理解，一个人是与问题有密切关系的人，而另一个人是中立的第三方。
- 先不要询问解决方法，而是让他们听完你对情况的综述，如果需要，问一些澄清性的问题。
- 一个你不知道答案的问题本身就是一个信号，告诉你需要对问题有更多理解，然后再开始解决它。

设定不同情绪

作为领导者，你需要管理团队的情绪状态。其他人可能不像你一样有决断力，当你埋头解决问题时别把其他人撇在后头。

- 如果团队需要创新性，可以考虑非常规的方法，尝试在小组内激发积极的情绪（如回忆一个成功事件、利用幽默，或者在办公室以外开一次会）。
- 另外，为确保其他人能将注意力集中在细节或分析问题的相关成本上，可以尝试产生一种稍微不积极的情绪来帮助做好问题解决的分析阶段。

坚定直率

要想成为一位创新型领导者，你需要发展的另一项关键的情绪技能是坚定直率。在被动和攻击性两个词汇之间画一条直线，在这条线的中间点上就是坚定直率，即在你和团队一起工作时，找到恰当的语言在恰当的时候表达你的感受和想法。它可以帮助你用清晰和自信的方式明确表达你的想法。在做决策时你应当坚定直率。你可以通过明确说明你的需求和保护他们的资源来指引团队达到目标。同样，你应该神圣地看待你和团队的权力。

领导力启示

创新型领导者调动强烈的情绪和信念陈述他们的立场。这是领导团队必需的一个至关重要的技能，它帮助你获得团队的认同并感召他们找出创新方案。高度的坚定直率帮助获得团队所需要的资源并主动清除团队成功道路上的障碍。在某些场景中要求你成为一个坚定自信的领导者，而有些情况则需要你在思考上有更多的灵活性。在捍卫你的立场时过度死板会导致出现无用的、僵硬的或攻击性的行为。

灵活

灵活需要你能够修正你的想法、情绪和行为来应对变化。一位创新、灵活的领导者有一种精细调制好的能力来适应组织内优先事项的变化。他们是催化剂，刺激新鲜的思想，从突发的事件中学习。这种调整适应的意愿使他们变成进步的旗手，并且用各种不同的领导方法来领导下属。灵活型领导者的一些特征：

- 他们能对没有预测到的事件做出快速反应。
- 他们能做出反应，但不局限于传统和过时的方法。
- 他们能够针对多变的环境和团队成员的不同需求塑造他们的领导风格和情绪反应。

领导力启示

一位创新、灵活的领导者对不管是小型的还是大型的变革都能运作自如。他们认识到他们不能控制一切，这帮助他们激发团队中的各种想法和创造性。他们不总是维持现状，如有必要，愿意改善业务流程、改变领导风格。当他们在有足够的信息基础上做值得信任的决策时，这种变革就会比较容易实现。

组织启示

创新、灵活的领导者是快速反应的典范。他们的灵活性会帮助培育新的洞见和新的观点。这样，在团队里和工作关系中常有不同的意见被提出来，挑战传统的方法和流程也屡见不鲜。这些领导者帮助组织采纳“盒子外”（非常规的）的思维模式，把变化当作一个持续学习的过程，并能依靠直觉和现实判断来评估各种行动方案。

忠于你的信念

注意不要受其他人观点的影响而使自己左右摇摆，因为太大的灵活性就像太少灵活性一样会给人带来很多困难。

- 员工尊敬那些忠于自己信念的领导者，即使结果不是所想象的那样。
- 员工不喜欢那些犹豫不决、受其他人意见左右的领导者。行为上要保持一致，不让你的灵活方法造成反效果。
- 用核心理念和价值观决定你的选择，确保你的领导风格能够体现那些特质。
- 准备好分享你改变行动的原因，以便同事能够理解你的逻辑。

建立创新文化，为创新和创造性注入动力

在整个组织为创新和创造性注入动力。

- 奖励和表彰员工的新点子和创造发明。例如，你可以对提出好想法的员工颁发奖牌。
- 要确保允许员工失败。在不能实现的每个想法中，很可能存在某些有价值的东西。
- 坚持让员工为取得关键指标（如销售目标）负责，但允许他们灵活地计划如何达成目标，并且鼓励他们质疑现状。

乐观

乐观是指在挫折面前仍能保持积极的能力，是区分成功领导者和其他人的一项关键因素，它渗入情商的每个应用中，从而帮助你坚持不懈地激励和鼓舞同事。作为一位领导者，你需要用积极的观点看待工作和生活。

乐观型领导者的一些特征：

- 他们有激情和活力。
- 他们激励同事取得成功，帮助他们设定延展性目标并达到更高的高度。
- 他们相信挫折是暂时的且他们能克服它们。

领导力启示

乐观型领导风格帮助你把绝大多数情况看作可变和可控的。通过进一步发展乐观

的能力，当你遇到逆境时，你将能够克服挑战，从这个逆境中学习，并且鼓励他人做同样的事情。你将能够为组织设定一个鼓舞人心的使命和愿景以催生结果和效率。

创新个案：MHS 公司的“黑客马拉松”

“黑客马拉松”的创意出自软件行业并曾被定义为“一个设计得像短跑项目的一场活动，是指计算机程序员和其他软件开发人员，包括平面设计者、界面设计者、项目经理和其他相关领域的专家，在软件项目上密切协作”。

我们的个案出自一次战略规划会议。我们因许多变化有可能颠覆我们的行业和公司而深感担忧。我们听取了一个报告，介绍优步（Uber）如何颠覆出租车行业，爱彼迎（Airbnb）如何颠覆酒店业，亚马逊如何颠覆书店，数码照相如何颠覆柯达等。如何避免被颠覆对我们来说是个很大难题。

我们发现了“黑客马拉松”的点子，想看看如何改编它而为我们所用。例如，我们想把它拓展到软件编程小组以外，让公司的每个人都参与进来。我会描述我们使用的流程，你几乎可以把它用于任何行业。我们的一个主要目标是看看我们如何能为未来创造产品和服务，但活动的结果有个很大好处，正如在员工评估中所报告的，这个活动加深了员工间的友情并提升了员工参与感。事实上，第 1 次活动非常成功，现在它已成为我们的一个年度活动了。员工对第 2 次“黑客马拉松”的兴奋程度甚至超出了第 1 次活动，第 2 次活动同样取得了成功。

在开始“黑客马拉松”之前，我们制定了流程和活动的基本规则，并且发给所有员工。以下是我们的活动步骤。

1. 挑选团队

按照你的意愿团队可大可小，但 4~5 个成员是典型的最佳甜蜜组合。每个团队将需要一位队长，每队应该有不超过 1 位程序员和 1 位用户体验员（User Experience，UX）。如果组建团队有难度，请提出来。

2. 了解“黑客马拉松”

参加午餐学习活动，回顾“黑客马拉松”的描述，开启头脑风暴。

3. 提交创意想法

团队可以提交尽可能多的创意，但在“黑客马拉松”日你只能做一个。要聪明地选择要做的创意。用一个表格来统计团队成员和团队创意，而团队创意需要评估和审批。创意提交设定截止日期。

4. “黑客马拉松”日

你有一整天的工作时间和团队一起开发创意。你们需要提供一份商业计划书和一个 PPT 演讲稿。你们也可以先展示样例。你们将在“黑客马拉松”日提交这些材料。在这天公司提供食品、点心和饮料。

5. 呈现创意

选 1 天时间，所有团队将在公司礼堂向公司（和“黑客马拉松”评审团）呈现团队创意。每个团队用 5~10 分钟进行 PPT 汇报。

6. 赢大奖

“黑客马拉松”日会有小知识问答和抽奖，设有很多小奖（如无线耳机），但三项大奖将由我们的评审团评选出来。第 1 名团队会赢得 5 000 美元，第 2 名 2 000 美元，第 3 名 1 000 美元。每个创意都有机会在 MHS 公司实施。

“黑客马拉松”适用于以下 4 个一般性创新领域。

（1）流程改进：流程改进是为了优化或满足新的指标或质量标准而主动地对组织的现有业务流程进行识别、分析和改进。

（2）游戏化：游戏化主要是指让系统、服务和活动更有乐趣和有激励作用的一个流程。游戏化通常会把游戏设计元素加入非游戏环境中，目的是提高用户参与度、组织效率、流程进程、学习效果、员工招聘和评估效果，以及系统的方便性和有用性等。

（3）手机应用程序：手机应用程序已经存在足够长的时间让人们知道它们是什么；人们需要专注于它们能为自己做什么，既包括它们能够如何支持现有的产品，也包括能如何使用它们来进入新兴的和未来的市场（如穿戴设备）。

（4）大数据：大数据是一个宽泛的词汇，它是指太大和太复杂的数据，传统的数据处理应用程序用不上。它的挑战包括如何分析、捕捉、数据收集、搜索、分享、储存、转移、可视化，以及如何保护信息隐私权。大数据通常是简单地指应用预测分析法或其他特定的现代方法从数据中抽取价值，很少是指具体的数据库体量。大数据的准确性对做出更有信心的决策提供帮助。更好的决策意味着更大的运营效率、降低成本和风险。

参与者产出什么

参与者可以期望产出 3 件交付物：

1. 商业计划；
2. 样例（可以是任何东西的，从手画的草图，到全面互动的演示）；
3. 通过简要演讲介绍他们的项目（与《鲨鱼坦克》里一个人要做的演讲或给风险投资人的路演相似）。

预先提供在演讲中要回答的问题以便引导演讲聚焦：

- 你们要解决的是什么问题，为谁解决？
- 你们的创意是如何解决这个问题的？
- 你们的创意或计划对 MHS 公司的益处是什么？
- 我们该如何实施你们的创意？
- 你们的创意或商业计划有什么创新性？
- 这会如何提高我们的技术或分销？

“黑客马拉松”日是个激动人心的日子。所有的参与者、助手和评审员都穿上了特制的 T 恤。全天都有食物提供。还设立了“顾问”站，参与者可以从资深的团队成员那得到包括财务、演讲技巧、市场营销、商业计划书等方面的建议和支持。参与者学习在跨功能团队里工作、发展新技能，更像创业家那样思考。

参与者包括近 70 位员工组成的 15 个项目团队（员工总数是 160 人，包括经理）。活动开始前就有了许多准备，因为人们早开始了创意的开发和研究。我们获得很多卓越的创意，并且有几个已经开始应用在市场上了。这些创意范围涵盖了所有可能的领域。

我们的一个创新例子是开发了关于高层工作素质能力的发展和评估的模式，很可能是颠覆性的。创新小组开发了一个叫作登高模式的软件，包含一个关于许多高层工作职位如销售经理的素质能力及其定义的资料库。这些数据的收集来源于《财富》500强公司为高级职位刊登的几百份招聘广告。针对每个素质能力，配置了我们的各种能力评估中相应的一些测试题。

素质能力包括但并不局限于分析性思维、商业常识、变革导向、沟通、诚实正直、人际管理和结果导向。这样，一家大型公司的人事总监可以根据提供的各种选择建立自己的胜任力模型（带有行业相关的建议，如制药、金融服务）。而且，他们可以即刻准备好在线上评估申请者应聘职位所需的相关能力。这样就为组织节省大笔费用，不用再聘请专家进行素质能力分析。我们已经在一家大型制药公司进行了试用。

另一个团队提出的一项创新点子基于我们的“黑客马拉松”方法论应用于开发新产品和新程序上面的成功，以及在提高整个组织的员工敬业度方面的成功，他们创建了一套模板、结构、表格和材料，能够使我们的组织发展团队给其他公司提供咨询服务，并且使其他组织也能够从我们的经验中学习并设立他们自己的“黑客马拉松”。他们制定了一个 1 天的咨询项目帮助其他公司实施他们自己的“黑客马拉松”，以及一个 3 天的咨询项目，使组织发展团队帮公司实施整个“黑客马拉松”。他们把它叫作“黑客争霸赛”（Hack-A-Tron）。这点子棒极了！其中一位外部评审员想知道什么时候他可以把它带到他的公司。

开发那些创意

一旦决定了哪些创新点子做进一步实用，我们就建立一个创新中心。这是一个经过特别筛选的部门，它会执行我们的创新项目。他们的使命是将项目从原型阶段带入开发阶段，并且通过现场测试最终将它提供给销售和市场团队。我们的创新中心根据需要由现有的员工和新员工组成。他们没有其他职责，专职开发新产品。

创新需要时间和承诺，同时也有风险。你必须愿意接受失败。一些关键成分能帮助你和团队变得更有创新性。虽然创新需要成本，但奖励可能是巨大的。创新是一个组织长青不老还是被颠覆的分水岭。

高情商领导者：需要思考的问题

1. 你认为自己是创新型的、创造型的领导者吗？
2. 你过去曾经创造出新产品或服务所用到的方法是什么？
3. 你能在工作中创新吗？
4. 你在工作中的创新能力有什么局限性？
5. 你能做什么来鼓励和你一起工作的人更加有创新性？
6. 想一下因为你没有创新而错过的机会有哪些？
7. 在工作中执行一个创新的工作计划，你会如何做呢？
8. 你们工作场所的人会如何处理创新的失败？

第 15 章
领导者的 360 度评估

我认为有一个反馈回路是非常重要的，通过它你可以不断地思考你做了什么及你如何能做得更好。

——埃隆·马斯克

如何更好地评估高潜质人才或潜在领导者

人们能做什么来更好地识别并发展有潜力的未来领导者？现在是 MHS 公司一部分的发现学习国际公司（Discovery Learning International），开发了一套工具来识别潜在领导者的素质能力。此处的素质能力是指与领导者的成功相关的行为或行为组合。开发这个模型之前，开发者要找出让一个人在商学院学习时和成为商业领袖后能够长期成功所必需的素质能力。模型开发者的初衷是要找到可以贯穿一个人的整个职业生涯、能帮助他在各个层级上成功的素质能力，而不是只对某个具体角色有用的素质能力。通过识别和评估这些素质能力，商学院、学校和公司就可以聚焦在培训和发展那些与非常成功的人士最相关的素质能力上。

开发此模型前，开发者研读了有关素质能力模型和 360 度反馈的文献，包括专门研究工商管理硕士（Master of Business Administration，MBA）和高级管理人员工商管理硕士（Executive Master of Business Administration，EMBA）成功的资料。之后开发出初步的素质能力模型，包括 14 种素质能力。紧接着开发者的下一个目标是开发出一个易于使用、解读的测评工具，这个工具又成了开发一连串相关工具的基础。这些工具最终适用于从收发室到董事局办公室（就是说从个人贡献者到企业高管）的各种岗位。开发者针对每种素质能力开发了相应的测试正面、负面行为的题目。

模型开发第 1 阶段的调查成果提供了职业生涯成功所必需的素质能力。而这些素质能力可通过领导力开发活动和培训课程来提升。在模型开发第 2 阶段，找出和评估了关键素质能力的差距。在商学院学习时需要多关注这些差距，因为成功的商科学生和未来的商业领导者要能够适应变化，不断提高技能，有一个扎实的自我意识的基础，准确地评估自己的优势和劣势。有些素质能力与 EQ-i 2.0 中的乐观、自我实现和自我肯定相匹配。

最终开发出的“潜在领导者能力测评”TM（Emerging Leaders Profile，ELP），这是一个完整的系统，可以收集相关人——上级、同事和直接下属的反馈，向那些希望提高自己有效性的潜在领导者提供综合信息。ELP 的这些测评分数可以与个人的自评结果进行对比。ELP 报告分析了，各组评估人就 12 种领导力的 60 种可观察的行为对被测试者的评估（记作 1~5 分）。

这些素质能力是通过前面提到的一系列调查、小组座谈和数据分析确定的。以下进行具体的介绍。

学习敏捷力

学习敏捷力是指知道对新技能的需要并能快速学习新技能的能力；放弃不再适用的优势并通过掌握新技能而维持优势的能力；能在变革和时间的压力改变了环境、要求新方法和新技能时快速学习的能力。

沟通技能

沟通技能要求注意口头沟通及书面沟通的细节，熟练使用语言来精确地传递微妙的意义。它是确保信息全方位顺畅、有效流通的能力，以及选择合适的方式（包括口头、书面和聆听）分享信息的能力。

情商

情商是指在新的场景里摸索出自己的路径的能力，感知、理解及管理情绪的能力，以及决策时用情绪帮助思考的能力。

恢复力和灵活性

恢复力和灵活性是指迅速从变化和挫折中恢复或调整的能力。它是抛弃不再相关的、无用的信息和经验并依照新的信息改变方向的能力。

追求卓越

追求卓越是指给自己设立最高的质量标准并经常超越他人的期望，以及不接受自己的绩效低于自己的最高质量标准的能力。

自信

自信是指拥有并展示可信的承诺和自立能力。它是指能够预想成功并向他人传播幸福的能力。

创造和创新

创造和创新是指跳出常规的范畴来思考并产生新的想法，以及通过非常规的思维和冒险精神来解决问题的能力。

道德勇气

道德勇气是指有一个清晰表达出的价值观和信念体系的能力。它给一个人的决策增添了个人特征，体现在与个人宣称的相一致的行为上。

勇于担责

勇于担责是指一个人厌恶寻找借口、愿意为自己的决策和行动承担全部责任。一个人自然地倾向于跟进和完成自己的承诺。

文化适应

文化适应是指感知地理区域和民族之间，以及组织及其组成部分之间的文化差异，并且相应地调整自己的行为而不失去自己原有的身份特征的能力。

果断坚毅

果断坚毅是指通过充分地利用和处理现有的相关信息、剔除无关的信息来做出果断的选择或决定行动进程，以及在信息不完整的条件下找到合理的解决方案的能力。

组织规划

组织规划是指围绕目的或目标在空间和时间上组织和安排信息，预测事件和需求，并且优化信息和时间安排来满足需求并成功应对某些事件的能力。

ELP 报告用一种非常简单、易于解读的方式来呈现对以上素质能力的测评数据。它用多侧面的环状模型图展示对领导者或潜在领导者表现的评估结果。每个环状模型图代表一种领导素质能力。图 15.1 所示的 ELP 报告有 4 个环状模型，一个是自己的评估结果，一个是上级的，一个是同事的，一个是直接下属的。除上级和自己的评分以外，其他相关人的评分是合并后的结果以确保评估人是匿名的。

参与者（被测者）可以很容易看到不同评估组对他的评估差异。这些新的、潜在领导者能够很快知道那些直接影响他们成功与否的人是如何看待他们的领导力表现的。他们还可以把在同一种素质能力上的自我认知和与他一起工作的人对他的感觉进行比较。ELP 报告的一个益处是它让潜在领导者和辅导他们的人通过一个共同的模型来理解和描述领导力效能。

因为在 ELP 报告中，会将参与者的领导力表现与一个常模进行对标。这样，他们就可以设定目标，检测他们所需要并采纳的新行为，并且识别出每一维度的优势和待发展项，以便进行有效的领导力开发活动。

发现 360°系列　　　　测评结果　　　　学员样本

评分级别
1 = 很少
2 = 偶尔
3 = 经常
4 = 很经常
5 = 总是
N/O = 没有观察到

A = 学习敏捷力
B = 沟通技能
C = 情商
D = 恢复力和灵活性
E = 追求卓越
F = 自信
G = 创造和创新
H = 道德勇气
I = 勇于担责
J = 文化适应
K = 果断坚毅
L = 组织规划

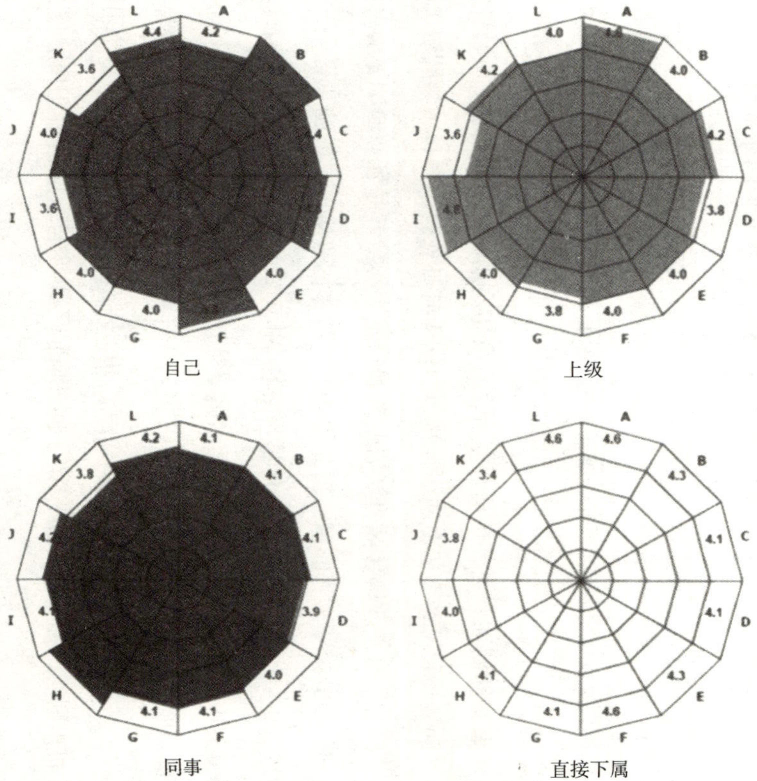

图 15.1　ELP 报告——新领导者能力测评环状模型

研究证明，ELP 相对于那些长长的、易让评估人疲劳的测评工具而言，其简洁和专注的领导力评估可产生更可靠的有效数据。其中独特的“需要多做”或“需要少做”的回答形式让每位评估人表明他们想要被测者多做或少做某个具体的行为，如图 15.2 所示。

发现 360° 系列　　单个题目　　学员样本

评分级别 1 = 很少 2 = 偶尔 3 = 经常 4 = 很经常 5 = 总是 N/O = 没有观察到	自己	综合他评	上级	直接下属	同事	其他人	直接下属评分区间 1 2 3 4 5	同事评分区间 1 2 3 4 5	■自己 ■上级 ■直接下属 ■同事 ■其他人 需要多做	需要少做
恢复力和灵活性	**4.6**	**4.0**	**3.8**	**4.1**	**3.9**	**3.9**				
16. 不会长时间沉浸于消极情绪与记仇中	4.0	4.1	4.0	4.3	4.0	4.0				
17. 抓住机会重新创造自我（+）	4.0	4.4	4.0	4.3	5.0	4.0				■■
18. 有效地平衡自己的工作和生活（－）	5.0	3.9	3.0	4.3	3.7	4.0				
19. 有不止一个完成任务的方案（－）	5.0	3.8	4.0	3.7	3.7	4.0				
20. 承认挫折，能够快速恢复（－）	5.0	3.7	4.0	4.0	3.3	3.7				
追求卓越	**4.0**	**4.2**	**4.0**	**4.3**	**4.0**	**4.5**				
21. 对自己的工作抱有高度自豪感	4.0	4.2	4.0	4.3	4.0	4.3				
22. 在挑战面前，期望成功	4.0	4.2	4.0	4.3	4.0	4.3				
23. 在尝试任何事情时都想要做到最好	4.0	4.2	4.0	4.3	4.0	4.3				
24. 在自己平时的工作中追求最高质量	4.0	4.0	4.0	4.3	4.0	4.3				
25. 努力在以往的绩效基础上提高（+）	4.0	4.4	4.0	4.3	4.0	5.0				
自信	**4.8**	**4.3**	**4.0**	**4.6**	**4.1**	**4.2**				
26. 展现积极的心态（+）	5.0	4.5	3.0	5.0	4.3	4.7				
27. 为所有人带来幸福感。	5.0	4.3	3.0	4.7	4.3	4.3				
28. 在他人挑战面前保持冷静和自信	5.0	4.3	4.0	4.7	4.3	4.0				
29. 与别人一起工作时设定积极的基调	5.0	4.1	5.0	4.3	3.7	4.0				
30. 对自己的能力有正确的认知	4.0	4.1	5.0	4.3	3.7	4.0			■	

（+）得分最高的 10 个
（－）得分最低的 10 个

图 15.2　ELP 报告中的“需要多做”和“需要少做”行为列表

除了宝贵的个人报告，ELP 还可以生成团体报告：综合任意数量的个人报告，生成一个很有价值的、显示优势和发展机会的团体报告，如图 15.3 所示。

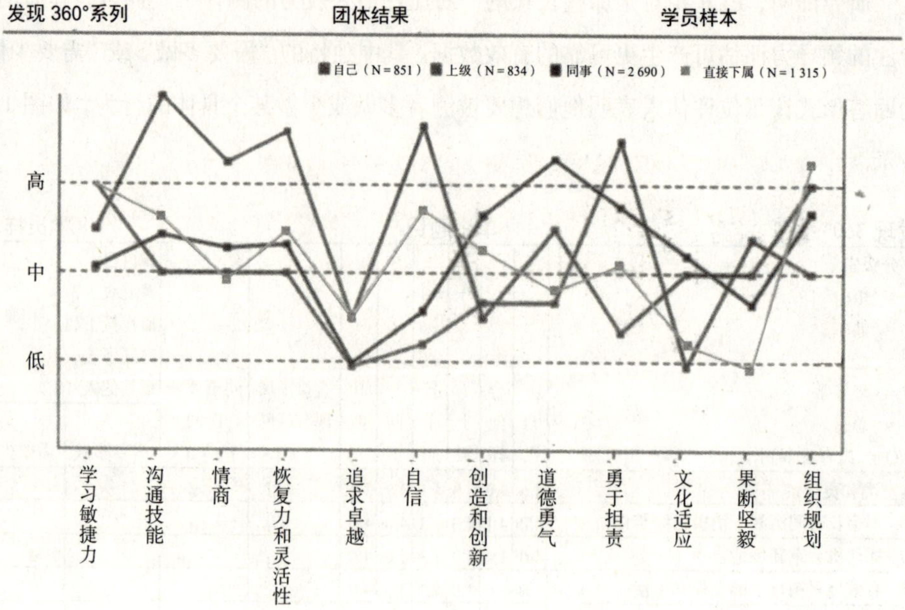

图 15.3　团体报告——ELP 结果比较

资料来源：MHS 公司。

ELP 已经被很多组织用来识别和发展高潜质领导者。将来的研究会帮助确定哪种素质能力更能预测领导者成功。同时还有一个后续版本，用于评估组织内现任的领导者。这个测评工具同样被各种各样的组织采用。

领导者过高地评估自己吗

EQ360 度 2.0 评估是根据 EQ-i 2.0 自测报告开发的模型，最初开发时用了 4 000 多位参与者作为标准化流程的一部分。从中选取了 3 200 位参与者作为 EQ360 度 2.0 的常模样本。最初样本的性别和评估小组分布均衡并与含有种族的人口普查（北美地区）相一致。

统计分析发现 EQ360 度 2.0 的结果中跨性别、年龄组或评估人类别（上级、同事、直接下属）间没有明显差异，这样就创建了一个单一的标准组。标准化过程得出了平均分为 100 分、标准差为 15 分的整体情商分数结果，同样适用于五大维度和 16 个子维度（16 种素质能力）。EQ360 度 2.0 和领导力 EQ360 度的报告都满足可靠性和有效性要求。

领导力 EQ360 度报告的研发还选用了 221 位来自北美不同组织的领导者作为样本，他们完成了 EQ-i 2.0 测评和领导力多因素问卷（Multifactor Leadership Questionnaire，MLQ）。在《使用手册》中可以找到关于研发领导力 EQ360 度报告的更多信息。

一直以来人们关于领导力 360 度评分的一个最大疑问是领导者自评和他评之间的一致性如何。例如，至少与直接下属、同事和上级相比较，领导者是否普遍倾向于过高地评估自己呢？

基于从我们的全球性数据库中筛选出的领导力 EQ360 度评估数据，我们分析了 3 238 位领导者和他们对应的 3 238 位评估人（总数为 34 924 位评估人，他们的评分经过分别综合，每位领导者平均有 10.78 位评估人）的相关数据。为了确定自评与他评之间的差异，我们平均了每位领导者的评分（去除家庭和朋友的评分）将平均后的分数作为一个比较点。我们以“5 分”作为确定领导者的自我与他评是否相一致的界线。换句话说，如果自评分数和其他评分数差距在 5 分之内，就被认为一致。

有多少领导者精准评估他们的情商技能呢？这是一个多年被学者和研究者争论的问题。如果你留意相关文献，大多数其实没有什么数据支持，你可能想着至少有 95%的领导者会过高估计自己的情商技能。然而，我们用世界上较大的领导力 EQ360 度测评数据库分析了领导者的自评和他评的结果，发现过高的自评分数并不常见。我们的研究结果显示在图 15.4 中。

可以看出，大约 30%的领导者对自己情商技能的评估与他们的评估人一致。有 34%的领导者的评估人的评分高于领导者对自己的评分。这就意味着有 64%的领导者或者对自己准确评分，或者低估了自己的情商技能。只有约 36%的领导者对自己的评分高于评估人对他们的评分。再次强调，只有约 1/3 的领导者过高估计了自己的情商技能。

接下来的分析显示那些确实过高评估自己的人中，几乎 40%的分差是在 5~10 分，

30%是在 10~15 分，只有 21%是在 15~20 分，10%是 20~25 分，而只有 0.2%高于 25 分。这个结果在图 15.5 中显示出来。

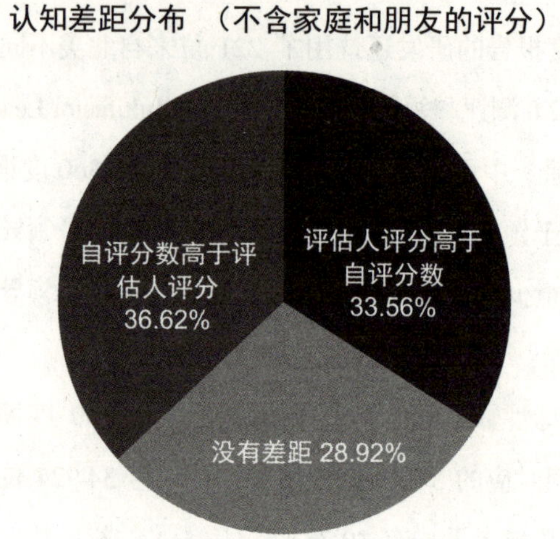

图 15.4 领导力 EQ360 度测评数据库中的 3 238 位领导者的自评和他评结果对照（领导者自评分数对比他评平均分数；他评评估人总数为 34 924 人）。

资料来源：MHS 公司。

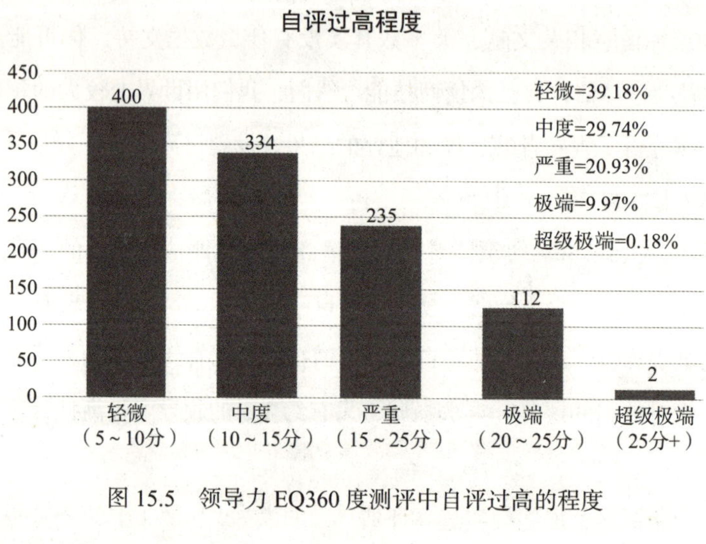

图 15.5 领导力 EQ360 度测评中自评过高的程度

资料来源：MHS 公司。

MHS 公司 EQ360 度测评优于其他大多数的 360 度评估的一个优势，是它应用了一个有效性量表（如积极印象），这个量表被用于检测被评估领导者的评估分数是不是伪造的或过高（或过低）。在图 15.6 中，我们把积极印象指数按不同认知差距画出。你可以看到积极印象指数在自评过高的领导者中高许多。

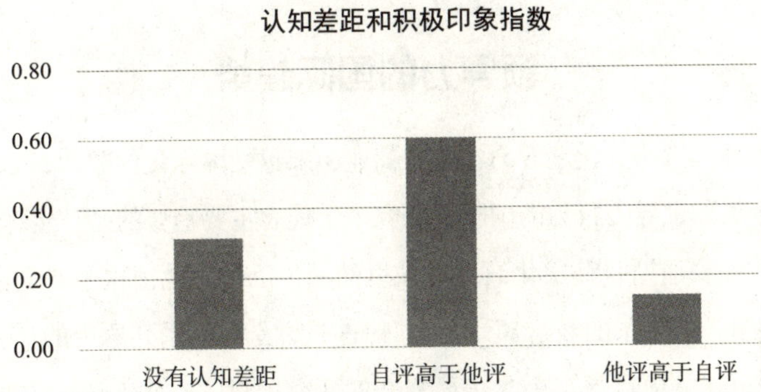

图 15.6　积极印象指数

资料来源：MHS 公司。

你可以从图 15.7 中更加明显地看到这个结果。我们将积极印象指数与领导者和他们的评估人之间的认知差异程度进行对照，出现了一个清晰的线性趋势。

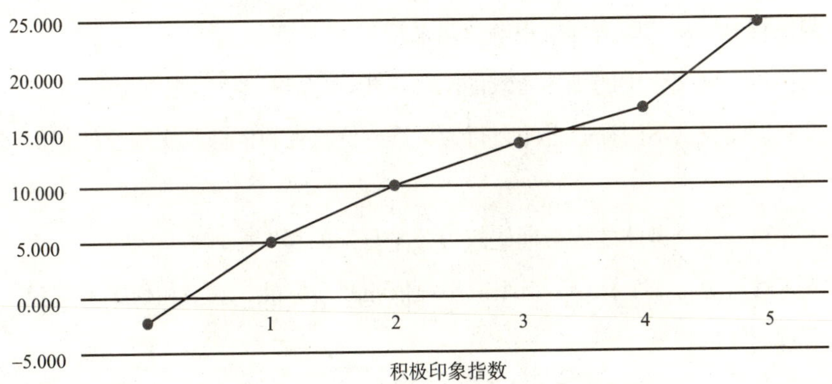

图 15.7　通过积极印象指数看自评和他评差异

资料来源：MHS 公司。

正如我们所发现的，大多数领导者都能诚实地进行自我评估。而对于那些没有诚实作答的领导者，他们中的许多人都能被适当的量表和指数探测出来；这些量表和指数被设计用来捕捉过度夸大和自我膨胀的领导者。所以，在测量情商技能时，关键是要使用含有有效性量表的工具，这样就很容易识别出很小比例的“做假者”。

领导力的国际趋势

如何更好地理解跨文化领导力？随着商业越来越受国际化的驱动，这个问题变得更加重要。在今天的领导力行为的国际性研究中，代表主要趋势的是“全球”（GLOBE）项目。亨利·曲安迪斯是跨文化研究领域里的一位巨人。他把这个“全球”项目称作“研究文化和领导力关系的曼哈顿计划”。他这么说是有一系列原因的。

首先，“全球”项目是迄今为止最复杂的研究项目，它用实验的方法来研究不同社会的文化与领导力行为之间的关系，用了定量和定性的测量和方法，范围横跨不同组织。“全球”项目由全世界 170 多位研究员参加，他们为项目带来了对自己的文化，以及在这种文化下的领导力理论和实践的深度理解。

最重要的是，用“全球”项目首席研究员罗伯特·J.豪斯的话说：“我的结论是我们处在一个很好的位置，可以为组织行为学和领导学文献做出巨大贡献。到今天为止超 90%的组织行为学文献反映的是基于美国的研究和理论。希望我们的‘全球’项目能够把组织行为学从美国的框架中解放出来。”

作为测量不同文化中的领导者效能的第一步，“全球”项目根据经验建立了 9 个文化维度，以能找出不同社会之间在行为标准、价值观和信仰及实践上的相似和不同之处。

权力距离：一个群体的成员期望权力公平分配的程度。

不确定性避免：一个社会、组织或小组依赖社会标准、规则和程序来减轻未来事件的不可预测性的程度。

人文导向：一个集体鼓励和奖励个人的公平、无私、大度、关怀和对人善良的程度。

集体主义 I（制度性）：组织的和社会的实践鼓励和奖励资源的集体分配和集体行动的程度。

集体主义 II（群体内）：个人表达在他们的组织或家庭中感到的骄傲、忠诚和凝聚力的程度。

坚定直率：个人在与他人的关系中的果敢性、冲突性和攻击性的程度。

性别平等：集体把性别之间的不平等最小化的程度。

未来导向：个人参与未来导向性的行为，如延迟满足感、计划和为将来投资的程度。

绩效导向：集体鼓励和奖励成员的绩效进步和卓越的程度。

“全球”项目把约 60 个国家及地区放入了国家群组，如图 15.8 所示。同一个国家群组内的国家或地区的文化的相似性是最大的；文化的差异性随国家群组之间距离的增大而增加。例如，北欧群组与东欧群组间的文化的差异性最大、相似性最小。

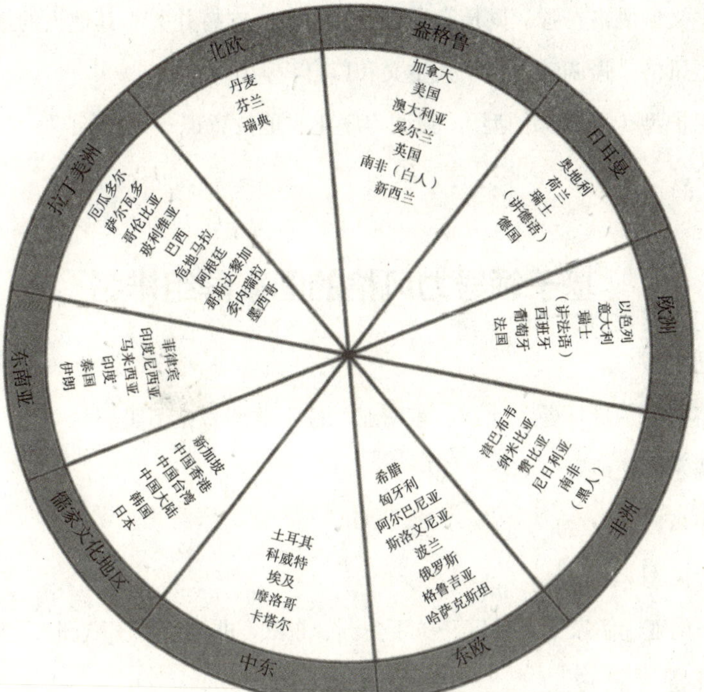

图 15.8　“全球”项目上的国家群组

资料来源：R. J. House, P. J. Hanges, M. Javidan, P. W. Dorfman, and V. Gupta (eds.), *Culture, Leadership, and Organization: the GLOBE Study of 62 Societies* (Thousand Oaks, CA: Sage, 2004).

“全球”项目开始是要了解不同国家或地区中领导力风格的差异。研究员分析 60 个国家及地区的 17 300 位中层经理填写的调查表。调查表中的题目涉及 112 种领导者特征，如谦虚、有决断力、自主和值得信任。他们所根据的领导力定义是：一位杰出的领导者是一位在组织或行业内“非常善于激励、影响，或者赋能于你、其他人或小组来为组织成功或完成任务做出贡献的人”。

绩效导向型风格（“全球”项目称为“魅力型/基于价值的”）：强调高标准、决断性和创新；围绕愿景来激励人；在人员中创造出执行的激情；同时坚守核心价值观。

团队导向型风格：强调自豪、忠诚和组织成员间的协作；高度重视团队凝聚力和共同的目的和目标。

参与型风格：鼓励他人在决策和实施中提建议；强调授权和平等。

人文主义型风格：强调同情和慷慨；有耐心，支持并关心其他人的福祉。

自主型风格：强调独立、个人主义和以自我为中心。

自我保护型（群体保护型）：强调程序化、地位意识；“爱面子”；专注于个人及群体的安全。

基于领导力风格的国家群组排名

绩效导向型

高：盎格鲁、日耳曼、北欧、东南亚、拉丁欧洲、拉丁美洲

中：儒家文化地区、非洲、东欧

低：中东

团队导向型

高：东南亚、儒家文化地区、拉丁美洲、东欧、非洲、拉丁欧洲、北欧、盎格鲁、中东、日耳曼

参与型

高：日耳曼、盎格鲁、北欧

中：拉丁欧洲、拉丁美洲、非洲

低：东欧、东南亚、儒家文化地区、中东

人文主义型

高：东南亚、盎格鲁、非洲、儒家文化地区

中：日耳曼、中东、拉丁美洲、东欧

低：拉丁欧洲、北欧

自主型

高：日耳曼、东欧、儒家文化地区、北欧、东南亚、盎格鲁、非洲、中东、拉丁欧洲、拉丁美洲

自我保护型或群体保护型

高：中东、儒家文化地区、东南亚、拉丁美洲、东欧

中：非洲、拉丁欧洲

低：盎格鲁、日耳曼、北欧

"全球"项目的主要假设（和发现）是领导者效能受情境影响，它植根于社会和组织的准则、价值观和所领导的人们的信念。换句话说，为了被人认作有效的领导者，需要"入乡随俗"。

情商与"全球"项目理论

世界性的领导者情商数据对"全球"项目理论有什么贡献？我们分析了我们的国际性 EQ-i 2.0 领导者数据和领导者 EQ360 度数据，并且把它们按"全球"项目的国家群组进行分组。首先我们抽取了 59 114 位领导者的 EQ-i 2.0（自评）报告来比较情商的整体差异。

如图 15.9 所示，不同文化的领导者的情商自评结果有一些差异，其中中东和东欧国家得分最高，儒家文化地区国家得分最低。中东国家的领导者在自我保护型或群体保护型风格的国家中得分最高，而在绩效导向型风格中得分最低。他们的情商分数高，可能是努力让自己看起来有面子和有地位的结果。同样，就"低"绩效导向型风格来说，在很多中东国家，人们常常可以见到基于盎格鲁文化的领导者（"高"绩效导向

型的外派人员）担任管理职位。我们曾经与阿拉伯联合酋长国的其他中东国家的组织一起工作过，发现这点非常明显。感召激励这一领导能力在这些国家还没有成为主流实践。

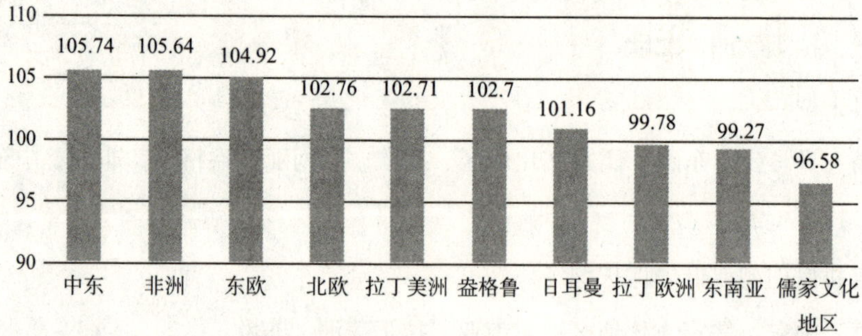

图 15.9　不同文化的领导者的情商自评结果——“全球”项目区域内的领导者情商自评结果

东欧国家的领导者中的高情商自评分数可能是自我夸大了，也可能受到了“低”参与型风格的影响，因为低参与型风格不要求其他人的参与，也不鼓励公平性。而且，东欧国家的领导者一般展示低人文主义型风格，这与低同情心和高自主性相关联，也可能导致较高或自我膨胀的情商自评分数。

另外，儒家文化地区国家的领导者在自测情商上的得分最低。他们在强调协作性的团队导向型风格上得分高，但参与型风格低，拒绝他人参与。他们有高度的人文主义倾向——慷慨，高度的自主——独立和自我中心；高度的自我保护倾向——爱面子和谦卑。很可能谦卑导致了在情商上的较低自评分数。在这个例子中，自我保护可能在领导者做测评时激起了谦卑。

在和这些国家的领导者一起工作时，了解人们对情商的自我认识上的差异是很重要的，因为这样你就可以更好地理解情商在个人职业生涯中的作用。

根据他们同事的评分，这些领导者又有什么差异？我们把 41 555 位同事（直接下属、同事和上级）在领导者 EQ360 度测评上的评分按“全球”项目的国家群组在图 15.10 中标出来。在这里我们看到盎格鲁的领导者在情商上得分最高，而北欧的领导者得分最低。盎格鲁的领导者被他们的同事认为有很高的情商，他们也被看作所有的文化中绩效导向型风格最强烈的。北欧的领导者在人文主义型风格方面得分最低；日耳曼的领导者的情商得分较低，在文化上一般被看作有更多的参与型风格和自主型风格。

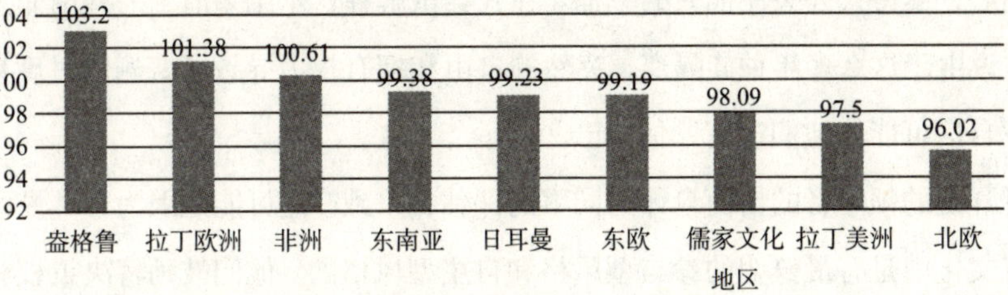

图 15.10 同事在领导者 EQ 360 度测评上的评分结果——“全球”项目区域内的领导者情商他评结果

资料来源：MHS 公司。

不同的文化群组中的自评和他评有什么差异？我们分析了 4 155 位在领导者 EQ360 度数据中的自评和他评的差异。我们的数据显示非洲、东南亚和日耳曼国家的领导者高评自己的程度最高，而拉丁欧洲的领导者低评自己的程度最高，这可以从图 15.11 中看出。

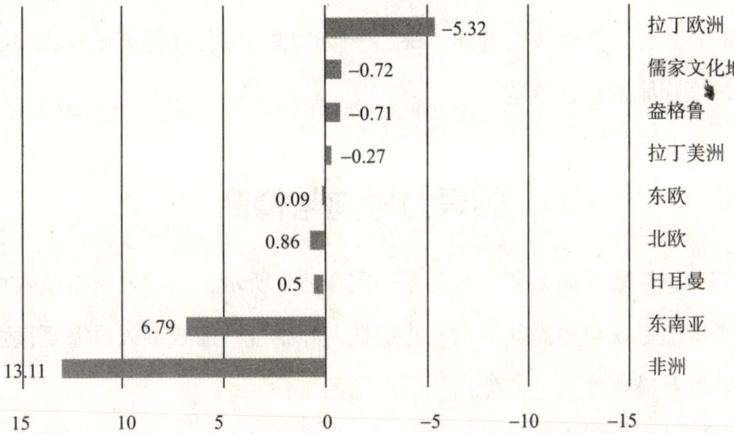

图 15.11 在不同的国家群组中的领导者情商分数的自评和他评差异

资料来源：MHS 公司。

非洲领导者认为他们自己有很高的情商水平，远高出于同事所认同的水平。有趣的是他们在人文主义型风格上得分最高。人文主义型风格强调的是同情和慷慨。这些人有耐心，支持人并关注他人的幸福。在我尝试解释这个结果时，一些南非人提出了建议，说由于这么多年种族隔离，突然的自由和拥有权力导致了普遍的过度自信。这种过度自信可能使他们过高评估自己。

日耳曼的领导者的情商自评与同事的评估相一致。这可能是因为日耳曼的领导者在所有文化中是有最鲜明的参与型风格和自主型风格的。他们鼓励将决策权和一些权力授给他人，有可能是因为他们的参与型风格的本性，在他们的评估人如何看待他们和他们如何看待自己之间有很高的一致性。同时，因为他们高水平地向他人授权，他们的下属不太会羞于准确地评估他们，虽然他们领导者的情商得分只是平均水平。

另外，拉丁欧洲的领导者低估自己的情商水平。他们是高度绩效导向型风格的（鼓励他人），高度的自主型风格（独立），低度的人文主义型风格（耐心与支持）。有可能是因为他们高度的绩效导向型风格推高了他们的情商期望，会觉得他们还没有达到自己觉得应该达到的水平。

我们看到大多数文化展现了领导者自己与评估人之间的一致性，这又一次证明了自评数据的有效性。然而我们看到，缺乏一致性的国家往往是高度自我中心型的，这可能造成过度膨胀的自评分数。

领导力导向与情商

当我们测试绩效导向型文化时，正如图 15.12 所示，我们发现高绩效型领导者在情商所有维度上都获得更高的分数，特别是人际维度。绩效型风格需要很强的人际技能，因为它涉及鼓舞他人并使他们热爱自己的工作。

当我们测试参与型文化时，如图 15.13 所示，我们发现高参与型领导者在自我表达、人际、决策和压力管理方面得了更高的分数。参与型风格鼓励其他人决策并要求他们对问题提出建议。

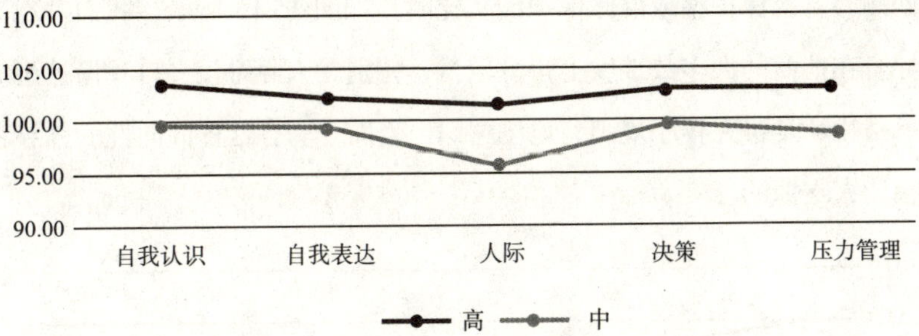

图 15.12　绩效导向型领导者在情商维度上的得分

资料来源：MHS 公司。

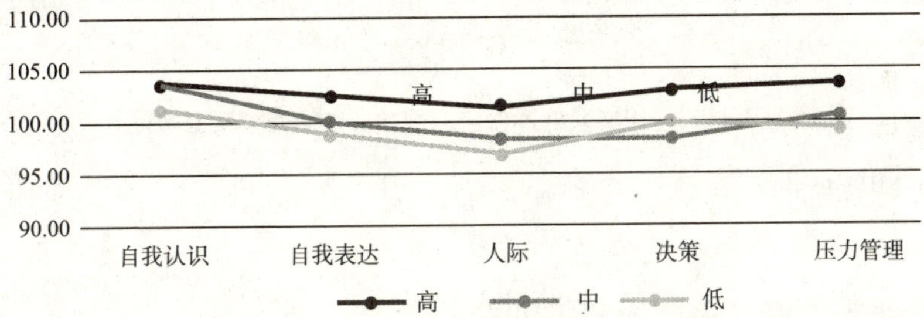

图 15.13　参与型领导者在情商维度上的得分

资料来源：MHS 公司。

当我们测验人文主义型文化时，如图 15.14 所示，我们发现高人文主义型领导者在情商的大多数维度上得分较高，特别是决策维度。人文主义型风格鼓励耐心、支持和同情，所以在这种风格上大多数维度得分高也就不奇怪了。

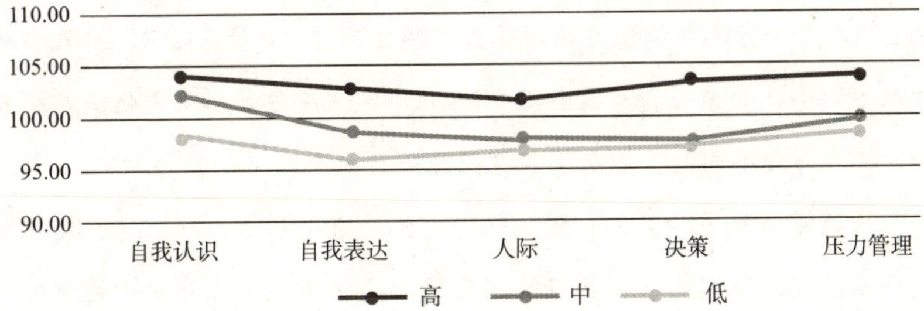

图 15.14　人文主义型领导者在情商维度上的得分

资料来源：MHS 公司。

当我们测验自我保护型或群体保护型文化时，如图 15.15 所示，我们发现高自我保护型领导者在情商的大多数维度上得分较低，特别是人际维度。自我保护型或群体保护型的风格特征是讲究程序规则、地位意识，爱面子。有这种倾向性的领导者有低情商是不会让人吃惊的。

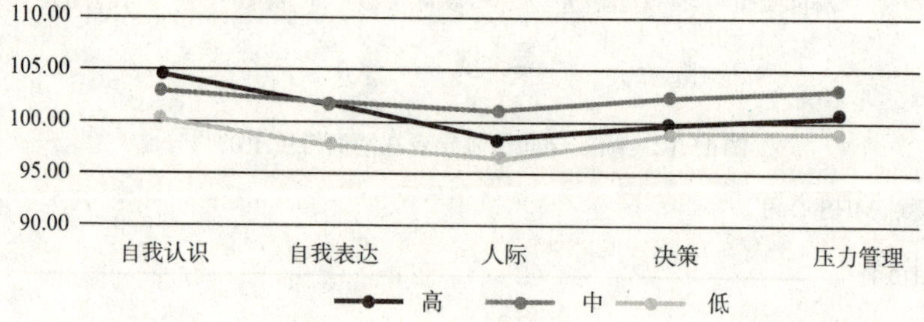

图 15.15　自我保护型或群体保护型领导者在情商维度上的得分

资料来源：MHS 公司。

高情商领导者：需要思考的问题

1. “潜在领导者能力测评”TM 在帮助新领导者发展所需要改变的具体行为方面是个很有用的工具，这是因为它从多种信息源收集反馈意见。你如何看自己在每个素质能力上的表现？
2. 虽然情商自评的有效性曾被质疑，但是我们的分析证明这个问题实际上比我们想象的要小得多。你认为你会过高评估你的情商吗？
3. 当理解情商和其他素质能力在领导力中的作用时，关键是要记住“入乡随俗”。你对不同文化的适应性怎么样？你的工作单位有多种不同文化吗？当人们的背景情况与你不同时，你是否注意到他们行为风格上的差异？
4. 我们的数据证明了跨文化和跨领导力风格的有趣差异，而且这些发现对任何从事组织行为研究的人和那些想把自己的方法与全球化背景下的公司业务最好地结合起来的人都是值得重视的。你的工作有没有给你一个机会与不同文化的人打交道？你的体验是什么？你是如何调整、适应的？

第16章
创业领导者与情商

在你成为领导者之前，成功的全部就是实现自我成长。

当你变成领导者时，成功的全部是帮助他人成长。

——杰克·韦尔奇

创业 CEO 的情商

你对创业领导者和他们的情商有什么了解呢？关于这方面的领导力研究相对较少，特别是与绩效有关的研究。总的来说，衡量创业者绩效的一个重要点是盈利能力。如果一家公司不盈利，它就不可能长时间存在。

我们曾在《领导力与组织发展》杂志上发表过一项研究成果。在这个研究中，我们评估了创业 CEO 的情商。我们对与领导力、情商和商业成功有关的问题非常感兴趣。

我们征募了 186 位高管（159 位男性和 27 位女性）参加我们的研究。他们是两家高管导师协会——青年总裁组织（YPO）和创新者联盟（IA）——其中一家的会员，而且是自愿参与我们的研究的。参与者的年龄从 27 岁到 59 岁不等，平均年龄为 41.37 岁。要加入这两家协会（在实施研究项目时），头衔必须是 CEO、企业老板、总裁或公司的董事总经理，而且公司年产值必须在 200 万美元以上。参与者所就职的公司的全职员工数必须是 10 人以上，样本中的大多数公司都有 50 人或更多员工。每家公司所经营的行业差别很大，从信息技术到专业服务，再到生产性企业。

作为我给 CEO 做的情商系列演讲的一部分，我邀请这两个协会的所有成员完成 EQ-i 测评。同时，参与研究的成员还完成了一个问卷调查，以此来检测他们对正在经历的许多一般性的商业挑战的认知程度；我们还评估了他们的组织绩效，评价指标是他们组织的盈利程度。所有参与者都清楚他们公司和个人的结果只会在总体的基础上做分析，而且只是为了研究和教学的目的。

这些商业领袖的情商与一般人的相比较结果怎样？事实上，有些人认为 CEO 的情商会低于一般人的情商。有些情商“专家”甚至声称，随着一个人在公司的职级越高，他们的情商会下降。

而我们对 CEO 的实证研究勾画出了一幅不同的图像。在我们的研究中，CEO 在 EQ-i 量表的 15 项内容的 8 项上的得分比一般人的得分要高出许多。如图 16.1 所示，在我们的量表中，一般人（这是根据北美人口普查结果分层选了数千人的样本标准）的得分是 100 分（标准差为 15 分）。CEO 在自我肯定、自我实现、坚定直率和独立这几方面上的得分要高出许多。这些方面反映人们有效的自我认识和自我表达的能力。还有，这种把假设、理论和信念有信心地综合起来、保持自我导向的能力，很可能增强那些拥有领导职位的人的影响力。

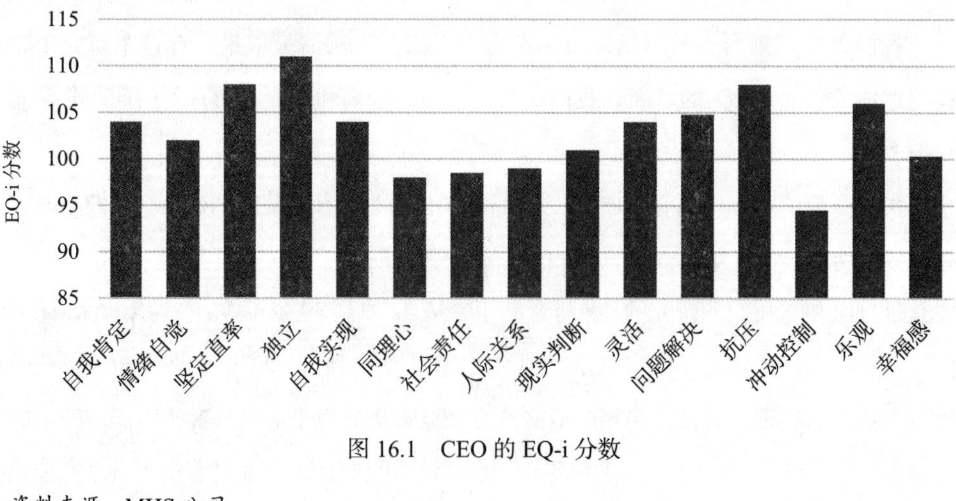

图 16.1　CEO 的 EQ-i 分数

资料来源：MHS 公司。

另外，CEO 得分高的方面还有问题解决、灵活、乐观和抗压。这些情商能力构成了决策和压力管理两大维度，这表明高管能够持续地调整自己的情绪和思路，正确评估面临的问题和提供解决方案，据此来成功地领导公司。这些发现印证了肖·福克斯和伊尔·阿米亥–汗布格尔的研究：要让一个组织发挥力量，它的领导者不管是面对逆境还是设定企业愿景，都必须保持一种积极的和冷静的态度。

人们可能期望这些领导者在所有的情商能力上的得分都高于一般人。然而，事实并非如此。这些 CEO 在有些能力上的得分低于平均值。他们的社会责任和冲动控制得分显著地低于一般人。当考虑高管所承担的多种多样的责任时，他们在社会责任方面的得分低于平均分也就不足为奇了。领导者常常要做出艰难的决策（如裁员、重组、兼并），这些决策都与组织的继续繁荣有关；然而，这些决策对小部分团体或个人是非常不利的。为了做出这些艰难的决策，一位高管可能不得不稍微忽略社会影响。但是社会责任得分高的领导者会从人群中脱颖而出。

另外，这些领导者在冲动控制方面的得分也低于平均值。这个分数涉及不耐烦及冲动的心理。市场需求持续不断的变化，以及高管对组织成功的渴望，会影响领导者的耐心水平。创业者厌倦常规性任务或工作，所以他们的冲动控制程度往往较低。

我们研究的另一个领域是各种商业挑战与情商之间的关系。我们认为与快速成长型公司的 CEO 最相关的挑战是招聘员工、管理员工、留住员工、培训员工、筹措资金、管理增长、市场营销、创新，以及应对技术变革。所有这些挑战都要求这个小组付出努力和关注。

情商在应对这些商业挑战中起了多大的作用呢？第一个发现是，就管理增长、管理员工、培训员工和留住员工来说，CEO 的整体情商分数与他们对这些挑战的容易程度认知成正相关。这毫不奇怪，情商与那些以人际活动为主的挑战之间表现出显著关联，而不是与更多的任务导向型的挑战，如筹措资金和应对技术变革。换句话说，那些情商分数高的人倾向于认为人际活动的挑战性比较小。

我们的这个研究结果支持了人际关系这一维度的理论和实验。既然对商业挑战的情绪感知和社会认知之间的关系来源于社交往来，那么，“情商”这个全球化的概念与社会性挑战之间存在最强的和最重要的相关性就很自然。也就是说，有很好人际技能的领导者可以更好地应对那些涉及与人打交道的挑战。

我们还发现自我认识和压力管理两大情商维度与管理员工、培训员工和留住员工的商业挑战之间存在相关性。这个发现说明高管意识到了关键的情绪信息（他们自己的和下属的）并在与人们的互动和在向组织传递他们的意图时应用了这些情绪信息。通过这样做，高管能够更好地提高员工的积极性和奉献精神。决策能力也与管理增长、应对技术变革、管理员工和培训员工成正相关。领导者管理变革的能力相应地关系到他们在决策时利用情绪的能力，而不是简单地依赖分析性框架。

对于子维度层面，我们发现，灵活与感知到的商业挑战成最高的正相关，这证实了情绪变化在管理组织变革中的重要作用。换句话说，具有更大灵活性的个人在应对商业挑战时更有可能感觉轻松。

乐观主义，即在困难情况下也会保持积极态度的能力，与管理增长、管理员工和培训员工中感知到的轻松感成正相关。这些领导者受益于用更加鼓舞人的方式对待下属，以便能发挥他们未能运用的技能。最后，自我肯定和自我实现，包含在自我认识的维度里，与管理员工、培训员工和留住员工成正相关，这说明一个人的内在动机和自信很有可能缓和工作中遇到的人际挑战。

基于最重要的成功评估指标——利润，我们将“优秀 CEO”与其他人区分开来。基于财务报告数据，我们比较了盈利最多的 CEO 和盈利最少的 CEO。我们用了复杂的统计分析来看是否有一些可以用来区分这两组 CEO 的情商因素。我们假设能够通过压力管理能力预测利润。或者，盈利多的 CEO 会比盈利少的 CEO 更加幸福。

可是我们的假设并没有那么准确。令人吃惊的是，EQ-i 子维度中同理心能最有效地把盈利多的和盈利少的 CEO 区分开来。越富有同理心的 CEO 赚钱越多。这个发现支持了尼尔·阿什克纳奇和贝利·蔡的主张：高效领导者经常通过表示同理心的行为来表达他们对其他人的感同身受，这增强工作关系并团结团队。

另一个显著预测能对盈利能力的是自我肯定，即尊重和接受自己是个有安全感、内在力量和自信的好人。我们发现自我肯定水平高的领导者的公司的盈利往往高。这支持了大卫·德·克莱莫和丹·冯·尼彭博哥的主张。他们说领导者的自信影响人们对领导效能的认知，所以有很强身份认同感的高管更可能激励员工取得更高水平的表现，最终产生更高的利润。

现实判断和问题解决属于决策维度，与盈利能力也有关。那些能够客观地、精确地解读外部事件和有效地解决问题的领导者往往有能力实现更高利润。

EQ-i 测评在预测那些盈利能力强的 CEO 的能力时表现怎样呢？我们开发了一个公式，它能够高度精确地把有优秀盈利能力的高管从其他高管中识别出来。这个公式是根据 EQ-i 分数的分布规律得出来的，能够识别出 87%的样本。换句话说，我们的模型只根据领导者的情商（EQ-i）分数就能够有 87%的正确率识别出盈利能力强的高管组。

根据这个研究和我们完成的对领导者的其他研究，我们创建了一个特别的 EQ-i 2.0 测评，专门用于评测领导技能。我们可以将任意领导者（或者潜在领导者）的分数与其他组织的领导者的进行比较，并且将他们的分数分成真诚、教练、洞见和创新四大类。这样就可以基于一个人的情商分数制订有针对性的教练计划。EQ-i 2.0 测评报告现在被世界上数百家组织采用，包括营利组织非营利组织、军队和政府部门。

小企业的成功故事：成功管理牙医诊所

一个牙科、医科或其他医疗保健诊所都是一个企业，需要运用企业家的技能来建立和运营的。医疗保健诊所通常较小，受限于一个医生或治疗师每天面对病人的诊疗时数。然而，还是有很多衡量成功的指标。

> 丹纳·阿克雷，一位心理学家和领导者情商教练，辅导过不同的组织和牙医们。他描述了两位牙医的情况，他们都有娴熟的技能，而且两人的诊所开在同一栋大楼里。
>
> 格里芬医生每天准时回家且很少在周末工作，而巴特雷医生几乎每天都会错过晚饭时间，并且很多周末都是在诊所度过的。格里芬医生的员工和她

一起工作了多年，而巴特雷医生的诊所的员工流失率很高。从格里芬医生的病人那里更多听到的是正面反馈，但从巴特雷医生的病人那里更多听到的是抱怨。格里芬医生的诊所显得更专业，并且看起来更整洁，设备时常更新和有更好的员工团建活动。

有趣的是这些差异都不是因为他们的智商差异或他们在医科学校的年级排名高低。巴特雷医生在医科学校的排名几乎是最高的，他大部分时间都专注于牙科的技术方面，而很少花时间在诊所的社交方面，例如与推荐病人的人交往互动，与病人建立关系。

丹纳指出高情商的牙医：

- 吸引足够的合适病人；
- 与病人发展更好的工作关系；
- 把诊所的团队变成一个有效的员工群体。

丹纳与他的牙医同事欧文·贝克和理查德·格林一起进行了一项研究，观察情商在成功的牙医诊治中所起的作用。他们的研究是与潘基研究院——一个世界著名的牙医培训中心——合作进行的，样本包括了144位在中心受过培训的牙医。他们给这些牙医提供了EQ-i 测评和进度调查（Survey of Progress，SOP）。SOP评估的是牙医们经潘基研究院培训后自己的诊所运营的实际情况。评估的方面包括：① 潘基研究院教给牙医的技术诊断技能；② 建立关系的行为步骤（病人的初次会面、合作发现及团队发展）；③ 对病人和牙医都有益的商业实践。

他们发现了情商分数与牙医的诊所成功之间的直接关系，如高情商的牙医所在的诊所往往更成功。他们识别出影响牙医诊所成功最重要的情商技能：情绪自觉、现实判断、坚定直率和自我实现。

这些情商技能在牙医的每日工作中有重要作用。例如，情绪自觉帮助牙医在劳累一天结束工作时，仍能意识到自己在处理病人的病痛时，自己可能没有很好地理解他们。现实判断使牙医能够真实地意识到自己与员工的冲突，自己需要处理好这些冲突。坚定直率的牙医能更好地发展没有威胁性的医患关系（这很不容易，因为很多人走入牙医诊所前就感到害怕）。自我实现使牙医能够寻求继续教育、学习机会以提高自己，同时仍能有一个平衡的生活方式。高情商的牙医不仅能管好自己的诊所，还能更好地影响他们的病人、让他们有健康的牙齿。

影响创业者成功的 4 个因素

要是能够知道某个人是否可能成为一个成功的创业者是很有意义的事情，但更好的是可以了解哪些技能能帮创业者发展成一位更成功的企业家就更好。这就是开发“创业者优势”™（Entrepreneur Edge™）测评背后的想法。

这个测评的创始人研究了创业精神并识别出了影响创业成功的 4 个因素。这些因素包括思维模式、自我管理、与人相处和商业导向。

第 1 个因素是思维模式，成功的创业者往往按照自己的直觉行事并冒可控的风险。他们乐观和自信，通常喜欢设定自己的目标。第 2 个因素是自我管理。最成功的创业者是行动导向型的并为多重任务和挑战所激励。他们往往沿着自己的路径，通常用压力做动力。第 3 个因素是与人相处。创业者必须与不同类型的人打交道、建立关系并发展于他们有利的人际网络。他们往往很兴奋地邀请别人对他们的想法提建议。第 4 个因素是商业导向。大多数创业者的商业观念是受新想法驱动的。他们常常受全局观的吸引，成功的创业者针对自己的想法采取行动去实现它。

这 4 个因素被细分成 17 项具体的创业者素质能力。

I. 思维模式

1. 独立思考
2. 忍受风险
3. 寻求知识
4. 创新者
5. 个人成就
6. 乐观

II. 自我管理

7. 行动导向

8. 分析性

9. 同时做多重任务

10. 压力激励

11. 自我导向

III. 与人相处

12. 发起人

13. 人际网络

14. 探索者

IV. 商业导向

15. 机会性

16. 策略性

17. 积极主动

“创业者优势”TM 测评可以用于正在考虑未来职业方向的 MBA 学生、刚开始的年轻创业者、正在考虑创业的人、正在考虑职业转型的人、想给一家公司投资但要评估企业领导者的人，甚至可以用在希望办一家公司的退休了的人。我们也用在一些《财富》500 强公司参与的项目上，识别“内部创业者”——公司内部有创业精神的人，并帮助他们创新和开发新的产品和流程。第 14 章展示了 MHS 公司年度“黑客马拉松”活动。现在，任何想要创新并提高员工敬业度的机构都可以应用这个经修正过的方法。

音乐领域的创业者

音乐领域在这些年已经有了许多变化，为了成功，今天的音乐家需要的不仅是音乐才华。不仅唱片（新一代人不知道“唱片”是什么）销量锐减（取而代之的是现场音乐会的销量增长，可以为音乐家提供帮助的唱片公司和才华管理公司也少了。过去，许多演出人员依赖在现场演出时被某家唱片公司的高管“发现”。但那样的时代一去不复返了。现在的音乐家不得不做创业者（除作为平常的音乐人角色以外），承担市场营销和推销自己的工作。

为了生存，音乐家需要有创造力，通过现场表演的场所、社交媒体和其他新型奇特的方式营销自己。今天管理一个音乐职业与经营一家小型企业有许多相似之处。我相信今天的音乐家只有拥有情商技能和一套创业能力才能在音乐领域发展和成功。

我过去几年里对这方面进行了进一步的探索。我与一些在音乐领域从事商务的、有经验的专家一起设立了一个非营利机构，目的是帮助活跃的音乐家。音乐联盟的加拿大音乐孵化器（Canada’s Music Incubator，CMI）的艺术创业者项目是一个非营利性倡议，致力于为在音乐领域脱颖而出的音乐家提供辅导和专业发展建议。项目的目标是帮助音乐家发展他们该有的能力，使他们的小企业能成功地长大，同时在 10 周的孵化期后持续支持帮助他们。项目的主要内容包括导师辅导、协作和人际交往。

我在这个非营利机构中的一部分工作是采用一系列的测评来评估这些有雄心的年轻音乐家的技能和素质能力。评估既是提供给他们的教练过程的一部分，也是我们研究在这个领域里成功所需因素的一部分。

所有参加这个项目的人都做了 EQ-i 2.0 测评、“创业者优势”TM 测评及其他测评。在图 16.2 中你可以看到他们的 EQ-i 2.0 测评的分数。

在与这些音乐家一起合作时我们发现了一些趋势。例如，如图 16.2 所示，这群人的人际能力特别强（这个维度包括人际关系、同理心和社会责任）。人际能力维度描述一个人以有意义的方式连接他人的能力。这种能力对音乐家来说非常重要，它可以通过与观众的连接让音乐会更加令人享受。这种能力也帮助他们与其他音乐家、票务代理、经理人和其他人相处良好。

当观察他们的情商优势时，我们发现他们的最高分是在社会责任、自我实现和同理心方面，如图 16.3 所示。

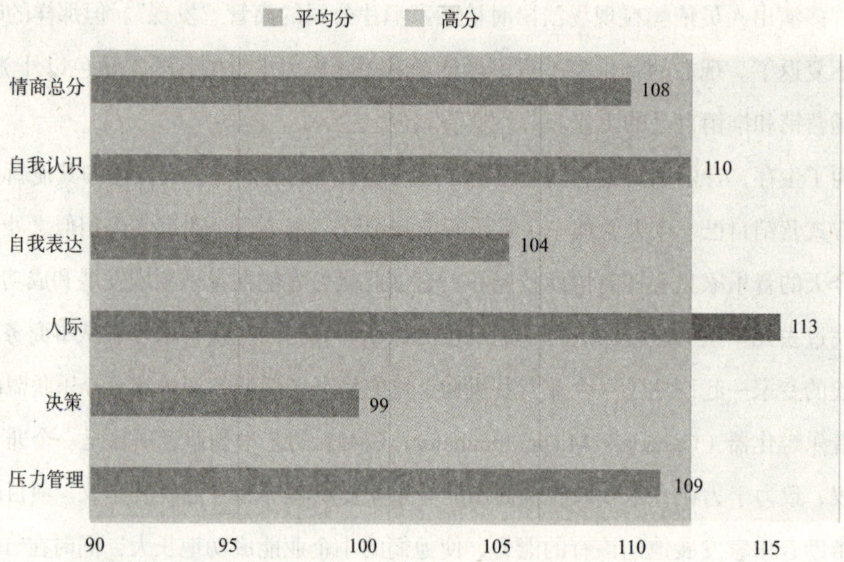

图 16.2　音乐家的 EQ-i 2.0 测评得分

资料来源：MHS 公司。

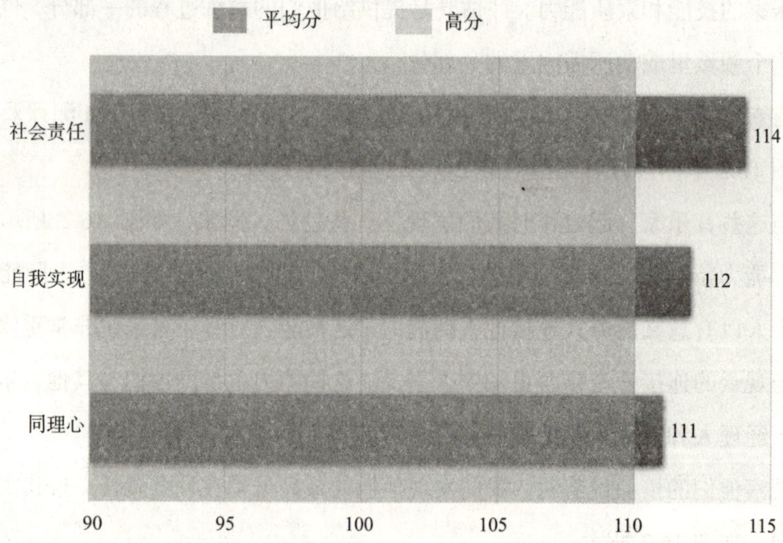

图 16.3　音乐家得分最高的情商能力

资料来源：MHS 公司。

社会责任方面的高分说明这些音乐家是社会的建设性成员，他们在行为上支持共同福祉。他们中的很多人都参与了社会事业，并且趋向于非常有社会意识。他们中的许多人从他们对周围的世界关心中获得力量和灵感并把它们反映在他们的音乐中。

一个高的自我实现分数说明这些音乐家发现了他们职业生涯中的意义和目的。他们将为自己设立有挑战性的目标并激励自己实现这些目标。音乐家持续地发现不同的方法来确保他们的才华得到最佳利用，并且在需要时从导师那里寻求建议。

他们的高同理心分数展现了认知、理解和欣赏他人感受的能力。音乐经理人欧文·阿佐夫，是这个行业里最成功的人才经理人之一，他的客户包括克里斯蒂娜·阿奎莱拉、旅程、老鹰乐队、丹·佛格伯、乔·沃尔什、范海伦乐队、三十秒上火星、斯迪利·丹、邦乔维乐队等。在一次《公告牌》杂志的录像采访中，他说，对一个艺术家的成功最重要的是知道如何读懂现场观众并与他们互动。

同理心在连接他人的能力中特别重要，它帮助音乐家读懂观众、确定他们对自己的演出有着什么样的体验。它帮助音乐家识别观众是否与一首具体的歌曲有共鸣，或者从整体上说，观众是否与他们呈现出来的音乐家形象有共鸣。

同理心在处理与乐队成员，以及其他音乐人之间的关系上也是非常重要的。不久前我与麦克斯·韦恩伯格见面，他是布鲁斯春 E 街乐队的非常成功的鼓手。我介绍了我们的研究，他告诉我他为何在 6 岁时开始学打鼓。他是在见到罗恩·塔特（艾维斯·普莱斯利的鼓手）在电视上的表演之后被架子鼓迷住的。麦克斯第一次在观众面前表演时才 7 岁。但是他成功（他击败了 63 位为布鲁斯春 E 街乐队试音的鼓手）的一个重要因素是他有专注、倾听和观察的能力。他知道他的工作是支持其他音乐人，而不是要超过他们。这需要有很强的自我实现（知道自己的优势）、冲动控制（不去卖弄自己）、同理心（读懂他人）和人际能力（与他人一起工作）。

对我们的音乐家样本的情商技能的挑战可以从图 16.4 中看出。这些被挑战的情商技能包括情绪表达、冲动控制和问题解决。

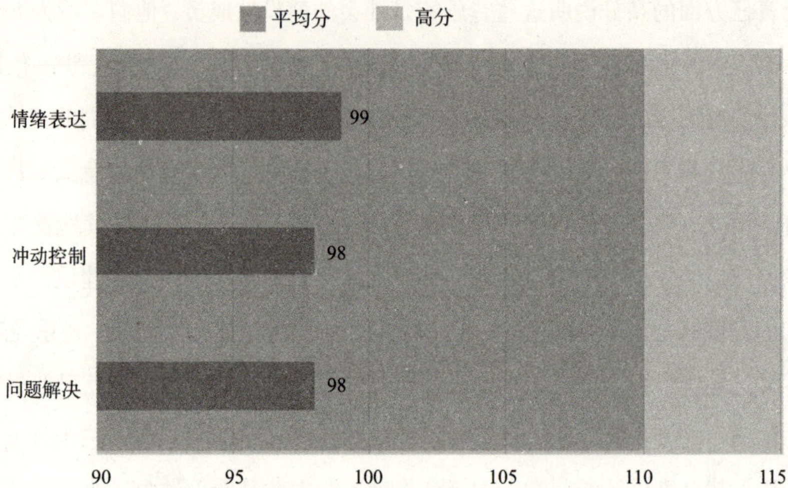

图 16.4　音乐家得分最低的情商能力

资料来源：MHS 公司。

情绪表达方面较低的分数说明他们虽然能够意识到自己的情绪，但他们在表达或解释自己的某些情绪上有困难。虽然他们会用音乐来表达自己，但是我们还要辅导他们如何更好地在人际关系和演出中表达情绪。

他们的冲动控制方面的得分是在平均范围内的，说明音乐家们总体上能够抵抗或延迟行动的冲动。但是在有压力时，他们可能比正常人更加冲动。这里面有许多需要辅导的内容。

问题解决测量的是一个人如何在解决问题的过程中有效地利用他们的情绪。音乐家们的平均分说明他们能够有效地利用情绪专注在解决当前的问题上，但是在生活的一些方面情绪可能挡道。例如，当需要解决问题、进行决策或把事情做成时，情绪可能妨碍而不是帮助解决眼下的问题。成功的人能有效地运用情绪来专注于解决眼前的问题，但这方面技能比较低的人有时会让情绪阻碍决策。改善建议包括做更好的规划流程并设定解决问题的最后期限。这些策略推动采用一个有效的决策流程，用情绪来强化（不是制止）它，并且降低他们延迟做出困难决策的可能性。

“创业者优势”™ 测评为 CMI 项目的导师们提供了一个音乐家现有的创业能力的

概图，以及确定哪些技能需要发展。它既包括大的领域，如思维模式、自我管理、与人相处和商业导向，也包括很多具体的、可操作的素质能力。

在图 16.5 中可以看到，这组音乐家最强的优势在于与人相处的能力。这个小组在下列活动方面很少有问题：把他们自己介绍给他人、与他人互动和寻求他人的建议以克服挑战。这与 EQ-i 2.0 测评中的发现非常吻合。

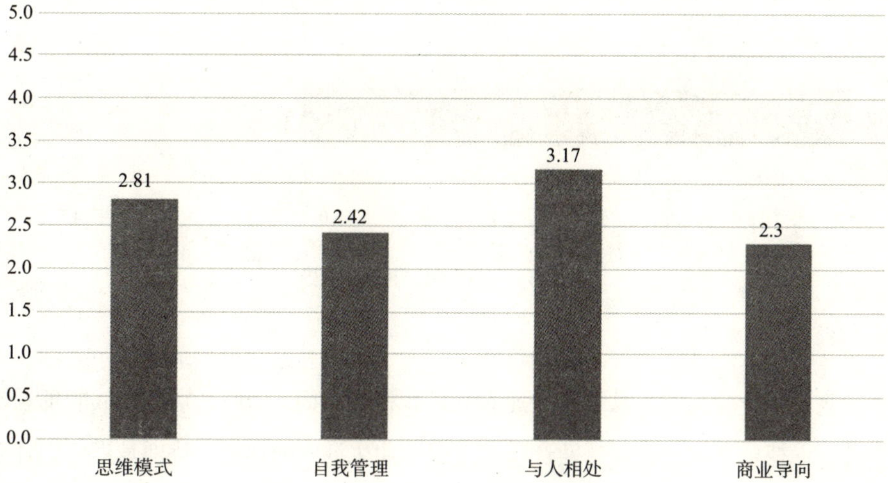

图 16.5　音乐家的关键创业成功分数

资料来源：MHS 公司。

具体的音乐家的创业优势可以从图 16.6 中看出。这些优势包括探索能力——创新性地解决问题；创新能力——寻求新的做事方式；乐观能力——识别潜在的机会。

探索分数高的人使其他人一起来创造性地解决问题并与他们分享知识。继续提高这些技能会帮助音乐家与他们的导师和其他音乐家保持紧密联系。有趣的是，这一点吻合了我们先前的发现，即这组音乐家拥有很强的情商上的人际能力。

创新分数高的音乐家以建议可供选择的新的解决方案为骄傲，并且喜欢反思现有的假设。革新和创造能给音乐家的音乐带来许多益处，同时他还可以在职业生涯中遇到新的挑战时用它来开发不同的解决方案。

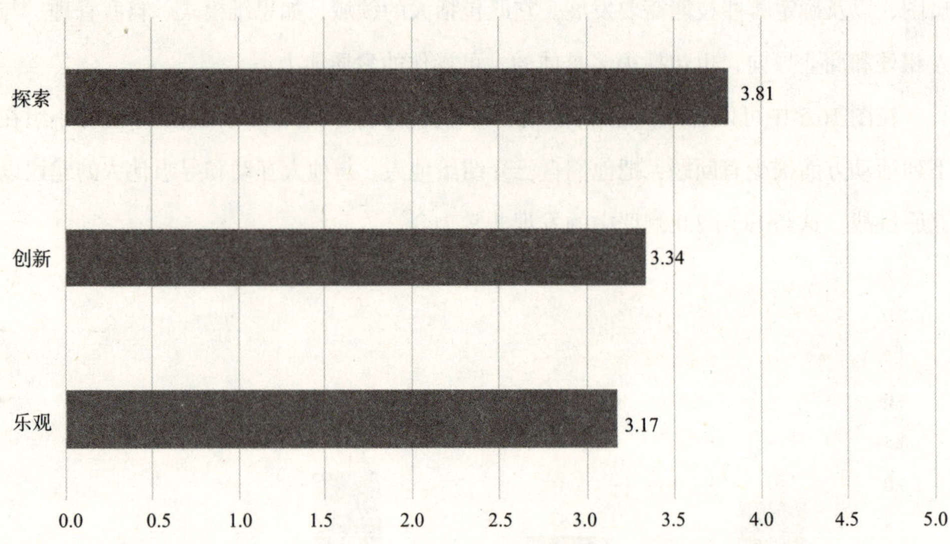

图 16.6　音乐家的创业优势

资料来源：MHS 公司。

乐观方面分数高的人凡事能快速看到其积极的一面，即使在富有挑战的场景下也是如此。保持乐观的面貌能帮助音乐家克服职业生涯中的挫折，特别是当他们针对现有的挑战寻找不同的结果时。从乐观分数和创新分数来看，可以发现他们会把成功当作指示器，表明他们相信自己对创新的直觉，这使他们更加愿意进行创新性冒险。

图 16.7 展示了这组音乐家的低分项目。

在寻求知识上得分高的人寻求知识和行业专家的建议，他们注重未来，并且受有可能改变行业的新兴技术所吸引。这些音乐家都是 CMI 项目的学生，所以他们应该重视知识和行业专家的建议。可是寻求知识是他们的一个较低分数，这可能是因为他们太专注于现在，而对行业即将来临的变化关注不足。

积极主动方面分数高的人把需要变革当作一个重要的问题并积极发展新的技能。他们会检查、评估自己努力的成果，以展示变革的价值。这组人的这个维度分数较低，可能是因为他们专注于提升现有的技能（如他们的声乐才能），而不是发展新的能力（如营销自己的能力）。他们因此可能错失音乐领域正在发生的改变所带来的许多机会。

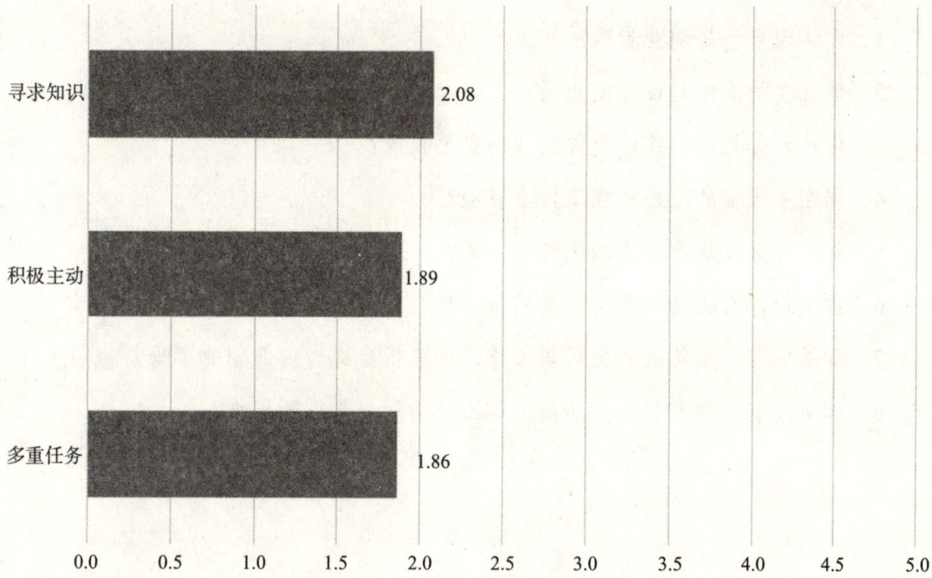

图 16.7　音乐家的创业挑战

资料来源：MHS 公司。

多重任务方面得分高的音乐家能有效地进行交叉学科的工作（如音乐和财务）。另外，他们更可能在同一时间寻求多个不同的创业机会。但是，这组音乐家在这个维度上得分较低，表明他们可能太专注于音乐专业性的东西而忽略其他音乐家职业成功所必备的素质能力。或者，他们甚至可能过度专注于一个项目或乐器种类。在这里多重任务涉及同时关注多个不同的领域，从商业类的活动（如预订特约演奏、管理乐队成员、宣传、法务）到完美你的音乐（确保你的音乐类型正确、写作新音乐、音乐编配、排练）。

作为一名音乐家，在今天的娱乐行业里实现成功可能比以往任何时候都难。既没有清晰的成功之路，而且推销现场演出的场地更少。唱片公司的作用随着传统音乐专辑的消亡而改变。当然，在今天快速发展的世界有很多的职业生涯都有许多的挑战。我们的研究已经证明，在这个快速发展的世界，了解自己的情商和创业能力对任何希望了解如何有效地利用自己的独特优势、发展自己的人来说都是非常有用的。

高情商领导者：需要思考的问题

1. 你认为自己是创业者吗？
2. 你现在的工作允许你创业吗？
3. 你认为你具备哪些能使你创业的重要技能？
4. 你在多大程度上愿意在工作上冒险？
5. 你把人际技能看作你的优势之一吗？
6. 你觉得你有成功创业所需要的信心吗？
7. 如果你在一家传统的公司里工作，你有机会成为内部创业者吗？
8. 如果没有，你有什么办法使你的工作场所更具创新思维？

第 17 章
领导力的新近研究

不要走前人的道路。相反，走没有人走过的地方并留下一条路。

——拉尔夫·沃尔多·爱默生

关于本章

我想把很多内容纳入本章，但不是所有的内容都相互关联。它们包括我关注的东西及领导力的发展趋势。第 1 部分与领导力的神经科学相关。将神经心理学应用于领导力开发正变得越来越受欢迎。在 MHS 公司我们一直将此方法用于高管职能的研究。我们将了解它是如何应用于领导力发展的。

接着我会讨论变革的话题。因为不谈变革你就不能真正谈论领导力。当今变革无处不在，而我们会用不同的方式应对变革。我会呈现一些由发现学习国际公司（Discovery Learning International，现在是 MHS 公司的一部分）和创新领导力中心开创的一些工作，很多全球公司都觉得这些工作可以帮助组织管理变革。

无论谈论何种话题，都会涉及千禧一代和 Z 世代。关于代际差别是否存在及研究它是否有用还有许多争论。而我不喜欢猜测，只希望运用数据来说明事实。通过我们最大的情商测评数据库，我们可以对代际差别有真实了解，因为没有什么比得上有实证的信息。

当今，人们谈论比较多的一个概念是服务型领导力，强调从当一位追随者开始的重要性，先是一位好的追随者，然后你才能成为一位领导者。我曾荣幸地给许多组织提供服务，其中的一个是美国海军海豹突击队，我将介绍这个群体的一些数据。

当今组织内最高的权力机构可能就是董事局了。因为我在董事学院任教，所以有机会给很多董事提供咨询并对他们进行测评。非常明显，董事局成员的情商水平对董事局的成功起重要作用。我也会公布这个群体的一些新数据并分析董事局成员在情商上的性别差异。

大多数关于领导力的书都关注那些处于领导职位的领导者，而在本书中除介绍这类领导者的故事和趣谈以外，我想介绍如何应用情商理论帮助那些不寻常的领导者。在这一部分我会讨论一个案例，其主角的背景或许不像你见过的任何一位领导者。

最后，我会介绍一些通过情商培训提升领导力的情况。我会重点介绍在组织内领导力的培训和开发情况，特别是情商培训的世界性趋势。此外，我会介绍一些研究成果，它们显示组织内的高情商领导力是可以开发的。

神经科学与领导力

在商业文献中出现了一种热门现象，开始从神经科学文献中借用一些概念并将其用到领导力讨论上。在 MHS 公司，我们处于独特的地位，因为我们对神经科学从临床的角度和从组织或商业的角度都进行了广泛研究。

有些神经科学的相关概念进入高管的视野，它们主要来自对大脑执行功能的研究。神经心理学家用非正式的和标准化的方法研究脑—行为之间的关系，即一个人在认知、语言、情绪、社交和肌动等领域是如何运作的。像磁共振成像、功能性磁共振成像、正电子放射断层扫描术、大脑断层扫描和弥散张量成像等技术已经被用来帮助定位脑—行为关系。

同样神经心理学家的测评对量化有效思维、执行功能、问题解决、学习和行为的必要认知能力，以及测评与执行功能相关的行为症状起了重要作用。在 MHS 公司，我们发布了在医疗和教育领域使用最广泛的执行功能测验中的一个：执行功能综合量表（Comprehensive Executive Functioning Inventory，CEFI）。我们测量并分析了数千人在执行功能方面的能力。

执行功能变成了包含许多认知过程的一个整体词汇，包括计划、工作记忆、注意力、问题解决、推理、抑制、思维灵活性、多重任务执行、主动，以及行动监控。这些认知过程主要是由额叶的前额叶区执行的。前额叶区包括背外侧前额皮层、前扣带皮层和眶额前脑皮层。背外侧前额叶参与信息处理的活动，如整合认知和行为的不同维度的信息；前扣带皮层涉及情绪驱动、经验和综合作用。最后，眶额前脑皮层在下面这些行为中起重要作用：冲动控制、定式维护（遵从规则的能力）、检测进行中的行为，以及社交行为。眶额前脑皮层在根据感官刺激来确定奖励的价值和评估主观的情绪体验中也起作用。

在研究文献中仍然没有一个单一的、一致同意的执行功能定义，对它的内涵也没有共识。虽然有各种各样的定义，但有一个核心的东西，那就是执行功能包括对自动反应进行控制以调节自发的、目标导向的行为。据说，抑制自动反应并控制自愿行为是由一套与前额叶和相互关联的皮质下系统对应的重叠认知能力完成的。

MHS 公司的研究结果之一是识别出了包含许多功能的执行功能综合量表，其中所涉及维度的定义如图 17.1 所示。

这些维度来自我们的临床工作，我们把它们修改后用于企业。我们对这些维度和量表进行了修改以适应组织内的领导力。我们也已经开始将这个新量表试用到各种组织的数百位领导者和非领导者身上。我们样本中的所有领导者至少有一位下属。

我们的数据符合一个双因素模型。第 1 个因素是指管理自己和他人，第 2 个因素是管理组织。我们将用这个工具进行更多的研究来观察各个维度如何影响组织中高管们的成功运作。

管理自己和他人因素包括下列维度：

- 注意力；
- 情绪调节；
- 灵活性；
- 成长心态；

- 抑制控制；
- 主动；
- 人际关系；
- 组织；
- 自我监控；
- 自我计划。

维　度	定　义
执行能力（总体）	总体执行能力由 9 个方面组成，包括注意力、情绪调节、灵活性、抑制控制、主动、组织、计划、自我监控和工作记忆
注意力	个体避免注意力分散、专注于任务、维持注意力的能力
情绪调节	个体控制和管理情绪的能力，包括在处理小问题时保持平静并用适当水平的情绪来应对
灵活性	反映个体调节行为以适应情境的能力，包括想出解决问题的不同方法，必要时改变行为，以及想出达到目标的新方法
抑制控制	个体控制行为和冲动的能力，包括行动前考虑后果、保持自我控制、先思考后说话
主动	个体自主开始工作或项目的能力，包括很容易地开始任务、积极、需要时主动采取行动
组织	反映个体管理个人物品、工作和多重任务的能力，包括有效组织任务和思维、有效安排时间、巧妙地工作
计划	个体开发并执行完成任务的策略的能力，包括提前计划和做出好的决策
自我监控	个体评估自身行为以决定是否需要不同行为的能力，包括觉察并纠正错误、意识到什么时候需要帮助、清楚任务已经完成了的时刻
工作记忆	反映个体记住对做什么和如何做很重要信息的能力，包括记住重要的事情、指令和步骤

图 17.1　执行功能综合量表中所涉及因素的定义

资料来源：MHS 公司。

管理组织因素包括下列维度：

- 分析和系统思维；
- 前瞻；
- 组织规划；
- 策略愿景。

我们希望最终能够更细致地完善这些维度并确定哪些功能对成功领导力是最重要的。

如何管理变革

关于今天的商业环境，可以肯定的一件事是事情不会一直保持原样。变革发生在今天世界上任何地方的任何组织。虽然大多数领导者都知道变革是不可避免的，但他们几乎不做什么来更好地理解或规划这个不可避免的变化。在发现学习国际公司的克里斯托弗·马塞尔怀特的一份报告中，他描述了一个帮助人们更好地理解变革的项目。另外，还研发了一项测评工具用来帮助领导者应对组织变革。

报告根据许多的研究了解人们如何以不同的方式应对变革。虽然人们都经历过类似的变革情境，但是人们往往以自己独特的方式应对这些情境。人们处理变革的倾向性，不管是应对变革还是发起变革，都可以用一个连续区间来描述和测量，这个连续区间的一端是倾向于逐渐增加的变革，另一端是倾向于巨大的全局性变革。这些倾向性是不同的，并且有时可以有职业群体甚至行业的差别。了解这些倾向性可以部分地解释在变革执行过程中人员之间的冲突，也可以帮助人们了解职业、组织职能部门和整个行业之间明显的差异性。

通过了解这些变革的倾向性，就有可能更好地针对不同的个人、情境和期望的不同结果运用不同的变革策略。马塞尔怀特创建了“变革风格倾向性”模型，从新的角度看待什么是良好的或糟糕的、成功和不成功的变革的信念和想法。他是这样来描述这个模型的好处的：

这最终会产生更加有效的组织、更快乐的员工和更灵活的劳动力。当人们理解了变革的需要、变革的策略和自己对变革的舒适度之间的关系后，他们会更加愿意接受变革。这样，就可以有一种新的对话，它可以解冻和重新定义人们对理想的组织变革的心智模式，而不管我们个人的倾向性是什么。

马塞尔怀特还创建了“变革风格指标”（Change Style Indicator，CSI），这是一个有 22 个问题的自评工具，评估个人发起变革和应对变革的倾向性。这个指标帮助人们找到自己在有 3 种倾向性的数值范围的连线上的位置。

这条连线的一端是保护者。这些人的特点是喜欢逐渐的但是连续的变革。保护者相对于未知的情况更喜欢现状。保护者的目标是要更好地利用组织的资源，同时要保留现有的架构。长期使用这种方法的结果可能是巨大的变革，但这种变革不会威胁或打乱组织的稳定性。

在这个系列的另一端是发起者。发起者的特征是他们喜欢一种更快和更激进的变革。如果保护者在变革中拥护“全面质量管理”（Total Quality Management，TQM）方法，那么发起者就是流程再造的拥护者。当流程再造方法被有效使用时，结果是出现非常巨大的、系统的和快速的变革。使用发起者的变革方法，现有的组织架构将受到挑战，而系统的变革就会出现。马塞尔怀特的研究已经证明保护者和发起者各占总体人数的 25%。

实用主义者在“变革风格倾向性”模型中处于保护者和发起者之间，并且占到剩余总体人数的 50%。实用主义者会显得理性、实际、易同意和灵活。然而对保护者和发起者来说，实用主义者会显得不肯承诺或没有决断力。实用主义者解决问题的方式往往强调实际可行的、可操作的结果并更专注于结果而非保留或挑战组织架构。实用主义者被认为比保护者和发起者都更加有团队精神。

“变革风格指标”的测试结果，如图 17.2 所示。

这个“变革风格指标”从 1996 年开始就成功地用在许多不同的项目和场景中。除在北美的大量应用以外，这个工具被摩托罗拉大学成功地运用在中国和印度的管理发展项目上。它曾在韩国用于工程师测试，英国用于银行职员测试，意大利用于生产性企业高管和商学院学生测试，印尼用于高中生测试。应用范围从管理和领导力评估与发展到组织中重新设计工作等。这个工具和它的应用已经帮助了很多个人和组织更好地管理变革过程。

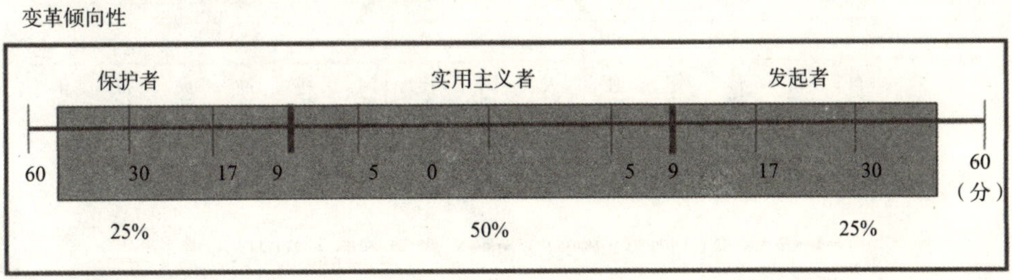

图 17.2　“变革风格指标”的测试结果

Z 世代如何影响职场

Z 世代（年龄 17~26 岁，出生在 1990—2000 年）越来越被市场营销人员、媒体和娱乐行业所关注。这一代人与众不同的特点是什么？这代人开始进入职场的时候，是评估他们与前几代人有什么不同，以及领导者需要如何为不同的员工做准备的时候。

似乎每代人都会对新一代人带来的工作技能产生抱怨，Z 世代在这方面的遭遇也不例外。雇主往往爱挑剔新一代人的行为和工作态度。这些相关主题讨论已经从大兵一代、成熟一代、婴儿潮一代、X 一代、千禧一代，发展到了 Z 世代，而且每代人似乎还都调整到了适合自己的工作模式。

然而这次的实际情况可能有所不同。Z 世代与他们的父辈和祖父辈是不同的。我们观察了一个年龄从 15 岁到 75 岁的 259 000 人的样本，他们是从参加了 EQ-i 2.0 情商技能测评的大约 200 万人的世界性数据中筛选出来的。如前面所述，情商是一套情绪和社会技能，对人们如何认知和表达自己、发展和保持社会关系、应对挑战，并且以一个有效和有意义的方式利用情绪信息产生影响。不同世代的情商分数（EQ-i 2.0）比较可以从图 17.3 中看到。

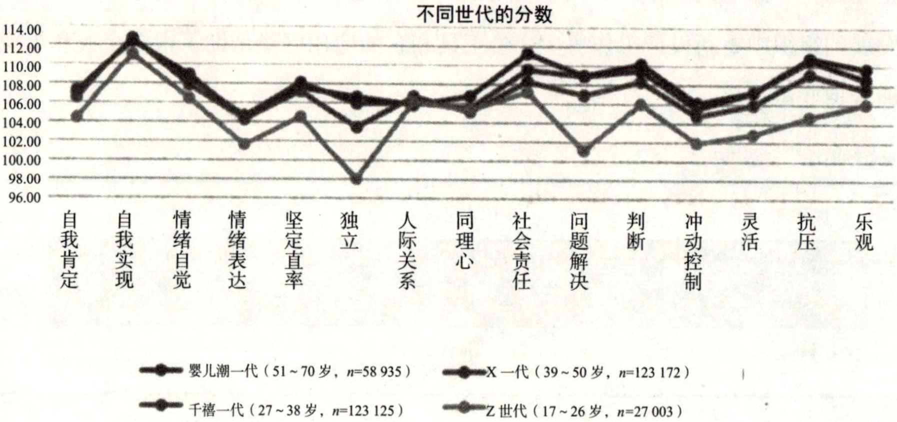

图 17.3　不同世代的情商分数（EQ-i 2.0）比较

资料来源：MHS 公司。

数据表明 Z 世代：

- 独立分数相当低。
  - ✧ 比千禧一代低 5.1 分（27~38 岁）。
  - ✧ 比 X 一代低 7.5 分（39~50 岁）。
  - ✧ 比婴儿潮一代低 8.2 分（51~70 岁）。
- 难于解决情绪问题，比 X 和千禧一代及婴儿潮一代平均低 6.6 分。
- 决策能力低，比前面几代在决策上的分数平均低了 5.5 分。
- 处理不好压力，比前几代低了近 5 分。
- 尽管他们在整体上情商分数较低，但他们的开心程度不比其他几代低多少。

Z 世代最低的分数是独立。这代人比他们的前辈更想先征求别人的意见。虽然他们比以前任何时候都拥有更多的信息——智能手机让这些信息都在他们的指尖上，但在采取行动之前他们仍然更依赖于他人。他们对自己缺乏肯定并想与人确认他们的行动是对的。他们希望在行动之前，先和同伴、在社交媒体和网站上把事情搞清楚，这比前几代的人要强烈得多。而且他们更需要在准备好执行任务之前得到他人的认可。

这部分的原因是他们在另一个技能上得分低——情绪问题解决。这不是解决数学或科学逻辑问题，而是涉及解决问题时的情绪影响。良好的问题解决需要适当地利用情绪——换句话说，不是太多也不太少的情绪。可是这一代人似乎让情绪阻碍他们做出良好决策。

最后，抗压能力使这一代与前面几代人有所差异。当事情开始失控或情绪高亢时，别让 Z 世代管理这种情况。这一代人会选择回避压力，或者如果他们不选择回避，那么他们也不会恰当地做好事情。

这好像显得过于概括化了，但这是我们在观察了很多这代人之后发现的。当然，每组都有例外，但是当筛选、雇用或培训这代人时需要注意这些情况。也不是所有的消息都是坏消息。这一代人也有很多积极的特质。他们有数字意识、社会意识、渴望学习，并且受目的或工作意义所驱动。所以，如果你雇用了这代人，重要的是要强调他们所做工作的意义和贡献。

Z 世代的这些挑战在每日的生活中是怎样表现出来的呢？这一代人更加依赖他人。他们需要更多的认可。所以不管他们是否决定搬出来自己住、购买健康保险、购买一辆车、转换工作，他们更可能在最后行动之前严重依赖其他人、家庭或朋友。如果他们没有求得认可就不能采取行动，那么这种犹豫不决会影响他们在工作中的表现。

Z 世代在“问题解决”上也有挑战。公司能做什么来帮助年轻员工处理这些问题？问题解决是指能够不用太多或太少的情绪去找到解决问题的方案。在人们尝试解决任何问题时，不管是要选择哪个工作或买哪辆车，总有一个情绪的成分涉及其中。当情绪阻碍了问题解决时，人们往往偏离轨道，并且导致糟糕的决策。

如果你在一种情形中用了太多的情绪，例如焦虑，你就有可能脱离目标并做出糟糕的决策。如果你用了太少的情绪，你能做出一个非常合乎逻辑的决策，但结果是你不会感觉良好。

领导者能帮助引导 Z 世代找出问题的解决方案。一般来说，这一代人喜欢被辅导和接受额外的培训。辅导应能确保他们有机会找出几个解决面前问题的方案，并且确保他们在选择和实施解决方案时能得到一些指导和引领。教会他们不仅仅带问题来见你，更要带答案来。然后和他们一起寻找潜在方案，一起评估可能的后果。

这一代人比其他代人想要更多的指引并喜欢多层面的学习机会。可以采用面对面的及在线的培训解决方案。不要对他们仅仅使用数码解决方案，他们高度重视个人面对面交流的时间。

Z 世代在决策上不太有效率。这在职场中对他们有什么影响？决策不太有效率是指当他们做决策时，他们可能被情绪和其他因素所干扰。重要的是要清楚你想要完成的任务。你不需要告诉他们如何做，但要指出你在寻找的解决方案类型。你需要确保他们看到客观的问题，因为他们不能太快，或者花了太多时间地找到解决方案，而且你不想他们被问题的大小或工作的实质所吓倒。

直接沟通并有清晰的期望会帮助这代人专注在任务上。他们是学习快手并非常有创意。强调他们所做工作的重要性也是非常重要的。这代人重视有意义的工作。

Z 世代和前面几代人之间的差距好像随着年龄增长而增大。这些趋势中有多少可以归因于年轻或没有经验？我们看到情商中的一些趋势是与年龄有联系的。就是说随着经验的增加人们的某些技能得到提升。人们学会要更加有耐心，从容应对更多事情而不过度反应，让自己更加关心他人的需要。人们也变得能更好地管理自己和情绪。所以你会期望看到随着年龄增长和越来越成熟使某些方面得到提高。

可是，这代人的某些差距似乎比期望的更大。在独立、问题解决、抗压方面的差距大出了单从年龄应该看到的差距，而在情商大的维度上与其他代人相比的差距与我们期望看到的自然增长比较一致。

服务型领导力与情商的联系

什么是服务型领导力，它与情商是如何相关联的？服务型领导力的想法可以回溯到古代的哲学。下面引用的说法出自公元前 4 世纪印度的一位老师、哲学家、经济学家、法学家和皇家顾问考底利耶。他在公元前 4 世纪的著作《政事论》（古印度论治国之道）中提及：

国王（领导者）应该考虑的不是什么能使他高兴，而最好是什么能使他的臣民们（追随者）高兴。

国王（领导者）是一位受薪的服务者，并且与他的人民一起共享国家的资源。

服务型领导力是一个永恒的概念，这个词是罗伯特·K.格林利夫在他 1970 年第一次发表并于 1991 年修改的论文“作为服务员的领导”中首先使用的。

在论文中格林利夫提及：

服务型领导者首先是服务员……它开始于想服务他人、服务在先的自然感受。然后是有意识地选择让他产生想领导他人的渴望。这个人与认为首先是领导者的人完全不同，或许是因为后者先要拥有一个非同寻常的权力或要获得物质上的拥有……首先是领导和首先是服务是两种极端的类型。在它们之间有细微的差异和融合，是人类本质的无穷多样性的一个部分。

就领导力风格来说，服务型领导力最有可能与参与型领导风格有关。对服务型领导力模型有很多研究，但只有一小部分研究情商与服务型领导力之间的关系。

在一篇关于服务型领导力和美国海军海豹突击队领导的历史沿革的论文中，退休了的海军少校克里斯·奥格尔——曾是美国海军海豹突击队队员、海豹突击队中心主任、特战队队员，将情商纳入他的研究之中。他描述了服务型领导力是如何渗入美国海军海豹突击队的训练中的，“整个项目是围绕如何推动个人超越自我意识到的绩效水平，再加入团队的力量来组织的。在整个训练中，每位候选人需要跟从领导者完成各种身体的和智力的训练模块。这进一步强化了服务跟随者的领导者心态”。

奥格尔同时也指出，美国海军海豹突击队从 EQ-i 2.0 的团体报告中发现，他们得分最高的情商能力是自我实现、问题解决、抗压、自我肯定和社会责任，如图 17.4 所示。他们也发现得分最低的情商能力是情绪表达、同理心和人际关系。

在了解了得分最高 3 项和最低 3 项之后，组织可以了解某些能力是被过度使用了还是过低使用了。美国海军海豹突击队的例子指出：当进入战斗情况时，低水平的同理心对你和战友的存活是至关重要的。然而在枪战结束之后，重要的是要激活同理心，领导团队应对挑战，这在很多情况下涉及非战斗人员和平民。相似的“激活”同理心例子可以在警察应对激烈的场景时找到。

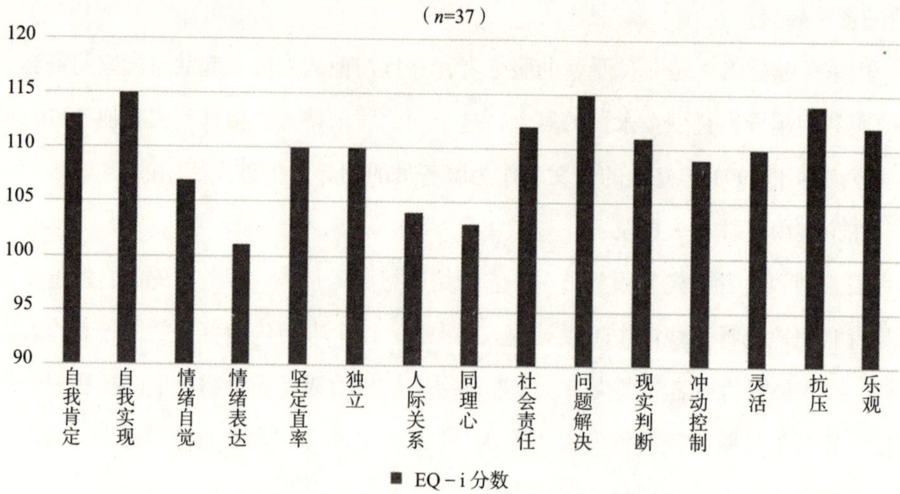

图 17.4　美国海军海豹突击队样本的 EQ-i 分数

资料来源：MHS 公司。

我有幸通过 EQ- i 2.0 测评为克里斯及美国海军海豹突击队提供服务。就情商与服务型领导力相关联这一点，我发现评估一个人的社会责任帮助强化领导力中的服务成分。它使领导者和潜在领导者评估自己对其他人的关心。克里斯描述了美国海军海豹突击队的训练过程如何使学员在职业上越来越成熟，因为有些人最终要担任领导职位。在整个过程中，学员们保持了领导者和追随者的心态，每个人都知道如何转入和转出追随者和领导者的角色。随着远程工作和无领导团队的兴起，这种能够转入和转出领导者和追随者角色的能力正变得越来越重要。

有趣的是在图 17.5 中我比较了经过我测评的一些人的情商分数。美国海军海豹突击队是到现在为止我的最高分组，超过了海军飞行员（其中很多人是受过王牌飞行员训练的）、企业 CEO 和女性高管。程序员被加进来使组别更完善。

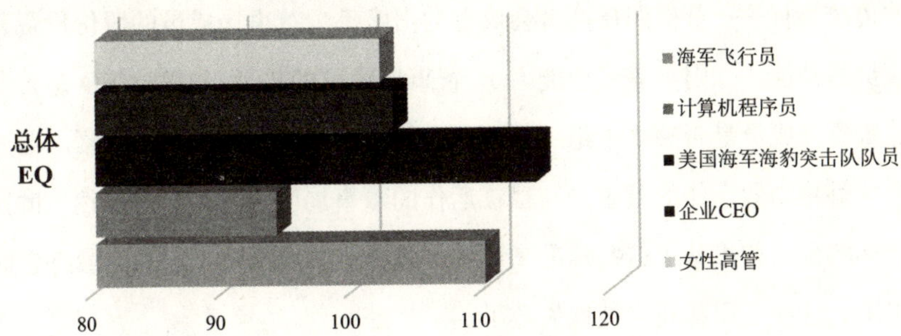

图 17.5　女性高管、企业 CEO、美国海军海豹突击队队员、计算机程序员和海军飞行员样本的 EQ-i 分数对比

资料来源：MHS 公司。

利用 EQ360 度测评，简·沃德尔直接观察了情商和服务型领导力之间的关系。她的研究采用了 44 位职业领导者的数据来测验情商与服务型领导力特征的关系。服务型领导力量表被用来评估帕特森的服务型领导者模型的 7 个特质。领导者的情商分数用的是下属给领导者在 EQ360 度测评中打的分数。

沃德尔发现在服务型领导力特质和由下属评定的领导者的情商之间有正向关系。她指出服务型领导力特质中 56.7%的差异可以用 EQ360 度量表的一个能力来解释，即下属对领导者的现实判断能力的评估。现实判断被描述为精确地评判现实情境的能力。在这种情况下，它允许服务型领导者精确地评估下属的最高优先需求。

通过从下属到领导者的经历能够培养一定的现实判断能力，使领导者能够更好地意识到既有下属的需求，也有客户和合作伙伴的需求。许多经历了企业一线工作的人对客户的担心和期望有直接的体验。

自上而下的领导：有效的董事局

董事局在管理世界上大的营利和非营利组织中负有重大职责。怎样才能成为一个成功的董事局呢？对优秀的董事局与其余的董事局的区别点的最好的研究报告之一是由杰弗里·索南菲尔德完成并发表在《哈佛商业评论》上的。他研究了对董事局绩效的传统指标——董事们在董事会议上的出席率、董事局成员的股份投资程度、董事局成员的技能（如财务等专业能力）、董事局成员的年龄、前任 CEO 是否参加入董事局、董事局成员是否独立于组织外、董事局规模、委员会和其他因素。上述因素没有一个能够将高效运作的董事局与糟糕运作的董事局区分开来。像安然、世界通信和泰科这样的公司如果基于这些标准来评判，那其董事局都很杰出，但最终它们起不到任何作用。这些公司都戏剧性地失败了。

按照索南菲尔德的说法，底线是人的因素、社会性成分——人。他总结说："区分优秀董事局的是它们是不是一个强健而有效的社会系统。"

那些社会系统是什么？这是我有机会去探究的内容。我一直都在董事学院任教，这是加拿大最初由大学鉴定的企业董事教育机构。它创立于 2003 年，是加拿大企业联合会和麦克马斯特大学迪格鲁特商学院的合资项目。董事学院的教学方法是独特的。它是一个拟真的封闭式、住宿的学习项目，让学员将课堂上所学到的东西直接运用到董事局上去。学院的使命是增强变革性的企业治理以为企业和社会的利益服务——这是组织治理教育的黄金标准的核心所在。

作为课程的一部分，学员参加了 EQ-i 2.0 测评来更多地了解他们的优势和挑战并将他们的自我意识应用到他们的工作小组。董事学院学员的 EQ-i 2.0 分数（n=278）如图 17.6 所示。

他们最高的分数是在压力管理和决策维度。绝大多数参与者都有多年在组织内工作的经验，并且是一路沿着职业阶梯升到高级管理层的。他们现在或下一步就会加入一个营利的或非营利组织的董事局。他们在整个职业生涯中就是应对压力，而在这个阶段能更加平衡地应对困难的场景了。他们也在决策层待了相当长的时间，所以能够很好地管理决策过程。

董事学院学员的前 3 个优势项可以从图 17.7 中看到。

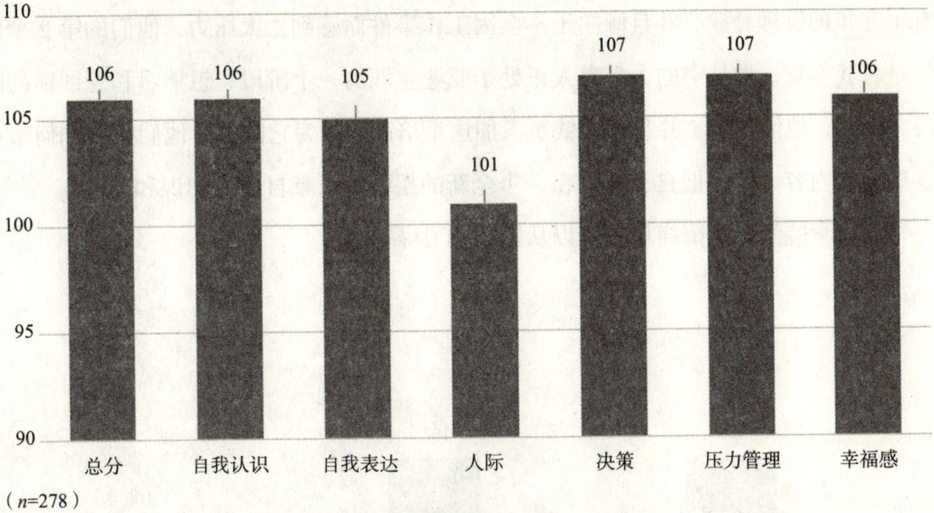

图 17.6　董事学院学员的 EQ-i 2.0 分数

资料来源：MHS 公司。

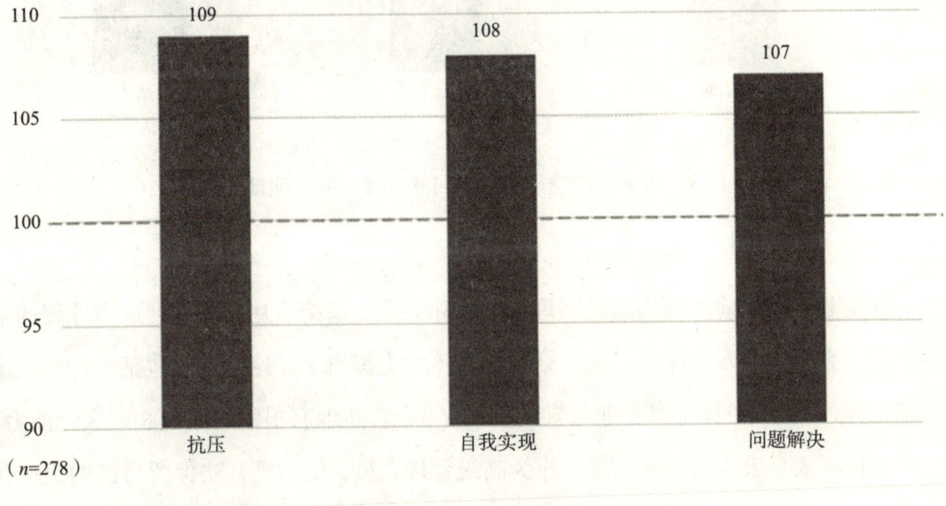

图 17.7　董事学院学员最高的 EQ-i 2.0 分数项

资料来源：MHS 公司。

董事学院学员的第 1 个优势是抗压。正如之前提到的，这些经验丰富的高管曾经有很多年的管理经验，并且倾向于不会因工作事件而感到太大压力。他们的第 2 个优势是自我实现。学员中的大多数人正处于职业生涯的一个阶段，想学习和想回馈的阶段。例如，他们选择（并且付了钱）参加这个培训，因为它能教给他们很多如何参加董事会的内容。他们把自己看作在一个全新的层面上贡献自己的知识和技能。

董事学院学员的情商挑战可以从图 17.8 中看出来。

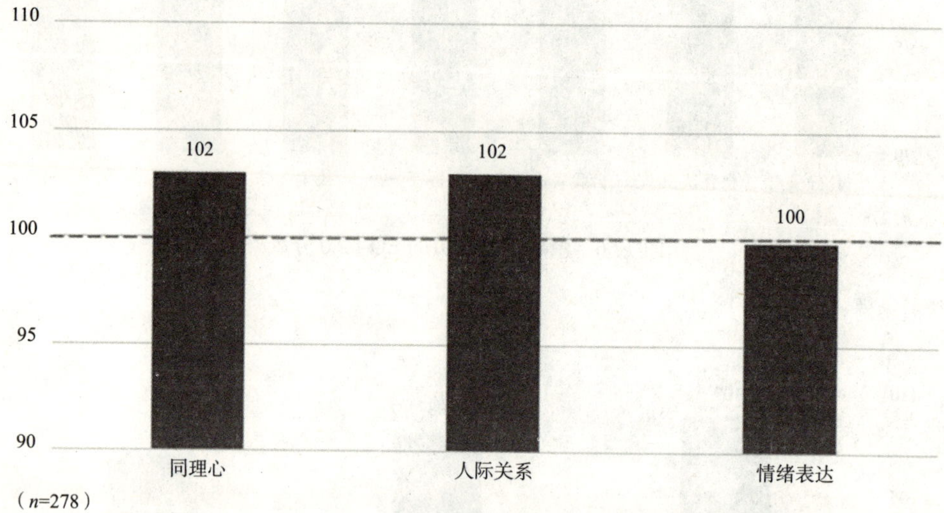

图 17.8　董事学院学员的 EQ-i 2.0 分数中的 3 项最大挑战

资料来源：MHS 公司。

这些董事们的前 3 项挑战是同理心、人际关系和情绪表达。考虑到这个课程的很多学员都有很好的专业能力，这个结果也就不令人惊讶了。这些人中包括会计师、律师和工程师。他们整体上都是业务导向型的，不会自然地有很强的同理心或人际能力。他们往往不太会表达自己的情绪。作为高级管理人员，他们更喜欢保留自己的想法和情感。

他们在这个课程中学到的一部分内容是更开放地对待社交、人际关系，并且在情绪上更加透明。作为一名董事，让其他董事局成员和公司高管了解自己观点的缘由、关于某个问题为什么会有这样那样的感受，以及自己情绪的强度是很有帮助作用的。

董事局成员需要互相信任并愿意进行坦率的讨论。对不同意见持开放态度并专注于一个人所提观点的优点，而且讨论的出发点是如何对组织最有利。

我的其中一个研究兴趣曾是男性和女性董事局成员之间的差异。我有机会获得一个数量够大的男性和女性董事样本数据。在图 17.9 中你可以看到 EQ-i 2.0 中不同维度分数的差异。

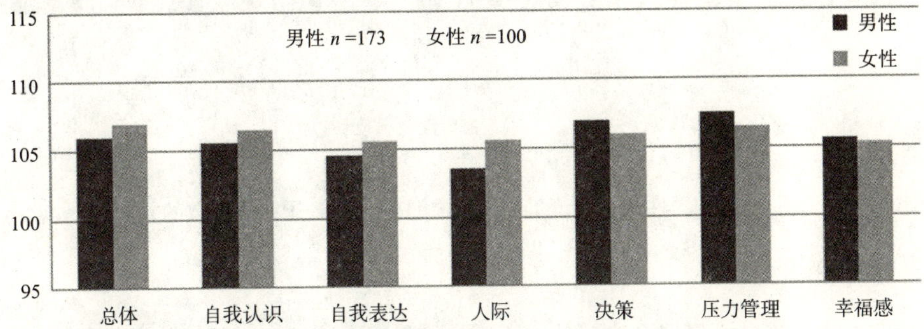

图 17.9　男性与女性董事局成员之间在 EQ-i 2.0 中不同维度分数的差异

资料来源：MHS 公司。

虽然第一眼看上去好像男性和女性之间差异很大，但还是有一个维度的分数差异达到了显著水平。女性董事在人际维度上的分数显著高于男性董事，男性董事在任何维度的分数上都没有显著地高于女性。

具体的 EQ-i 2.0 子维度中性别的分数差异可以从图 17.10 中看出。

从图 17.10 中可以看到男性有更高的自我肯定，而女性在情绪自觉、情绪表达、同理心上的分数比男性要高许多。但这些差异与我们由成千上万样本组成的总体常模和专业常模差异不是很大。在总人口中，EQ-i 2.0 的总体分数没有差异，但是女性比男性在情绪自觉、情绪表达和同理心上得分较高。另外，男性在独立、问题解决和抗压能力上高于女性。

在这个董事局成员的样本中，女性基本上弥补了男性传统得分较高的方面：独立、抗压和问题解决。好像能做到这个级别的女性——企业高管加入了董事局，把她们额外的技能随身带到了董事局。遗憾的是进入董事局的女性人数仍然比男性要少得多。

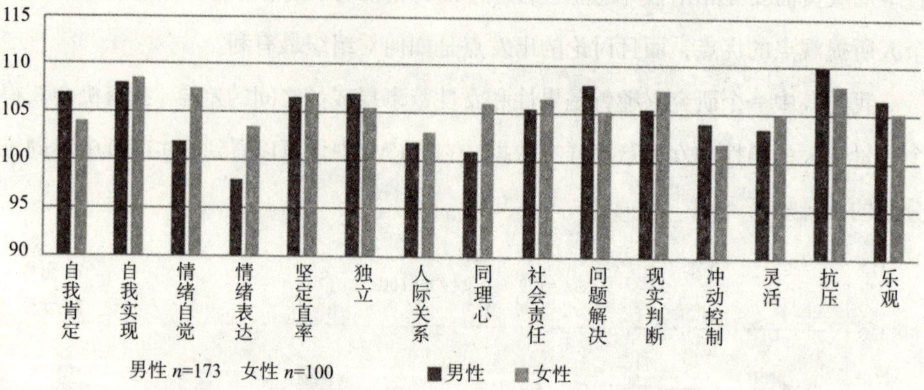

图 17.10 男性与女性董事局成员之间 EQ-i 2.0 子维度分数的差异

资料来源：MHS 公司。

有女性成员的董事局会产生什么不同的结果吗？《纽约时报》曾刊登了瑞士信贷对董事局成员的性别差异的一篇研究报告。他们研究了近 2 400 家国际性大公司在 2005—2011 年的表现，包括金融危机之前和之后的几年。他们发现至少有一位女性在董事局的大型公司的绩效，比起只有男性董事局成员但规模相同的公司的绩效要高出 26%。

报告继续指出："有些人可能假设这涉及成本问题，有女性的董事局在 2008 年的金融危机之前肯定是十分谨慎的……其实不是这样的。瑞士信贷也发现从 2005 年到 2007 年，董事局有女性董事的公司的股价表现与都是男性董事会成员的公司的表现基本上一致，在金融危机的时代，这些公司没有什么损失，但得到的更多。"

有可能是因为在情绪自觉、情绪表达和同理心方面得更高分数的女性可以起到一种稳定力量，特别是在金融危机的时代。

从不寻常的领导者身上能学到什么

在我的一生中有机会遇到数百位领导者。我以很多方式采访过、测试过、辅导过、教过许多不同类型的领导者，以及与不同领导者共事过、互动过。总体上说我见到过的绝大多数领导者不会令你惊讶。他们有你所期望的众多特质，许多人拥有良好的或卓越的教育背景，大部分人有良好的童年背景和历史，或许有些人在成长的路上经历了破折——父母离婚、父母中失去一位或失去兄弟姊妹、在城市的贫困区长大、被低端的中产阶层父母带大、是移民家庭，但是他们的个性总体上也是你所期望的，只是带有一些个体差异——自信、激情、智慧、外向、专注、诚实、敬业、善社交、主导、决断、有良心、骄傲、权威等。

大多数领导力理论和书籍聚焦在你期望看到的一个组织的领导者的典型类型上。当你尝试解释那些不符合典型类型特质的领导者时，领导力的研究就更有意思了。当我们观察那些不一般的领导者类型并理解他们的成功时，也许我们会更好地理解一般的领导力。

我讲个不寻常的领导者利娅·格力曼尼斯的故事。平时我会收到陌生人发给我的数百封邮件并接到很多电话。很多是要卖东西给我，有些是找工作，也有些只是要求回答他们的问题。不管怎样，像许多忙人一样，我不能满足所有的要求。例如，有些信息性的请求，我把它授权给其他人。

有一天我收到某个人的要求让我有点震惊，因为它有点不一般。请求的实质是要一些与情商相关的信息，这没有什么特别。但使我震惊的是签名栏上的一行字：两次吉尼斯纪录保持者。看利娅拉动一架喷气式飞机。

当然，我的兴趣被激起来了。我接着联系到了利娅·格力曼尼斯。我们很快就见了面，我听到了她的故事。利娅是一家慈善机构的创始人和 CEO，她被列入加拿大《金融邮报》杂志评选的加拿大 100 位最有权力的女性之一。她赢得了《女主人》（加拿大杂志）年度女性大奖。她也出现在美国全国广播公司的《今日秀》节目上。她拉动的不是一架，而是两架飞机。利娅现在拥有两个吉尼斯世界纪录：“女性拉动最重的运输工具 100 英尺”（18 000 磅）和“穿高跟鞋拉动最重的运输工具”（15 000 磅）。

在她创办和领导一个慈善机构之前，利娅在企业工作。她管理技术领域的复杂项目已有 18 年。她曾在一家大型软件公司专门销售技术解决方案，有很高的收入。她在企业里的最后一个职位是全球技术公司 TIBCO 软件的美洲区金融服务总监。

这个故事到这里似乎没有什么特别，然而利娅的故事有些曲折。利娅在青少年时期有一段时间是个无家可归的人。她在十七八岁时离开了有虐待的家庭，成了睡沙发的人，最后住进了无家可归者的避难所。她没有上完高中。避难所是她最主要的支持。她在多伦多的街头挣扎着活了下来。她曾有自杀倾向，经历了抑郁症和其他精神疾病（可能是自闭症），但是她最终保持了希望。

在她住在无家可归者避难所期间，她自己做了两个承诺——要成功和实现她的梦想。其中一个梦想是拥有一辆摩托车，她已经把它实现了。另一个是会演奏竖琴，她把它看成一件精英乐器，这对在贫穷中长大的人来说是非同一般的事情（她在避难所时每天的生活费是一块钱）。现在，她已经在皇家音乐学院赢到了奖学金。

利娅和我分享了她的其他一些成就。她是加拿大第一位完成峡湾拉力赛的（一项在挪威靠近北极地区举行的 1 000 千米摩托车冰雪拉力赛），她在水下不带笼子喂鲨鱼，在活鳄鱼溏里嬉戏，学习戴着全盔甲厮杀，翼装飞行，学会了驾驶直升机，在东德开坦克车，爬上了一棵约 24 米高的大树，造了一个树屋，学习放鹰捕猎，在滑翔驯鹰时向伴侣求婚。她还提到在她买汽车、开车之前她先飞直升机。

利娅的慈善机构名字叫作“女人站起来”，致力于帮助刚变得无家可归、陷于危险之中的妇女重建她们的职业生涯。她的方法也是非常规的：把她们帮助的妇女与资深的商业教练和专业人士结对子，两周进行一次职业辅导、小组发展和高度聚焦的工作坊。她把目标锁定在受到极度挑战的妇女身上，其中有些身体上还有残疾，其他是一些从家庭暴力中逃出来的，或者是难民移民，或者是单亲妈妈，或者是直接从家庭避难所转过来的。

她的成功率怎样？在项目开始后的 3 个月，80%的学员（第 1 批是 20 位妇女）被雇用了。信心分数，如果以最高位 10 分来计算，则平均已经从 5.3 分涨到了 7.9 分。在整个一年中，她们看到这些成就转化成项目，50%的项目学员创办了小企业。

利娅相信对她的客户来说情商是使她们成功的一个主要部分。我们与利娅合作，给她的客户在项目开始时就做了情商测评，目的是帮助教练聚焦在这些妇女的优势和待发展领域。我们也希望在项目结束后做一次测评，以记录这些妇女在这些方面的变化，并且与她们在现实生活中的收获进行比较以验证这些成就。

利娅自己的故事呢？她是如何成为一位成功的领导者的？她也做了 EQ-i 2.0 测评，结果可以从图 17.11 中看到。

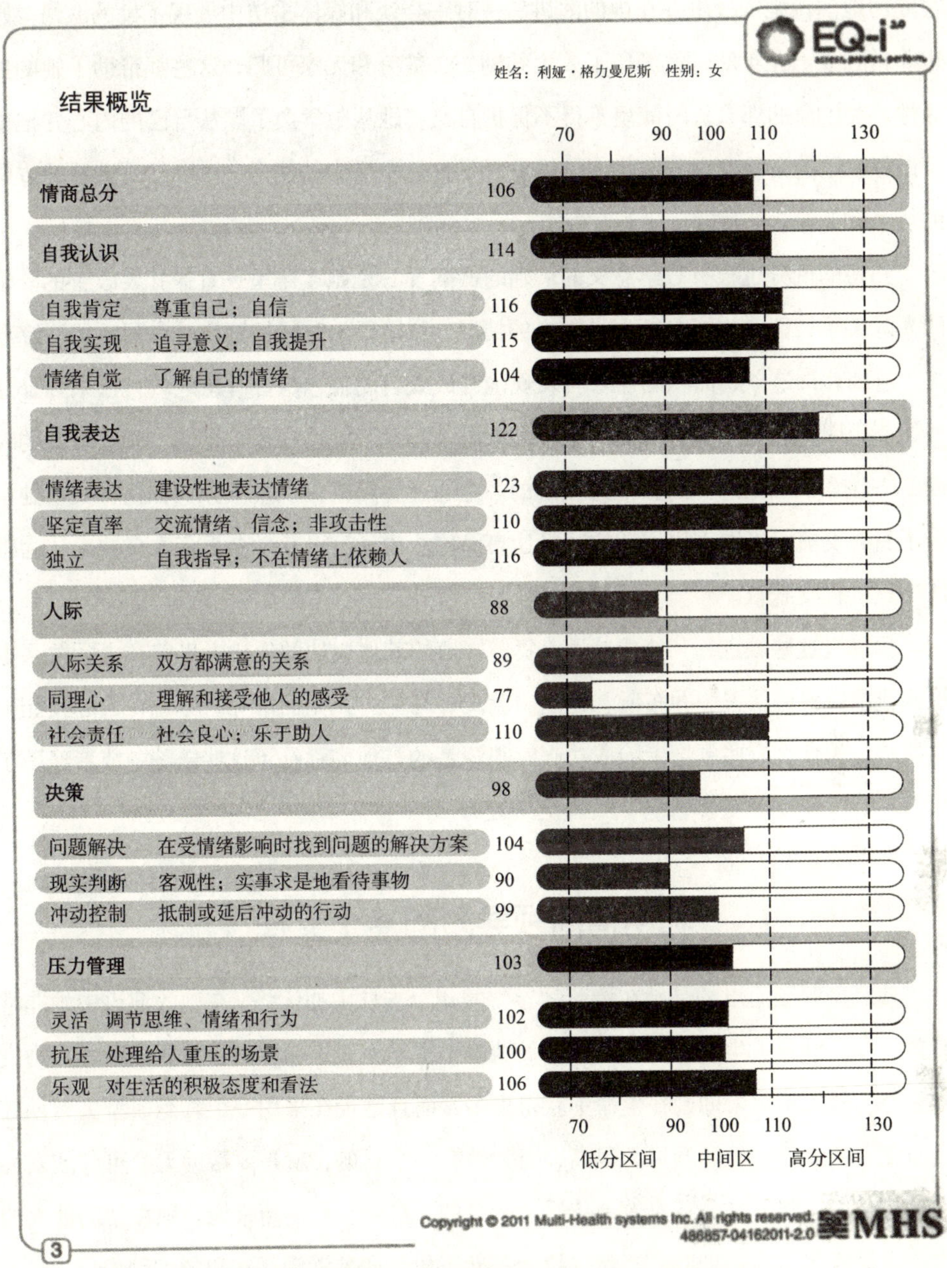

图 17.11　利娅·格力曼尼斯的 EQ-i 2.0 测评结果

利娅的优势是情绪表达、独立性和自我实现。她的挑战是在同理心、人际关系和现实判断。你会首先注意到利娅的是她很能表达，她一下子就吸引了你的注意力。她很成功地演说她的故事并在她的演讲、一对一会谈和媒体采访中展现了她的激情。她也非常独立。在年幼时就经历了人生的创伤、贫穷和无家可归，这些都帮助了她的独立性。在生命的那么长时间里不得不保护自己，她从中学会了顺从自己的内心并把事情做好。她的自我实现分数代表了她发现了自己生活中的使命、对自己所选择的方向的热诚和激情。

利娅的低分也很有教学意义的。她的低同理心是她多年里一直挣扎要改善的。她的人际关系技能和现实判断也是同样的情况。利娅很长时间怀疑自己有阿斯伯格综合征、自闭症的迹象，而在测评之后发现她有成人自闭症。她曾有意地教自己来弥补这些技能，因为她意识到这些方面是她的缺陷。甚至当她还在街头徘徊、无家可归的时候就去注意别人是怎样与其他人互动的。她通过餐馆的窗户观察人们如何社交。她学会了目光交流，当别人想说话的时候让自己停止说话，以及学会很多大多数人认为理所当然的社交礼仪。

尽管有这些缺点，利娅成功了。我们知道的其他成功的领导者也曾在人际关系上遇到挑战——史蒂夫·乔布斯、比尔·盖茨、马克·扎克伯格等。尽管在人际技能上有挑战，为什么有些领导者能成功呢？很清楚的是他们弥补了这些缺陷，或者经历了更多挣扎、承受了更多苦痛，或者全靠毅力。

利用情商领导力的 4 个支柱

使利娅脱颖而出的是她在情商领导力的 4 个支柱中的优势。在她的演讲中她非常真诚，并且她的人生故事是如此真实。她曾不得不克服生命中的极大挑战。她大力支持教练。教练不仅帮助她在生命中获得更多，而且她现在采用一个教练模型去帮助其他有需要的女性。她的洞见力很高，因为她有一个目的，就是要帮助无家可归的女性改善她们的生活。她非常有效地传播这个目的。最后，就创新来说，她在帮助他人的方法上展现了很多的创新。当然，拉动一架飞机的印象深深印在我的大脑中。

投资于提高领导者的情商

有很多的研究和项目用来提高领导者的情商。遗憾的是，我们不能分享数据，因这个领域的有些工作是和《财富》100 强公司一起完成的，而他们坚持我们不能分享它们的数据，大多是因为竞争因素。不过，有个研究我们可以分享，而且我们还可以分享由 MHS 公司的组织发展部门设计的一个培训项目，这个项目已被许多家企业采纳，用于公司内部的领导力发展。

首先，看一看组织领导力情商培训的现状。人力资本学院和 MHS 公司合作进行了一项调查，研究世界范围内各种组织的实践。我们在世界范围内调研了 500 多家组织的 784 位人士：73%是组织内的领导者；27%是个人贡献者或一线员工。填写调查表的人员中，大部分属于人力资源工作者（56%），19%是高管。组织规模从少于 100 人到超过 20 000 人。行业包括政府部门、卫生保健、金融服务、房地产、汽车、IT/软件、化工/能源/水电、零售、建筑、制药、食品和饮料、电信、国防等。

其中，一个重要发现是超过半数的调查回应者认为他们组织内现有的领导力发展努力不太有效。虽然在员工和领导者之间就领导力培训的优先顺序存在不同意见（在第 12 章指出员工对教练的优先认可度高于管理者），但每个人都认为沟通、人际技巧和自我意识是非常重要的内容。领导者相信他们需要的最重要的技能是适应、问题解决和人际能力，而员工则认为最重要的领导力是教练、同理心和人际能力。

这项调查还看了组织对领导力培训方面的投资。调查发现把培训和发展的年度预算的 31%以上用在发展领导力上的企业，其营收增加的可能性要高出 12%。就所提供的不同类型的培训来看，研究者发现采用情商测评的人中有 60%说这些测评是有效的或非常有效的。同样有效的发展方法有配有高管教练、轮岗和安排国外短期工作任务。

但是很多组织还没有好好利用情商的潜力。实际上，有 29%的调查回应者说情商不是他们组织的一个重点。这有点遗憾，因为报告说重视并广泛应用情商的组织，其领导力发展的有效性要高出 3.2 倍。换句话说，重视情商和不重视情商的组织之间在领导力发展效果上有一个 31%的差距。

用至少两种不同的方式结合情商的组织有极度有效的领导力发展的可能性要高出25%。与此相反，没有广泛应用情商的组织中只有15%报告了有效的领导力发展努力。在领导力辅导中结合情商支持高绩效：当组织在领导力辅导中结合情商时，报告高效的情商培训的可能性提高了36%。

最后，报告提供了净利润、利用测评工具来衡量情商对企业收入的影响，如图17.12所示。利用测评来衡量或评定情商可以帮助支持积极的收入增长率。虽然有诸多因素影响收入增长，但是测评情商的组织报告收入正增长的可能性高出了16%。

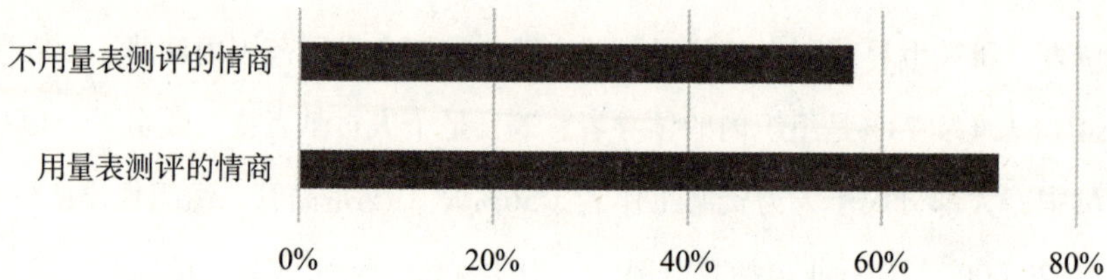

图17.12　情商测评对收入增长的影响

资料来源：人力资本学院。

提高领导者情商的一项研究

很难证实领导力项目的有效性或它们是否在组织内造成任何可测量的差异，却有一些情商培训项目造成差异的案例。马克·斯莱斯基和苏珊·卡特赖特的研究报告了这样一个案例。

这个研究的目的是探讨能否提高管理者的情商，并且如果可以，则研究提高了的情商是否对健康、幸福感和绩效产生有益的影响。

在他们的研究中，英国的一家大型零售连锁店的120位经理志愿参加这个研究，这些经理被分到培训组或控制组。培训组的60位经理参加了一个每周1天、连续4周的情商培训项目，而控制组的60位经理没有接受任何培训。

除了人口数据问卷，所有经理完成了EQ-i、一份整体健康调查问卷、一份心理结果问卷和一份压力指数问卷。为了测量任何的绩效变化，他们的直线经理用绩效管理工具评估了组织采用的 16 种绩效因素，还提供了定性的绩效数据。这些评估在项目完成 6 个月后进行。选择 6 个月的时间是为了给参与研究的管理人员有足够的时间来应用提供的练习并巩固他们的技能发展。

在 6 个月结束时培训组学员的 EQ-i 分数显著提高。在同一时期，控制组的平均 EQ-i 分数有一点下降。有趣的是，对控制组来说，士气和生活质量分数随着时间的推移而显著减弱，苦恼显著增加，说明这个研究发生在压力增加和士气下降的组织氛围内。而培训组提高了士气和生活质量，降低了压力，而且这些改善都达到了显著水平。

在绩效评估所采用的指标上没有大的差异。研究者认为这可能是因为工具的问题，它没有能够关注到一些与情绪相关的管理能力。但是上级提供的定性的绩效评估表明很多参加培训的学员在这方面有所提高。

这个研究帮助记录了一些我多年来相信并在组织中看到的结果。提高情商带来的好处不仅限于职场。拥有高情商的领导者往往更加幸福、更少压力，并且有更好的整体生活质量。当我在全世界的组织中报告这些信息时，常被问到的一个问题是为什么不早点教这些技能？为什么等到人们已经深陷职业生涯中的时候才开始？好消息是我们开发了一个情商课程用于高等院校。EQ-i 已做调整以给大学年龄的学生使用，并且有一套学员手册和讲师用配套资料。这个课程在北美的大学广泛使用并开始被国际上的高等院校采用。

组织内的情商培训

现在全世界有几千位经过认证的培训师在组织中和高等院校中使用 EQ-i 2.0。同样 MHS 公司的组织发展小组已经开发了领导力发展项目，也被很多组织所采用。“高情商战略领导力”课程是一个两天的体验性培训项目，目标是使有经验的领导者提升领导技能。组织内有 8 个以上的学员时就可以使用这个项目。想更多了解这个和其他课程，你可以访问我们的网站 mhs.com 或给我发邮件到 EQLeader@mhs.com。

我希望本书为你提供了新的信息以帮助你成为更好的领导者。本书的目的是帮助你：① 更好地理解什么是情商；② 向你展示情商如何成为情商领导力四支柱模型的关键部分；③ 展现高情商如何提升个人和组织的领导效能行为；④ 使你相信情商是可以发展的。如果我在某些目标上成功了，我也就感到满意了。谢谢你跟我一同走上这段旅程。